THE ART of SCREEN TIME

How Your Family Can Balance
Digital Media & Real Life

儿童电子屏幕指南
来自500个家庭的经验

（美）安雅·卡梅内兹 著
Anya Kamenetz

沈东 译

华东师范大学出版社
·上海·

图书在版编目（CIP）数据

儿童电子屏幕指南：来自 500 个家庭的经验 /（美）
安雅·卡梅内兹著；沈东译. —上海：华东师范大学
出版社，2021

ISBN 978-7-5760-1337-5

Ⅰ.①儿… Ⅱ.①安…②沈… Ⅲ.①儿童教育－家
庭教育－指南 Ⅳ.①G781-62

中国版本图书馆 CIP 数据核字（2021）第 035197 号

上海市版权局著作权合同登记 图字：09-2020-1259 号

儿童电子屏幕指南：来自 500 个家庭的经验

著　　者　[美] 安雅·卡梅内兹
责任编辑　顾晓清
特约编辑　刘晋锋
审读编辑　张梦雪
责任校对　唐诗文　时东明
装帧设计　汪　昊

出版发行　华东师范大学出版社
社　　址　上海市中山北路 3663 号　邮编 200062
网　　址　www.ecnupress.com.cn
客服电话　021-62865537
网　　店　http://hdsdcbs.tmall.com/

印 刷 者　苏州工业园区美柯乐制版印务有限责任公司
开　　本　787×1092　16 开
印　　张　18.25
字　　数　239 千字
版　　次　2021 年 4 月第 1 版
印　　次　2021 年 4 月第 1 次
书　　号　ISBN 978-7-5760-1337-5
定　　价　69.00 元

出 版 人　王　焰

（如发现本版图书有印订质量问题，请寄回本社客服中心调换或电话 021-62865537 联系）

目录

上篇

儿童与屏幕

1　现实世界中的数字化育儿

—

你拿起这本书是因为好奇，说得更直白些，你对孩子和屏幕之间的关系感到很焦虑。我也是。我写书的目的就是想让我们都能够摆脱这种焦虑。首先抛开内疚感，调低音量，隔开噪音，然后深入探讨。之后我们就可以开始做计划了。

不过首先我们来看一个故事吧。

20世纪80年代初，我还是一个黄毛丫头，一天深夜，我正坐在父母床脚边看电视。屏幕里正在播放的，也是一个黄毛丫头，也正坐在父母床脚边看电视。

电视里小姑娘看的屏幕上正在播放演职员表，她的父母正在打盹，我父母也在打盹。然后，电视里的节目结束了。国歌响起，画面中出现了国旗的镜头。小姑娘往屏幕前靠了靠。我也往屏幕前靠了靠。

突然一团绿色的黏液从正在播放节目中的电视屏幕里喷了出来。那部片子的名字是《鬼驱人》。

这成了我一辈子的噩梦。

不是因为鬼，我不怕鬼。片尾人名字幕使我感到非常害怕。这种恐惧会随着时间减弱，但直到今天，电影一结束我就会急着离开影厅。剧集结束的时候，不等奈飞公司下集倒计时开始，我就会赶紧把播放窗口最小化。

四分之一个世纪后，我大女儿面临的问题是如厕。我们想尽一切办法让孩子能在便盆上坐安稳如厕。最后根据别家父母的建议，唯一起作用的贿赂是给她看一段手机上的视频。

我们在视频网站上找了一堆孩子坐便盆的时候看的视频：美国公共电视台丹尼尔·泰戈尔制作的悦耳小调；来自《芝麻街》节目的教学短剧；一只超级热情的说日语的熊猫。有一天，我偶然点击了一个五分钟的卡通片，名字叫"便盆训练"。它已经有几百万观看量了。

这是一部特别肮脏特别恶心的卡通剧集，显然很合小孩子的口味。我的女儿爱死它了，是的，她看了一遍又一遍。

再过四分之一个世纪，我的女儿们也许就要养育她们自己的孩子了。如果预言成真，我们会逐渐被一堆新词汇包围：AR、VR、AI、MR 以及 IOT，它们对应的意思分别是增强现实、虚拟现实、人工智能、混合现实以及物联网。我们将会全天候生活在虚拟化身里，用动图和智能冰箱交流，使用虚拟助手屏蔽电信营销广告。数字体验将会无处不在，未来也许黄石公园看上去会和今天的时代广场差不多。到那个时候，独立的带边框和关闭按钮的屏幕，已经成为记忆中的老古董了。

我心底那个惊恐的小女孩会问：我们到底该为孩子和科技担忧

吗？所有这些都将何去何从？我们到底该做些什么？在 21 世纪早期的当下，"真实世界"这个词本身，还具有意义吗？

你正在阅读的这本书正是要面对这些问题。这也是我生大女儿时想要找的书：清晰、深入地做研究，不对今日父母面临的问题妄下判断。我希望它能够为我们带来好的资源，能够引导我们一起度过充满恐惧和夸张宣传的暗礁区，能够帮助我们厘清数字媒体在我们自身、家庭生活以及所处时代中扮演的成长性角色。

我并不想把自己包装成一个不容置疑的专家。我只是一个家长而已，希望用一套基本工具，尽可能把这些问题弄清楚。

我在教育和科技领域写作已经超过十年了。2011 年我生了孩子。我算是第一代成长于网络时代的父母。而我的两个孩子，则是第一代在触屏环境下成长的孩子。

现在的孩子第一次接触数字媒体的平均年龄是四个月[1]——甚至从眼睛发育到能聚焦到鼻尖的时候就开始了。而这个平均年龄在 20 世纪 70 年代则是 4 岁。

皮尤研究中心 2015 年的一项调查显示[2]，差不多有一半学龄儿童的家长认为自己的孩子在屏幕上花的时间太久了。总体而言，美国孩子消磨在电子媒体上的时间超过了任何一项活动[3]，包括上学。

太惊人了。但那又怎样呢？

作为父母，我们发现自己并没有什么传统智慧，或者足够的科学依据能够帮助我们回答这个问题。本该填补知识鸿沟的传统权威对此却无能为力。

我认为那些所谓的专家在解释当下这种全新现实的时候让人非常失望。缺少老一辈的指导，也没有足够的跟上时代的研究，我们要寻求那些解决这类生活矛盾，甚至是生活中所有有关孩子和我们自己问题的答案，只能去找搜索引擎了。搜索引擎就是我们新的问不倒博士。

不过，数字信息生态系统天生偏爱标题党。网上能够查到的关于孩子和屏幕关系的书刊、文章、视频、博客都描绘出一幅最坏的图景，我们总是被推着不停地"点赞"、"分享"、"播放"。

因此关于数字化育儿的严肃问题就不仅仅是跟孩子有关了。这也关乎我们自己如何使用数字媒体。你自己是不是也沉浸于虚拟社区，或者面对过网络欺凌？智能手机到底是平衡了工作和生活，还是个讨厌的、让你不停想起它的注意力破坏者？

这种矛盾中的一部分已经是全新的问题了。过去道德家们就对广播、电影、电视这些当年的新鲜玩意儿提出过警告，认为它们极大程度地改变了童年，比我们今天对小屏幕的担忧更甚。

但是今天的设备都是可移动的，这意味着我们随时随地都在使用它们，并且它们有触摸屏，哪怕对婴儿来说这都是非常直观的交互界面。这两点让人们尤其担心。上一代媒体例如电视和电子游戏会让我们放松，让我们沉迷其中，研究者就曾担心它们会过度刺激或者不当刺激儿童发育中的大脑，还会让孩子在家里就能够接触到超出父母控制范围的信息。

到 21 世纪，没有父母可以不用认真思考孩子使用屏幕这个问题。这是认真负责的模范好父母的功课之一。如果你不像控制糖果一样控制屏幕使用时间，你至少应当对于对错的边界有个标准。

但是屏幕时间真的是一种新的糖果吗？

这是一项关于在数字时代的真实世界中如何育儿的探索。我调查了 500 个和你我一样的家长，看看他们是如何制定或者打破屏幕时间的规则的。

我也和很多研究者进行了交流。我可以告诉你的不仅仅是这些专家如何说，他们赞同什么，不赞同什么，我还了解了他们自己在家里是怎样育儿的。

迄今为止最广为人知的关于屏幕的专家意见是美国儿科学会制定的"两岁前不要看电视"的建议[4]。但这条建议并非基于实证证据，多数家长也并没有把它当回事。2016 年，这条建议经过修订[5]，但新版本里仍然没有多少实证证据。

事实证明，这一研究领域存在着巨大的意见分歧和激烈的争论。

尽管如此，我们目前掌握的最佳证据表明，对于一个正常家庭来说，孩子能吸收的辐射量和屏幕发出的辐射量之间的差值是很大的。电视不是剧毒农药。

事实上，观察到的屏幕使用时间带来的负面效应与美国社会不平等的现实混合在一起。简单而言，低收入家庭的孩子，以及受教育程度较低的家长，往往都会在年少时花更多时间在屏幕上，同时也更容易沾染上其他毛病。

而且，屏幕和孩子们出现的许多问题，无论是身体上还是情感上的，其可以追溯到的影响像电灯一样古老。

技术无处不在。我们呼吸的空气充满了无线网络信号，除了少数微小的亚文化之外，这就是我们所处的现实。

如果你需要一本类似户外生存指南的书，那么肯定不会是这本书（这一点我已经反复说过了）。

与其幻想逃离，我们不如像科学家一样来思考。我会收起自己的非理性恐惧，仔细地检视它们。我也会帮助你做同样的事情。

我会给你提供各种规则方法，这样你就能找到最适合自己家庭情况的屏幕使用策略了。

注释

1 现在的孩子第一次接触数字媒体的平均年龄是四个月……：Christakis, Dimitri. "Media and Children." TED. Dec. 2011. Lecture. https：//www. youtube. com/watch?v＝BoT7qH ＿ uVNo

2 皮尤研究中心 2015 年的一项调查显示……：Pew Research Center's Social & Demographic Trends Project. "Parenting in America." Published December 17, 2015. Accessed April 20，2017. http：//www. pewsocialtrends. org/2015/12/17/parenting-in-america/

3 总体而言，美国孩子消磨在电子媒体上的时间超过了任何一项活动……：Rideout, Victoria J.，Ulla G. Foehr, and Donald F. Roberts. "Generation M2：Media in the Lives of 8- to 18- Year Olds." Kaiser Family Foundation Study (2010). Web.

4 美国儿科学会制定的"两岁前不要看电视"的建议：Pediatrics. "Media Use by Children Younger Than 2 Years." October 11，2011. http：//pediatrics. aappublications. org/content/early/2011/10/12/peds2011－1753 Accessed April 20，2017.

5 2016 年，这条建议经过修订：Pediatrics. "Media and Young Minds." October 21，2016. http：//pediatrics. aappublications. org/content/early/2016/10/19/peds. 2016－2591 Accessed April 20，2017.

2 有时可怕的屏幕科学

—

最近一项由美国联邦政府资助的关于儿童和媒体的主要研究叫做《电视与行为》[1]，于 1982 年由国家精神健康局出版。

不用说，从那之后出现了很多新的问题。

尤其是那些有关孩子和触摸屏之间关系的研究，作为新兴的研究领域，总是充满了戏剧性的对立结果。你不得不接受这一点。

不仅仅是我们这些家长时常感到迷惑，就连那些专家们也是各持己见，互不相让。

德米特里·克里斯塔基斯（Dmitri Christakis）说："真正的挑战在于发现什么样的屏幕使用方式以及多少时间的屏幕使用量才算是健康的。"

克里斯塔基斯两鬓斑白、和蔼可亲，戴一副眼镜。他是华盛顿大学的儿科教授，也是西雅图儿童医院儿童健康、行为和发展中心的主任。克里斯塔基斯主持过很多有关电子媒体对少儿影响的基础性研究。他参与制定的关于儿童和屏幕关系的标准也为很多人所熟知：1999 年美国儿科学会对两岁以下儿童避免观看电视提供了指导意见。2016 年该指导意见得到了正式的修订，年龄被进一步推后。

如果我们把媒体比作食物，我们就不难理解为什么医生会讨论它对身体和思维的影响了。当我进入这个领域的时候，很快就读到了大量关于儿童和媒体关系的科学研究论文。这些研究就像是一张顶级焦虑清单，绝对能让任何家长寝食难安：肥胖、低质量睡眠、攻击性、注意力涣散。

这么一大堆焦虑在某种程度上反映了科学界存在的一种系统性的偏见，首先是实验的设计和实施方式，其次是研究会在哪里发表及见诸媒体。

丹·罗默（Dan Romer）是宾夕法尼亚大学安纳伯格公共政策中心青少年传播学院的主任。"只要有新的技术出现，关注就会随之而来。"他告诉我，"有很多研究，为了发表，往往聚焦于技术带来的伤害。"这种观察结果适用于我们在本章和下一章讨论的所有领域：那些发现屏幕使用和其他事实之间存在负面关联的实验往往会比那些没有得出结论的实验更容易获得关注。而那些显示出屏幕使用具有益处的实验在一开始就不会被设计和实施。

"我们可以提出初步的建议，但它们只能基于有限的证据。"来自斯坦福大学的神经科学家梅琳娜·安卡佛（Melina Uncapher）说道。她身材苗条，戴着一副猫眼眼镜的样子很有魅力，正在参与儿童与屏幕关系的全国性研究议程的制定。她真是一颗冉冉升起的新星。

安卡佛告诉我，在很大程度上，通过科学研究发现儿童和屏幕关系的真相在未来将继续受到限制。这不仅仅是因为资金的短缺或是业界的反对，而是因为这个问题的本质。

科学证据的黄金标准是随机对照实验。你需要把研究对象分成两组。一组给予实验处理（药片，练习或者其他），另一组则给予安慰剂，或者什么都不做。通过这种方式你就可以解释观测组之间的差异。

但研究对象如果是人的话，那么随机测试就不总被允许了。你不能仅仅为了知道可卡因的效果而随机指定孕妇服用强效可卡因。同样，你也不能随机分配婴儿看电视。

"如果预调查表明 X 和 Y 之间存在负相关性——比如，一心多用的人注意力更不容易集中——那么这就表明了一种负面因果关系，"安卡佛说，"全国范围内就不可能有任何道德委员会会同意你继续进行这项研究。"

孩子是很脆弱的，屏幕也可能是非常有害的，所以你不能在受控实验中让作为实验对象的孩子更多地暴露在屏幕前。"大多数的研究都是相关性的，我们无法得出太多因果性的结论。"

如果你没法对孩子多看电视进行研究，那么如果让受试家庭减少电视收看可行吗？

克里斯塔基斯尝试过这种方法，但没有用。"我们曾经尝试过媒体减量研究。"他说，"这实在是让人痛苦的事情，你投入了巨大的精力，而所得的结果无非是使得每天电视观看的时间减少了 20 分钟而已。相当于说把电视收看时间从 4 小时 30 分钟减少到 4 小时 10 分钟。"总之，让很多家庭为了科学研究而去改变生活方式，这一点是非常困难的。他说，作为一名研究者，这实在是太让人沮丧了。"感觉就像，我到底都干了些什么啊？"

那么自然实验呢？我们社会里有很多对屏幕使用进行限制的团体，比如，阿曼门诺派、正统犹太教派，他们实行一周至少一天不看屏幕的限制。其他的宗教团体比如原教旨主义基督徒，可能会避开商业媒体，但同时他们也会发展自己的电子媒体（比如蔬菜总动员，有人知道吗?）。

华德福学校以及一些家庭学校也在努力限制屏幕使用。这些团体存在一些共同点：他们在很多方面都脱离了主流，无论是在文化上、政治上还是经济上。想从他们身上总结出自由使用屏幕对普通孩子的一般性影响，这几乎是不可能的。

从婴儿开始，我们已经让接触屏幕成为他们最具有辨识度的活动。全世界范围内正在发生一项不受控制的实验。基本上不存在什么对照组。本章以一种"媒介效果研究"的方式，对已经得到充分证明的科学发现和仍然存疑的主要问题进行一一审视，这是我们最为关注的要点。

此外还有大量有关精神的、社会的、发展的、行为的和情感的新问题不断涌现，而时下有关的研究证据却少之又少，但研究人员仍在密切关注这些新问题与不断增长的屏幕使用之间的关系。相关的内容会在第三章提及。

在第四章里，我们会看一看那些正面的事实，看看年轻人是如何灵活地适应今天无处不在的数字化技术的，以及技术又是如何帮助儿童克服自身缺陷，进行学习，建立人际联系的。也就是说，结果变得更好了。

电视

我们现有的大部分有关孩子和屏幕的研究证据可以追溯到几十年前，都与电视有关。

这其实没什么问题，因为现在的孩子和屏幕的关系，主要的形式还是被动地观看，而不是任何其他形式的互动[2]。

但是也有研究者认为，互动媒体，比如游戏、应用、社交媒体，是不同于电视的。他们只是不赞同屏幕的使用通常是更有益还是更有害——甚至认为进行一般性的总结都是有问题的。当然，以多数人的眼光来看，智能手机或者是平板电脑的时代感觉是不同的，那是一种全浸入式和全包围的体验。我们走路的时候眼睛都紧盯着屏幕。

一方面，过去家庭生活是围绕电视展开的，而今天的屏幕则更加个人化，也更缺少人际的互动。另一方面，现在的屏幕可以成为交流与创新的工具，而不仅仅是使人被动接受信息的发布机器。即使今天的孩子和我们过去一样看《芝麻街》节目，他们也是以一种非常不同的方式在看：他们可以在视频网站上选择看自己最喜欢的人物片段，又或者一集接着一集地点播观看。

就我们回到研究难点这个话题上而言：家长的教育、家长的收入以及家长自身的效能（相信有效力的家长）都和减少儿童屏幕使用时间有关[3]。

更富有、受过更好教育、更自信的父母往往更有能力控制屏幕时间。由此，无论媒体本身会带来的直接影响是什么，孩子看屏幕时间越少，就会产生越积极的结果。

研究者可以尝试控制这些影响因素，但不可能总是成功的，尤其是当道德规范在许多情况下阻止随机分配儿童吸收不同数量的媒体时。

这也意味着，如果我们在社会层面关注过多的屏幕使用时间的话，那么尝试减轻屏幕使用时间可能涉及对低收入家庭提供更多的社会支持，尤其是对那些单亲母亲提供支持。

时间

首要的也是根本性的一个冲击是关于时间的。

现在的婴儿在刚开始探索自己脚趾头的时候，各种屏幕就已经成了他们的世界中不可缺少的组成部分了。我的小女儿在 8 周大的时候，就通过聊天软件对着她的爷爷奶奶微笑了。

当然，电视已经陪伴我们很长时间了。一些研究者认为，在过去的 50 年里，我们看电视的时间基本保持稳定[4]。但是，在外出时间也能接触到屏幕是一种新现象。屏幕曝光率的上升趋势不是在过去 40 年里缓慢发生的，而是在过去 15 年里突然出现的。

2011 年，有一项针对 9000 名学龄前儿童的调查[5]。这些 3—5 岁的儿童，平均每天有 4.1 个小时是在屏幕的陪伴下度过的。"学龄前儿童的累计屏幕使用时间大大超过了建议值以及之前的预估值。"报告的结果其实还算相对保守。这也是基于父母和看护人自己的报告，可以预计的是他们常常会有意少报总数。

这些还只是通常每天会睡 12 个小时的幼儿。他们可能在工作日看到自己父母的时间还不超过 2 个小时。

我请教了儿童心理学家、《媒体妈妈和数字爸爸：无惧数字时代的育儿之道》一书的作者雅尔达·T·乌尔斯（Yalda T Uhls）。她说："有一些媒体轻度使用家庭，基本上不会使用屏幕。""但同时也存在很多不同类型的家庭。很多人回到家里会做的都是：打开电视，然后随它去。绝大多数美国人处于中间水平，而中间水平，意味着每天开着电视的时间是 4 到 5 个小时。"

2003 年的一项研究发现，三分之二 6 岁及以下的儿童，每天醒着的时间里有至少一半的时间家里的电视处于打开状态，即使没有任何人在看[6]。有三分之一的家庭电视大多数时间或者几乎所有时间都处于打开状态——处于这种家庭环境中的孩子比其他孩子的阅读量更少，在学习阅读的表现上也更慢。

打开电视是最省力、最简单、物理上最安全的让孩子安静待会儿的方式。那么哪些人会让电视保持打开状态？又会在什么时候打开电视？

——那些有好几个孩子要照看的人。

——那些买不起很多玩具和书给孩子的人。

——那些精疲力竭、意志薄弱、忙碌、需要工作或干家务活的人。

——那些没有接受过训练、没有报酬或者在花时间陪孩子方面没有什么选择的人。

我可以让保姆不打开电视，因为我付给她一份体面的时薪来帮我接送孩子去参加聚会，去学画画，学烤蛋糕，给她们讲故事。但要是想让我的婆婆免费帮忙，代替我照看一下的话，想都别想，还是找电视帮忙吧。

入学之后，孩子们的屏幕使用时间会稍稍减少。但到小学毕业时，随着智能手机、短信、视频游戏、视频通话，以及用电脑完成作业的加入，屏幕使用时间不降反增。2016 年由非营利性机构"常识媒体"对全国儿童和青少年的媒体使用情况进行了一次调查[7]，调查发现，8—13 岁儿童日均使用娱乐性媒体的时间是 6 小时，而 13—19 岁青少年使用时间是 9 小时。这还不包括使用电脑完成作业的时间，但包括听音乐的时间。

过犹不及

现在我们知道孩子们在媒体上花了很长时间。但是我们不知道健康的边界在哪里，或者说到底多长时间才是危险的。

克里斯塔基斯认为，鉴于孩子们在屏幕前花了这么多时间，我们有理由从两个方面来考虑媒体带来的风险：直接暴露于媒体前带来的风险，以及"替代效应"，即在屏幕前花费了更多时间就意味着在别的地方花的时间减少了。

他告诉我："即使它本身是健康和无害的，如果它取代了其他重要的事情，那也会变成糟糕透顶的事情。""这对成年人来说是正确的，而对那些易受屏幕上瘾特性影响的儿童来说，更是如此。"（有关成瘾的问题，我们后面还会论及。）

"这是研究中的一个空白。"美国儿科学会建议标准合著者之一，新墨西哥医科大学儿科学家，同时也是该领域最重要的专家之一，维克多·斯特拉斯堡（Victor Strasburger）的意见更为激进，"我们实在不知道该提出什么样的'食谱套餐'建议，其中包括如何使用电脑、智能手机、平板电脑以及诸如此类的产品。也许是一天 4 或 5 小时的使用量。使用电脑做作业的时间也许应当计算进去，也许不计算进去。我们只是不知道。"

打打闹闹

所以我们的孩子花在屏幕上的时间比其他任何活动都要多，成年人当然也是如此。这里存在两个更大的问题：为什么会这样？那又怎么样？

就为什么这个问题而言，克里斯塔基斯以及其他研究者假设，电视屏幕和触摸屏往往是出于不同的原因而形成的习惯。

就电视而言，这个现象非常简单。人类具有一种被称为"定向反射"的本能[8]。当我们看到一个新奇的信号，听到一种新的声音，我们会转头去看发生了什么事情。这种进化的原因非常简单：为我们提示周围的危险或者潜在的回报。

年龄较小的人不太能够抑制这种本能反应。他们对于外部刺激的反应更是不由自主的。他们的注意力更容易被吸引。如果你曾经和婴儿四目相对，你就明白我说的意思了。

但是他们注意力持续的时间很短。因此，电视提供的正是一种新鲜信息永无止境呈现于眼前的框架。

儿童电视制作中心在 20 世纪 60 年代创作《芝麻街》的时候[9]进行了很多测试来寻找哪种形式最能吸引儿童的注意力。

答案是快速剪辑。时至今日，儿童电视节目画面剪辑、镜头移动的平均时长是 1 到 2 秒。

所以对于电视来说，吸引年轻观众的点在于引起疑问："那个东西去哪儿了？"

2 岁左右的孩子能在屏幕上认出多莉鱼的形象，并且在现实生活中对角色进行模仿了。他们已经会用我们多数人的方式观看电视了，只不过对那些角色和故事更为投入，对他们喜欢的角色百看不厌。幼儿对于重复的东西很着迷。他们渴望于秩序和常规。这可以帮助他们学习新语言和新概念，帮助他们在一个充满混乱甚至有时候有点可怕的世界中寻找确定感。电子媒体，无论是录音还是重播，满足的仅仅就是这种对重复的需求。

学龄前儿童沉浸于角色扮演的流行文化。研究者指出，儿童和角色之间存在一种"类社会"关系，前者把后者当成是自己的"超级伙伴"——有魅力且极具影响力，不论他们到底是通过一个拥抱还是捶打他们的姐妹来解决问题[10]。

正如儿童心理学家布鲁诺·贝托尔海姆（Bruno Bettleheim）[11] 在 1976 年关于童话的开创性著作《魔力的作用》中描述的那样：幼儿的心智发展是一项艰巨的工作，而在这一过程中，故事是至关重要的。他们置身于想象和身份认同形成的那些奇妙而可怕的过程之中。他们带着强烈的情感去组织，去命名，去把握周围的事物，发展社会的认知。他们在一个弱小的世界里编织关于权力和控制的幻想。超级英雄、公主和会说话的动物都成了他们美梦和噩梦的素材。但也有人担心，与祖辈们在火堆边代代相传的故事不同，环绕感官拍摄的故事会淹没我们内心的想象。

克里斯塔基斯认为，游戏和各种手机应用程序等活动屏幕的吸引力更为复杂。儿童进行操作，获得结果。这和孩子把玩具从高台扔到地上后有人捡起来是一样的，只不过前者更快、更有规律，也更无情。大脑中的多巴胺回路被激活。而多巴胺是与寻求奖励相关的神经递质。

最后，对于十几岁的青少年来说，电子媒体是他们最渴望体验的生命线：寻求刺激，探索身份认同的空间，以及和同龄人保持随时的联络。

"那又如何"这个问题更复杂一些。"研究媒体就仿佛研究我们呼吸的空气。"斯特拉斯堡说，"媒体无处不在，很难确切地分辨出它们的影响到底有哪些。"

赌场里的老鼠

克里斯塔基斯提醒我们关注将儿童暴露于密集的数字媒体刺激下所带来的"深远影响"，特别是这个时期正是儿童脑部神经发育的高峰期，一些核心功能比如注意力和记忆力都会在这个时期形成。"有可能过度或者不当地刺激处于发育中的大脑吗？"他反问道。他和其他研究者怀疑事实确实如此，但他们无法确认。

幼儿期是大脑发育最迅速的时期。如果暴露于屏幕媒体前会引起显著的脑部变化，那么最重大的影响肯定会在 5 岁以前产生。从出生到 2 岁，突触，即神经之间的连接，会经历一个"爆发增长和精简化"的过程。为了过度简化，我们会在最早期经验的基础上经历一次神经连接的过度生长，之后会开始经历一个收缩的过程，神经会变得更精细化和强化，这一过程则会持续到我们十几岁甚至更大。

再小的孩子都不会因为年龄太小而无法接收媒体讯号。克里斯塔基斯强调了为新生儿播放古典音乐的实验，哪怕是才出生一天的婴儿，呼吸的节奏都会和莫扎特音乐的舒缓节奏或是斯特拉文斯基音乐的紧张节奏保持同步。

为了能够更好地理解极端的屏幕刺激对发育中的大脑带来的影响，克里斯塔基斯曾经让老鼠在整个童年期[12] 不停地观看老鼠的视频。从出生后第 10 天开始，每天 6 小时，连续 42 天，这些小老鼠一直处于不断的电子脉冲音乐和彩色闪光灯的包围中。这个环境无论是看上去还是听起来都像是拉斯维加斯的赌场。

谢天谢地，之后这些老鼠会得到 10 天的休息。然后会对它们进行所谓的"开放场地实验"。

如果你把一只普通的老鼠放到一个开放空间的话，它们就会小心翼翼地在四周走动，嗅来嗅去，停下来聆听和观察。只是偶尔才会跑到场地的中央，因为在那里它们是最容易受到捕食者的攻击的。

与之形成对比的是，在"赌场环境"下长大的老鼠则是一通乱走。它们会在场地中间穿来穿去，完全无视潜在的危险。它们在场地中的行动轨迹像疯狂的涂鸦。这显示了一种反射抑制困难，有人也称之为执行功能障碍。

这意味着什么呢？具有启发性，但又很有限。就像对人脑初步研究发现的那样，习惯于重度的多任务处理的媒体环境下的年轻人，他们的"大脑白质"减少了，也就是说他们头脑中的神经连接密度下降了。

花生

好吧。一个不想崩溃的母亲所想的就是，千万不要崩溃。好吧，孩子们就是会在屏幕前花大量的时间。好吧，对他们来说屏幕就是那么有吸引力。好吧，这种体验，和他们经历的其他经验一样，正在影响着他们的大脑发育。

而我们真正希望知道的是，这项研究对于普通孩子可能产生的影响，以及最坏的情况是什么？如果你的孩子适应性一般，或者特别敏感，你应该寻求什么样的警示信息去判断呢？

索尼娅·利文斯通（Sonia Livingstone）来自伦敦政治经济学院媒体与传播系，她在风险和损害之间进行了一项重要的区分。

比如孩子坐车不系安全带有风险，但这并不是说任何一次不系安全带的行为一定会导致身体伤害。这种风险是累积性的，即使真正的伤害未必会发生。

其他的风险因人而异，但也是能观察到的。如果不知道某个孩子对什么东西过敏，那么贸然给他吃花生就有可能带来一系列的风险；但如果一个孩子吃过一次之后并没有什么不好的结果，那么风险就大大缩小了。

最后，从技术上讲风险评估，需要对事物本身的可能性和严重性进行综合评估，并且对行动的成本和收益进行衡量。

参考这一分类体系，以下是经过可靠的科学文献中建立得最好的负面关系：

1. 睡眠；2. 肥胖；3. 攻击性（暴力媒体）；4. 注意力障碍；5. 整体认知能力，特别是在校表现；

在下一章中，我们还会讨论到一些具有实验性质，但同时也是潜在的严重风险。

6. 严重的精神问题，比如成瘾；

7. 与自闭症障碍的关联；

8. 自恋、焦虑以及其他情感问题。

我们需要正确看待这些风险。相对于让孩子们自己无人看管地在路边玩耍，让他们在家里看电视、打游戏，哪怕是一天 8 个、10 个甚至是 12 个小时也要安全得多；也要比吸二手烟或者是不系安全带坐车安全得多。

研究者还怀疑，其实个人差异在媒介负面效果是否产生影响方面扮演了重要的角色。换句话说，对于很多孩子来说，花生就是花生，并不会引起什么过敏反应。

以下是一些经过验证得到证实存在正相关的表现。总体而言没有哪一项和媒介的使用有关，而仅和特定种类的媒介接触有关：

1. 入学准备；2. 总体认知表现；3. 自闭症、注意力障碍以及学习能力的改善；4. 其他积极的社会和情感效果。

是的，这份清单表明，在一些实验中由数字媒体引起的相同问题，恰恰在另外一些实验中由不同的专门设计的数字媒体解决。

所有这些发现，无论是令人宽慰的，还是让人担忧的，其实都传递了一个信息：孩子们在很大程度上是通过媒体学习，也被媒体所影响。"这不是什么高科技。"斯特拉斯堡说道，"孩子就像是海绵。他们从媒体中学习东西。"

这意味着它可能非常重要，不仅仅是孩子们花了多少时间沉迷其中，还有他们消费了什么以及如何消费。

斯特拉斯堡说："自 1982 年国家精神卫生研究院发布报告以来，就没有什么有分量的东西了。这可真是有点说不过去。难以置信的是，孩子们在各种不同媒体上每天花费 7 到 11 个小时的时间，而我们甚至没能仔细地研究一下这可能会带来怎样的影响，以及如何能够把对个人和社会的负面影响最小化。"

睡眠

对我来说，在关于儿童使用媒体的研究中，最显著的一项关联是屏幕使用和睡眠的关系，后者既是人的基本需求，也是父母们面对的一个战场。

纽约州立大学石溪分校的劳伦·黑尔（Lauren Hale）对这个问题进行了十多年的研究。以下是她总结的研究结果。

"当大人和孩子观看或者使用屏幕的时候，荧光闪烁的屏幕距离他们的面部很近，睡觉时间被延后了，入睡时间变长了，睡眠质量下降了，总的睡眠时间也相应减少了。"

一项针对 2048 名四年级和七年级学生的代表性调查显示[13]，卧室里有电子设备的孩子每晚要比那些没有电子设备的孩子平均少睡 20.6 分钟。类似的研究也发现，对于成年人来说[14]，智能手机放得离床越近，睡眠时间就越少，睡眠质量也越差。

儿科专家珍妮·拉德茨基（Jenny Radesky）博士告诉我："对于

学习来说，睡眠是最基本也最重要的事情。"睡眠会影响记忆的整合，这对儿童尤其重要。"就连做果冻，你都要放到冰箱里等上一个晚上才能成型呢。"

研究者已经很好地掌握了屏幕对睡眠的影响所涉及的大脑运作机制，进一步证明了屏幕对睡眠的影响。第一个是暴露于光照之下，尤其是屏幕发出的蓝光[15]，它模拟的是日光，会抑制褪黑素的分泌，这是一种脑部腺体分泌的激素（这种腺体指的是松果体，位于你的两眼之间，可以让你找到科学的象征意义）。你的眼睛离屏幕越近，就会有越多的光线射入。

连续几个小时暴露于阳光底下会打乱你的昼夜节律和生物钟，使人难以在恰当的时间点入睡。如果你在半夜醒来拿起床头柜上的手机或者笔记本电脑盯着看，这种情况更糟糕，会让你更加睡不着。

第二个与屏幕相关的睡眠剥夺机制是皮质醇的过度分泌[16]，这是一种应激激素。这就不仅仅是屏幕本身的问题了，而是在观看屏幕时引起的情感唤起或者刺激性的经验：社交媒体上一条尖刻的评论、一段刺激的追车画面。身体在疲乏的时候会分泌皮质醇，使我们从疲惫状态重新进入兴奋状态。如果你看到一个孩子半夜还在屋里蹦蹦跳跳不想睡觉，那就是皮质醇在发生作用。

"一个不睡午觉的孩子，会让你想到什么？"马萨诸塞大学阿默斯特分校的瑞贝卡·斯宾塞（Rebecca Spencer）这样问我，"爱发脾气，或者让人头大。"她对 600 名家庭经济背景各异的儿童进行了一项为期五年的研究[17]，首先调查这些孩子在入学前的睡眠模式，然后调查他们上学之后的学习表现，借此寻找两者之间的关系。很快他们就发现了有关屏幕时间的一些事实。65％的孩子在学习的时候，卧室里都会有电视。有些学前班会把午睡当作不可动摇的铁律，而有些学校则允许在午睡时间不睡觉的孩子玩平板电脑。早年没睡的觉，以后也是补不回来的。斯宾塞说："那种累积的睡眠缺失会影响孩子的表现。""我们需要把这一科学发现更多地应用到孩子身上。"

大量研究表明，糟糕的睡眠质量和一连串的身体、情绪、心理问题有关——情绪低落、焦虑、肥胖、学习成绩不佳、注意力缺陷、易怒和急躁，甚至是免疫力降低。除了最后一个之外，这和你看待屏幕的罪恶列表如出一辙。

如果睡眠不足和所有这些负面结果相关，屏幕时间又会导致睡眠变差，那么也许我们可以说研究者认为的屏幕使用的负面结果其实可以单纯地归结为是缺乏睡眠所导致的。

这就是为什么睡眠研究者，比如黑尔，有时候会觉得他们就好像在一个隔音间里大声喊叫。黑尔说："我认为这个问题被忽视了。""我有时候会觉得，比方说，总得有人出来捍卫睡眠。这是我们儿童身上看到结果发生变化的主要途径之一。"

这些研究结果也表明，在睡前一小时禁止屏幕的使用以及干脆把它们移出卧室，在任何地方也许都可以成为最重要也是最有效的屏幕使用原则，无论你是否有孩子。

当涉及到眼睛的时候，自 20 世纪 70 年代以来，美国的近视发病率增长了三分之二[18]，而亚洲的情况更加糟糕。科学家们还不清楚背后的发病机制，也不愿意将此归咎于屏幕。但是，多项研究发现，更多的户外活动的确可以帮助孩子防治近视。眼科医生同样也对"电脑视觉综合征"[19] 提出了警告，这是一种长时间紧盯电脑屏幕引起的视疲劳。他们的建议是无论是孩子还是大人，每隔 20 分钟就应当休息 20 秒，看看 6 米开外的地方。

肥胖

在有关儿童和屏幕关系的研究中，仅次于睡眠的第二大最可靠的负相关是屏幕时间（主要是电视）和儿童肥胖症之间的关系。

事实：在总人口中，每天看电视的时间超过 2 小时，儿童患肥胖症的风险就会增加一倍[20]。请注意，学龄前儿童每天看电视的时间平均是 4 小时。

这和以胖为耻或是恐惧肥胖无关。不同的体型都可以是健康的，伴随儿童成长的体重变化也是正常的。这里谈到的是超重问题，事关增加儿童罹患慢性病和缩短生命周期的风险。在过去 30 年里，儿童肥胖症增加了一倍，而青少年的肥胖症数量则是过去的 4 倍[21]，儿童的身体状况因此变得更差了。一型糖尿病属于遗传类疾病，过去也被称为"幼年期发病型糖尿病"，现在已经不再叫这个名字了[22]，因为有很多孩子现在正表现出二型糖尿病的症状，而后者是终生性的疾病。

斯特拉斯堡说："如果你每天花在屏幕前的时间超过两个小时，那么从很小的时候，到青春期，直到成年，你都会面临患上肥胖症的风险。"

屏幕是如何让孩子变胖的呢？不像睡眠问题，研究者们对此并没有确切的认识。让人意外的是，他们没能证实你我通常会想到的那种解释，即所谓的"沙发土豆假说"。也就是说，没有清晰的证据能够证实，看电视更多的孩子，用在身体运动和户外活动上的时间会更少。克里斯塔基斯指出，画画或者阅读也同样属于久坐类的活动。不过作为儿童肥胖基金会的发起人，加拿大儿科医生汤姆·华沙斯基（Tom Warshawski）告诉我，深度的被动观看视频的状态，事实上比任何其他的行走运动消耗的热量都要低。

屏幕和肥胖之间关系的潜在解释实际上要精细、复杂得多，并且存在更多的关联因素。这是媒体研究的一个常见课题。

有一种假设是孩子们在观看视频的时候会吃更多零食。我听到过太多的家长承认，为了分散孩子的注意力，他们会在喂饭的时候打开平板电脑。这虽是一种权宜之计，但危险之处在于你总是让他们在无意识的状态下大嚼大咽。

研究者告诉我，还有一种可能是，比起普通孩子来说，那些有肥胖基因的孩子可能天生有喜欢看视频的倾向。也许他们的新陈代谢很慢，同时也更容易疲劳。

研究者认为，屏幕—身体之间联系的另外一个显著因素是商业。华沙斯基博士说："儿童看什么吃什么，吃什么看什么。""电视节目是作为一种营销媒介发明的。90％针对儿童进行营销的食品和饮料是不健康的，它们包含了过高的脂肪、盐和糖分。"

美国西北大学的研究者艾伦·瓦特拉（Ellen Wartella）对此表示同意："从对食品的偏爱和需求中我们能够发现，信息很重要——孩子们非常依赖这些信息。"瓦特拉曾经组织过多项政府资助的研究项目，负责就媒介和肥胖间的关系提出建议。她的政策工作旨在敦促食品工业界进行更多的自我监督，修订食品配方和菜单，比如在金鱼饼干里增加全谷类配方，或是在麦当劳儿童欢乐餐里增加水果。很多规定和义务性的协议也指出，那些流行的"超级伙伴"形象只允许用来推广健康的或者至少也得是"有点健康"的食品：比方说，海绵宝宝可以销售强化维生素的水果零食，而不是蟹黄堡。

儿童肥胖率最近已经趋于稳定。有研究者认为这部分应归因于手机应用和游戏取代了视频。原因听上去很傻：这些东西让双手有事可做了，并且从逻辑上讲这让那种无意识的进食变得更困难了。在视频点播时跳过电视广告的能力可能也与此有关。

但是还没到瓦特拉宣布胜利的时候。即使数字录像机和流媒体已经战胜了糖果广告，但垃圾食品公司却反戈一击开发了网上和客户端的"广告游戏"，比如"奥利奥超级奶油控制员"，并以病毒视频和社交媒体营销来吸引青少年。瓦特拉说："他们正在努力让儿童参与进来，进行互动。""对于这些新的手段，我们还没有多少相关数据。"

美国大学传播学教授凯瑟琳·蒙哥马利（Kathryn Montgomery）长期以来一直呼吁政府应当对儿童广告采取更为严格的监管。蒙哥马利指出，广告商掌握了大量的数据，这些数据涵盖了各种针对儿童营销手段的有效性，而独立研究者却没有掌握同等的数据。她说："让业界，特别是食品工业保持负责任的态度，这是一场没有间断的战斗。""这些传递的信息都是跨平台的，无处不在，从不同的角度向儿童奔涌而来。"

恐惧、悲伤、懒惰、疯狂

肥胖和睡眠是研究者在媒介效果方面最有信心的研究领域。在本章接下来的部分，我要讨论的是家长们每天都会担忧，专家们正试图研究，但都不太能肯定的那些部分。

多动症。

在数学和阅读的标准化测试中得到较低的成绩。

较差的在校表现。

攻击性行为。

抑郁症。

屏幕时间会引发或者恶化以上这些问题吗？是错误的内容引发或者恶化了这些问题吗？无数的研究结果表明，也许是——但即使如此，也不明显，并且几乎无法检验。

这种相对较小的关联适用于人类行为的复杂性。和往常一样，很难证明因果关系。

攻击性行为

我们先以暴力为例来看。当涉及情感和精神反应的时候，过去对于媒体效果的研究主要关注点在于暴力内容和攻击性行为之间的关系。这也是该领域最充满争议的话题之一。

爱荷华州立大学的道格·珍特尔（Doug Gentile）是这个领域最著名的专家之一。这个谦逊的中西部人戴着一副金丝边眼镜，行为举止就像是《辛普森一家》里的内德·弗兰德斯。"我是一个儿童心理学家。"我们见面的时候他开玩笑说，"我知道，虽然我看上去老了点儿。"

但他对一件事情绝对严肃。"这件事情我可是非常了解的。我们已经研究了 50 年。美国国立卫生研究院、美国国家科学基金会、美国儿科学会、美国市场营销协会、美国心理学会，以及其他诸多组织都曾经说过证据确凿——媒体暴力会引发攻击性行为。"

他指出，从科学角度来说，"引发"这个词的意味，可不是一件小事。这并不意味着具有攻击性行为的孩子天生偏爱暴力媒体。这也不仅仅意味着，具有攻击性行为的孩子在家里疏于管教，没有人对他们的媒介使用情况进行监督，最后总是导致他们观看杀人狂电影以及玩那些第一人称射击游戏。也不仅仅意味着具有攻击行为的孩子的父母也具有攻击行为，爱看暴力性的媒体内容，并且还经常带着他们低龄的孩子一起看。但是事实上以上所有这些问题都可能是事实。

像珍特尔这些科学家们使用"引发"这个词的部分原因是因为小丑波波。波波是 20 世纪 60 年代阿尔伯特·班杜拉、多利以及希拉所做的一系列研究中用到的一个充气娃娃[23]。参与实验的孩子会观看一些影片，影片中这个可怜的充气娃娃会被又踢又打。在随后的真实生活中，这些观看了影片的孩子自己也会更容易去打充气娃娃。因此，有大量证据表明，接触媒体暴力内容之后会产生即时性的模仿暴力行为，除此之外一些长期调查显示，在较大规模人群以及较长时间跨度中，这种相关性很低[24]。

至于睡眠，研究者也收集到了有效的数据[25]，弄清了当人们观看那些伴随着快速剪辑和大音量音乐的暴力画面的时候，人们在心理上到底发生了哪些变化。心跳和呼吸加速，瞳孔放大；脑电图会显示为一种急性应激反应的状况；你的感官功能会得到增强，就仿佛是要寻找威胁，杂念纷飞。之后，你就会失去对冲动这种行为的控制能力，在受到轻视后你已经不太会三思而后行了。

但珍特尔说到，科学角度和法律角度对"引发"一词的定义是不一样的，这对于公共健康领域为限制儿童接触媒体暴力的努力而言是一项重要的界定。暴力视频和游戏，顶多只能算是一种环境因素，就好比把铅块投入到水中——它们的影响非常小。我们无法将某一个暴力行为归咎于它们，人不能因为它们而免于罪责。包括美国最高法院在内的判例，都已经说得很清楚了。

无论是科伦拜校园枪击案的主犯迪伦·科莱博德，还是桑迪·胡克小学枪击案的主犯亚当·兰萨，他们向人群开枪射击的时候，可不是视频游戏让他们这么做的。

有好莱坞工作背景、绰号"媒体大夫"的哈佛大学儿科医生迈克尔·里奇（Michael Rich）告诉我，其实在接触媒体的效果中，攻击性行为根本算不上是最常见的结果。他说："经过系统性检查的三种结果中，攻击性的思维和行为的增加是最不常见的。最常见的反而是感知他人痛苦的敏感性的降低[26]。"当身体经历了对刺激性暴力的反应之后，人的身体和大脑都会对真实生活中的暴力变得麻木不仁。

里奇补充说，对媒体暴力的反应，排在第二位的是恐惧和焦虑[27]。这对年幼的孩子来说尤其如此，但对所有孩子来说也都是一样的。

里奇说到，如果有孩子前一天看了终极格斗之夜的节目，第二天就在运动场上打架，那么更多的人其实只会耸耸肩，抽身远离；

另外一些人则会做噩梦，然后觉得这个世界是个严酷和骇人的地方。

暴力媒体和暴力行为、恐惧、冷漠之间的关联满足了作为家长的我的那种无处不在的焦虑感，觉得孩子对错误事物的接触哪怕只有一分钟，也会带来毒害的效果。

但有些迹象也许能带来些许安慰——问题并不会像看上去那样糟糕。无论是新的移动网络技术，还是不断提升浸入式体验和图像技术创新的第一人称射击游戏，都没有带来谋杀、自杀或是反社会行为在趋势上的明显可见的变化。

大规模枪击事件是近年出现的令人愤慨的社会现象。那些事件中的罪犯，比如克莱博德、哈里斯、兰萨，都是喜欢玩暴力电子游戏的年轻人。但这无法改变一个基本事实就是全社会的谋杀案发案率处于历史的最低位[28]。没有任何证据表明在过去二十年里那种血肉横飞的暴力事件出现过增长。如果你再看一下其他国家的情况[29]也会发现，很多国家的孩子们接触的媒体内容和我们的孩子一样，但他们的暴力发生率其实比我们的更低。

如果你想要把有关暴力的实验证据转述成一般性原则，你要讨论的便成为：减少特定敏感儿童群体接触媒体暴力的总量有助于降低攻击性行为的发生水平和普遍的社会疏离感。这种观点很难变得清晰化和具有可执行性。

媒体暴力性研究者，就像肥胖研究者一样，说的都是财大气粗的工业界肯定不想听到的内容。珍特尔特别郑重地向我解释道，他和他的伙伴们在研究中是不会用像"禁止"这一类的词。他们都是宪法第一修正案的坚定支持者。斯特拉斯堡也多次提到，他自己写过一本小说，是艺术的坚定支持者。

研究者寻找的不一定是限制，而是基于可能取得最好证据之上的一组评测数据。由此，家长们，尤其是那些天性敏感的孩子的家长们，就可以做出更好的决策来保护自己的孩子。但这一目标恐怕很难达成。

电视、电影和电子游戏产业基本上采用的是行业性自律。分级委员会对电影进行分级，《电视节目家长指导准则》[30] 对电视进行分级，娱乐软件评级委员会对电子游戏和手机应用进行分级，此外联邦贸易委员会也会进行某些监管。每一种体系之间都存在一些细微的差异。

珍特尔问我："你知道《电视节目家长指导准则》里那 18 种标志的含义吗？"我很不好意思地承认自己甚至都不知道他在说什么。他激动地说道："为什么你无法理解那套东西呢？因为它们就是很让人费解。为什么让人费解？哦，也许设计初衷就是如此吧！！"

所有的评级系统都很复杂。很明显它们就是被设计得能让消费者和产业利益方满意，而不是让科学家满意。媒体研究者不会为孩子接触了分级体系中的那些负面东西而担忧，比如脏话、一闪而过的裸露镜头，或者放屁声（"有恶作剧倾向的对话和暗示"）。但娱乐软件分级委员会把所有这些东西都进行详细的分类，而这根本就是南辕北辙。

珍特尔说："业界有责任对产生的影响持诚实的态度。""我和娱乐软件评级委员会的主席讨论过这些问题：'你应该大声疾呼，我们拥有一套非常棒的分级体系，你们大家都应当学习它，因为它真的事关重大。'然而她盯着我说：'我绝不会这么说的。'父母真的不像行业合伙人那样真正拥有媒体。"

作为娱乐软件评级委员会主席的帕特里西亚·万斯声称自己虽然认识珍特尔，但却不记得自己说过那样的话。我用了好几个月才争取到对她的采访机会，采访中，她坚称自己的组织对媒体是否确实对孩子构成威胁这一点不予表态。"证据很纷杂，"她说道，"这个问题已经争论了很多年了。对我们来说无论采取何种立场都是不明智的。我们的目标是满足消费者的预期。"

采访期间，她的公关人员也给我了一厚叠资料——都是由业界提供资助的——称把游戏和暴力挂钩是一种"谬误"。"我们只是希望你能看到双方的立场。"万斯说道。

蒲公英对兰花

即使是专家和政策制定者也很难做出可靠的决定来保证孩子的安全，更不用说我们这些可怜的家长了。

帕蒂·瓦肯伯格（Patti Valkenburg）[31] 是阿姆斯特丹大学媒体效应领域的研究专家，她提出了一种理论来解释为什么媒体效应很受限。这一理论来自发展心理学，被称为"差别易感性"或是"蒲公英对兰花"。

这一观点认为大多数孩子都是"蒲公英"。他们耐受力很强，适应性也很强。他们可以在各种环境下茁壮成长。但还有一些孩子是"兰花"。他们会因为环境不佳而导致的严重后果极度敏感。他们对优质养育的敏感度也高于正常水平。

瓦肯伯格说："媒体效应非常有限，这在过去针对大样本进行的调查中已经得到了证实。在我看来，对于这一点最好的解释是媒体效应是有条件的。它们不会对所有的孩子产生相同的效果。"

注释

1　最近一项由联邦政府资助的关于儿童和媒体的主要研究叫做《电视与行为》："Television and Behavior. Ten Years of Scientific Progress and Implications for the Eighties. Volume I：Summary. Report. " National Institutes of Mental Health (DHHS)，Rockville，Md. 1982.

2　因为现在的孩子和屏幕的关系，主要的形式还是被动地观看，而不是任何其他形式的互动：Sweetser，P.，Johnson，D.，Ozdowska，A.，Wyeth，P. Active versus passive screen time for young children. Australasian Journal of Early Childhood，37（2012）：94-98.

3　家长的教育、家长的收入以及家长自身的效能（相信有效力的家长）都和减少儿童屏幕使用时间有关：Lampard，A. M.，J. M. Jurkowski，and K. K. Davison. "Social-Cognitive Predictors of Low-Income Parents' Restriction of Screen Time Among Preschool-Aged Children. " Health Education & Behavior 40. 5（2012）：526-30. Web. ；Gorely，Trish，Simon J. Marshall，and Stuart JH Biddle. "Couch kids：correlates of television viewing among youth. " International journal of behavioral medicine 11. 3（2004）：152-163.

4　一些研究者认为，在过去的 50 年里，我们看电视的时间基本保持稳定：Marshall，Simon J.，Trish Gorely，and Stuart J. h. Biddle. "A Descriptive Epidemiology of Screen-based Media Use in Youth：A Review and Critique. " Journal of Adolescence 29. 3（2006）：333-49. Web.

5　2011 年，有一项针对 9000 名学龄前儿童的调查：Tandon，Pooja S.，Chuan Zhou，Paula Lozano，and Dimitri A. Christakis. "Preschoolers' Total Daily Screen Time at Home and by Type of Child Care. " The Journal of Pediatrics 158. 2（2011）：297-300. Web.

6　2003 年的一项研究发现，三分之二 6 岁及以下的儿童，每天醒着的时间里有至少一半的时间家里的电视处于打开状态，即使没有任何人在看：Rideout，Victoria J.，Elizabeth A. Vandewater，and Ellen A. Wartella. "Zero to six: electronic media in the lives of infants, toddlers and preschoolers. " (2003).

7　2016 年由非营利性机构"常识媒体"对全国儿童和青少年的媒体使用情况进行了一次调查……：Rideout, Victoria J. The Common Sense Census: Media Use by Tweens and Teens. Rep. N. p. : Common Sense, 2015. Web.

8　人类具有一种被称为"定向反射"的本能：Sokolov, E. N. "Higher Nervous Functions: The Orienting Reflex. " Annual Review of Physiology 25. 1 (1963): 545 - 80. Web.

9　儿童电视制作中心在 20 世纪 60 年代创作《芝麻街》的时候……：Davis, Michael. Street Gang: The Complete History of "Sesame Street. " New York: Viking, 2008. p. 144

10　研究者指出，儿童和角色之间存在一种"类社会"关系，前者把后者当成是自己的"超级伙伴"——有魅力且极具影响力，不论他们到底是通过一个拥抱还是捶打他们的姐妹来解决问题：Hoffner, Cynthia. "Children's wishful identification and parasocial interaction with favorite television characters. " Journal of Broadcasting & Electronic Media 40. 3 (1996): 389 - 402 … Moyer-Gusé, Emily. "Toward a theory of entertainment persuasion: Explaining the persuasive effects of entertainment education messages. " Communication Theory 18. 3 (2008): 407 - 425.

11　正如儿童心理学家布鲁诺·贝托尔海姆……：Bettleheim, Bruno. "The uses of enchantment. " New York: Alfred A. Knopf (1976): 66 - 70.

12　克里斯塔基斯曾经让老鼠在整个童年期……：Christakis, Dimitri A. , J. S. B. Ramirez, and Jan M. Ramirez. "Overstimulation of newborn mice leads to behavioral differences and deficits in cognitive performance. " Scientific reports 2 (2012): 546.

13　一项针对 2048 名四年级和七年级学生的代表性调查显示……：Falbe, Jennifer, et al. "Sleep duration, restfulness, and screens in the sleep environment. " Pediatrics 135. 2 (2015): e367 - e375.

14　类似的研究也发现，对于成年人来说……：Lanaj, Klodiana, Russell E. Johnson, and Christopher M. Barnes. "Beginning the workday yet already depleted? Consequences of late-night smartphone use and sleep. " Organizational Behavior and Human Decision Processes 124. 1 (2014): 11 - 23. Web.

15 暴露于光照之下，尤其是屏幕发出的蓝光……：Wood，Brittany，et al. "Light level and duration of exposure determine the impact of self-luminous tablets on melatonin suppression." Applied ergonomics 44. 2（2013）：237 - 240.

16 皮质醇的过度分泌……：Kumari，Meena，et al. "Self-reported sleep duration and sleep disturbance are independently associated with cortisol secretion in the Whitehall II study." The Journal of Clinical Endocrinology & Metabolism 94. 12（2009）：4801 - 4809.

17 瑞贝卡·斯宾塞……她对 600 名家庭经济背景各异的儿童进行了一项为期五年的研究：Interview 11/17/15. Similar study：Cremone，Amanda，et al. "Sleep Tight，Act Right：Negative Affect，Sleep and Behavior Problems During Early Childhood." Child Development（2017）.

18 自 20 世纪 70 年代以来，美国的近视发病率增长了三分之二……：Ding，Bo-Yuan，et al. "Myopia among Schoolchildren in East Asia and Singapore." Survey of Ophthalmology（2017）.，Holden，Brien A.，et al. "Global prevalence of myopia and high myopia and temporal trends from 2000 through 2050." Ophthalmology 123. 5（2016）：1036 - 1042.

19 "电脑视觉综合征"：Rosenfield，Mark. "Computer vision syndrome（aka digital eye strain）." Optometry 17. 1（2016）：1 - 10.

20 每天看电视的时间超过两小时，儿童患肥胖症的风险就会增加一倍：Pardee，Perrie E.，et al. "Television viewing and hypertension in obese children." American journal of preventive medicine 33. 6（2007）：439 - 443.

21 在过去 30 年里，儿童肥胖症增加了一倍，而青少年的肥胖症数量则是过去的四倍："Obesity Facts | Healthy Schools | CDC". Cdc. gov. N. p.，2017. Web. 23 Apr. 2017.

22 一型糖尿病属于遗传类疾病，过去也被称为"幼年期发病型糖尿病"，现在已经不再叫这个名字了：How Does Type 2 Diabetes Affect Children?" WebMD. WebMD，n. d. Web. 23 Apr. 2017.

23 波波是 20 世纪 60 年代阿尔伯特·班杜拉……：Lansford，Jennifer E. "Bobo Doll Experiment." Encyclopedia of Personality and Individual Differences（2016）：1 - 3. Web.

24 除此之外一些长期调查显示，在较大规模人群以及较长时间跨度中，这种相关性很低：Hopf，Werner H.，Günter L. Huber，and Rudolf H. Weiß. "Media Violence and Youth Violence." Journal of Media Psychology 20.3 (2008)：79 - 96. Web.

25 至于睡眠，研究者也收集到了有效的数据……：Perry，Bruce D. "The neurodevelopmental impact of violence in childhood." Textbook of child and adolescent forensic psychiatry (2001)：221 - 238.

26 最常见的反而是感知他人痛苦的敏感性的降低：Cline，Victor B.，Roger G. Croft，and Steven Courrier. "Desensitization of children to television violence." Journal of personality and social psychology 27.3 (1973)：360

27 恐惧和焦虑……：Cantor，Joanne. "Fright reactions to mass media." Media effects：Advances in theory and research 2.2 (2002)：287 - 306.

28 谋杀案发案率处于历史的最低位：Gramlich，John. "5 Facts About Crime In The U.S.". Pew Research Center. N. p.，2017. Web. 23 Apr. 2017. http：//www. pewresearch. org/fact-tank/2017/02/21/5-facts-about-crime-in-the-u-s/

29 如果你再看一下其他国家的情况……：例如法国、瑞典、日本和韩国的凶杀案发案率都不到十万分之一，而美国是十万分之八。http：//www. indexmundi. com/facts/indicators/VC. IHR. PSRC. P5/compare? country ＝ oe ♯ country＝ca：fr：oe：se：us "OECD Members - Intentional Homicides (Per 100,000 People) - Country Comparison". Indexmundi. com. N. p.，2017. Web. 23 Apr. 2017.

30 电视节目家长指导准则……：http：//www. tvguidelines. org/ 最适合孩子观看的等级是 TVY，接下来依次是 TVY7、TVY7FV、TVG、TVPG、TV14、TVMA。D 代表少儿不宜的对话，L 代表低俗语言，S 代表性，V 代表暴力，FV 代表"虚构暴力"。

31 帕蒂·瓦肯伯格……：Piotrowski，J. T. ＆ Valkenburg，P. M. (2015). Finding orchids in a field of dandelions：Understanding children's differential susceptibility to media effects. American Behavioral Scientist，59，1776 - 1789，doi：10. 1177/0002764215596552

3 关于青少年媒体使用的新研究

—

如上一章所述，目前研究已经证明，过度接触媒体与睡眠问题、肥胖问题、攻击性行为之间存在关联。这就意味着，即使你的孩子是正常发育、性格坚韧的"蒲公英"类型，你也应该对卧室里的电子设备、边看电视边吃零食的行为，以及不符合年龄的媒体内容提高警惕。

现在，我们要进入低概率、高风险的领域，谈论媒体对那些更脆弱的"兰花"型孩子所产生的尚未完全确凿证实的影响。

本章讨论的是关于青少年媒体使用状况的新兴研究方向，证据相对较新，尚未解决的地方也有不少，包括：成瘾、严重脑部或行为障碍、自闭症谱系障碍，以及尚未获得明确界定却值得担忧的社会和心理问题。

成瘾

凌晨三点，奥兰治县的诺埃尔·马蒂厄家有人敲门。

门口是两名体格结实的退役警官，要来把她十五岁的儿子格里芬送到全美国首家野外网瘾治疗营。

"我去把他叫醒，告诉他我和他爸爸已经尽了最大努力，如今只好决定向外界求助，"她说，"他是一个特别善良、贴心的小伙子，很是配合。那个时候，他已经承认了：是啊，我确实有问题，我要去治。完全没有抵抗。"

马蒂厄早就发现自己的大儿子出了问题。一向寡言的格里芬变得越发内向，不与外界交往。他转过学，遭受着抑郁和焦虑的困扰，睡眠质量也不好。

但是，她并没有马上指着智能手机和电子游戏，说它们就是罪魁祸首。她还说，他们请的咨询师也没有这样做。"我跟咨询师说孩子可能有成瘾的问题。不过，哎呀，他没有如临大敌的样子。就是到现在，我们也很难找到这样能看清问题（网络成瘾），而且懂这么多的咨询师。"

格里芬在电话采访中同意了邮件交流，他在邮件里告诉我："我开始玩（电子游戏）是九岁左右吧，一开始就是觉得好玩。不过，我后来发现跟社交和直面自身问题相比，我更愿意玩游戏，逃避成了主要原因。"

马蒂厄离过两次婚，第一次离婚的时候，格里芬才三岁，他有一个姐姐和一个弟弟。格里芬的生父和马蒂厄都是小企业主，他的生父是搞汽车批发的，马蒂厄开了家美容店，专做假睫毛嫁接。他们工作都很忙。

格里芬放学后要么去诺埃尔家，要么去他生父家，一到家就开始打游戏（一般是第一人称射击游戏），一打就是好几个小时。不玩家用电视游戏机游戏的时候，他就在笔记本电脑上看奈飞的网剧。后来，他有了自己的一部智能手机，还是打游戏和看奈飞，走到哪儿玩到哪儿，不分时间场合。她说："我们不在家的时候，他甚至会连轴转地看奈飞，他跟我讲，妈妈呀，这个剧真是太好看了。"时间一长，她就起了疑心，后来更是确信儿子的一大问题就在于手机屏幕。但是，她也不知道该怎么办。

"我网瘾最重的时候是高一和高二，那时候我虽然一脑门子'官司'，但一点都不想去管，"格里芬说，"只要有机会，我就坐在屋里玩电脑。我觉得自己就是喜欢有那么一小段的时间不用去担心任何事，所有问题都不见了，就是很快乐。"

马蒂厄找到帮手的方法有些不可思议。她当时的约会对象恰好是个游戏配音演员。他观察到诺埃尔的小儿子玩自己参与配音的游戏，其中有些相当暴力。

"他看见我十一岁的儿子打游戏，也看过孩子后来的行为变化，感到很震惊。他过去都不知道自己的工作会带来这样的结果。于是他就说，我再也不做（游戏配音）了。他在社交媒体上面声明自己要退出，原因就是我说的这些。"

这个帖子在社交媒体上火了。有一个做轻度网瘾治疗平台的女人站了出来，感谢他的勇敢行为，还帮诺埃尔一家和杰森·卡德尔医生搭上了线。卡德尔是犹他州"脱网"（Unplugged）治疗项目的负责人。

"我就想，谢天谢地，这正好就是格里芬所需要的，"诺埃尔说，"我们那时都觉得要放弃治疗了，真是没想到还有专门治疗网瘾的地方。"

卡德尔医生留着山羊胡，面相诚恳温和。他十几岁的时候也是一个问题少年，后来逐渐走上了青少年心理治疗的道路。"我第二次上未成年人法庭的时候，法官要求我进行心理治疗。我也是运气好，分配给我的心理医生帮我看到了自己的价值、潜力和意义。"
卡德尔所属的机构名称是"野外探险"，为患有抑郁、焦虑、毒瘾、
酗酒等问题的青少年开办户外治疗项目。他是 2014 年加入的，开
设了一个面向患有"中重度数字媒体成瘾"的青少年项目。

卡德尔对这个领域产生兴趣是源于接触自闭症谱系障碍患儿。
根据临床治疗发现，"由于各种原因，自闭儿童更容易染上网瘾"。

他见过有些青少年——绝大部分是男孩子——深陷电子游戏不
能自拔，以至于线下人际关系逐渐被"挤出"。他们不找朋友出去
玩，不跟家里人说话，不下楼吃饭，甚至连学校都不去了。

等到家人联系"脱网"的时候，孩子通常已经成了彻底的"家
里蹲"：完全不讲个人卫生，垃圾食品成了主食，睡眠不足，从不
锻炼，面色苍白，要么营养不良，要么超重肥胖，要么又胖又营养
不良。卡德尔如是说："我们见过这样的学生：屋里扔着 30 个装满
尿液的激浪饮料瓶子，因为他们抽不出时间上厕所。"

格里芬到犹他州后，第一件要做的事就是全面体检。项目里有
一项是高原沙漠负重远足，项目人员要确定格里芬是否能坚持下
来。他把手机交出来，锁到柜子里，然后被汽车送到了一处距离最
近的电源插座约 75 公里的野外。他在那里住了六个星期。

调整期是最难熬的。格里芬说，吃饭就是最难熬的方面之一。
垃圾食品和碳酸饮料都没有，他只能喝白水，吃随身携带、亲手烹
制的豆子和粗粮。参与者要自己挖坑如厕，自己捡柏树枝条制作背
篓，还要学会"弓钻取火"，也就是用木棍摩擦生火。他之前可是
连野营经历都没有。

他说好处也有，那就是人际交流。"大家都很好，相互关照，不

光是大人，孩子也一样。我完全融入了进去，感觉好极了。"

项目进行到第四周，马蒂厄坐飞机去看望儿子。母子两人在资询师的陪同下会面了。"那是迄今为止最有成效的一次治疗。"她说。格里芬打开了心扉，注意力也增强了。以前在家的时候，她要费好大劲才能让他停止看手机，说自己想去哪里吃晚饭。现在，他能够进行严肃的对话了。"他什么毛病都没有了。"

她将领着格里芬回家的感觉与带着头胎孩子从医院出来的感觉相提并论。"孩子感觉那么弱小，我真是战战兢兢。"不过，几个月后，她发现进展变慢了。卡德尔说："要想解决这些问题，甚至仅仅是避免问题恶化，需要的时间远远不止八周。""我们会向 80% 的家庭建议做进一步的住院式治疗"，比如把孩子送到专门的寄宿学校。不过，马蒂厄花不起那个钱，而且觉得似乎太极端了。

马蒂厄并没有把家里搞得跟修道院似的。她的小儿子还能玩游戏机，不过她说已经在控制游戏时间了，而且经常把游戏机锁在车里过夜。格里芬的超强游戏本被没收了，但还是有一台家用本，可以看在线视频，智能手机也在。新规矩只有一条：不准玩电子游戏。咨询师建议给他配一部翻盖手机，功能比较少，也不能上网。"不过，我也要考虑他与同龄人的交往，"她说，"我自己都不愿意拿着翻盖手机到处跑。"格里芬说，他用手机"联系朋友，规划日程"，用笔记本"做作业，闲着的时候看奈飞"。

马蒂厄非常在意别人对自家状况的反应。起初，她不愿意接受我的采访。她告诉我说："轻飘飘地说一句'家长早干吗去了？'很容易，但现实是——你没有老公，要上班，还有别的孩子要管。社会上谁不忙啊。再说了，看起来也不是什么大事，反正孩子也在家里。于是，你就说，行吧，让他们玩呗。孩子就坐在那里打好几个小时游戏。你甚至很难注意到。"

屏幕果真如此吸引人，能够引发临床意义上的成瘾吗？在电视时代，很少有人担心这个问题，关注的人都是非主流的声音，比如杰瑞·曼德尔（Jerry Mander）1978 年写过一本小众经典《削减电视的四个理由》[1]，书中将电视称为"让行为和人格发生异变的心灵入侵者"。但是，总体来说，大众似乎并没有把电视成瘾当回事。"刷剧"是风靡全国的休闲方式，而非严重问题的迹象。

我们之前已经有一个词来形容连续独自看电视好几个小时，上班上学心不在焉，不理家人和朋友，连白天也不例外的现象。那个词就是"抑郁"，放到孩子身上，或许就是"被忽视"。

但是，随着近二十年来电子游戏的兴盛，以及近十年来互联网随着智能手机和平板电脑变得几乎无处不在，科学界的普遍观点正在发生变化。"成瘾"这个词出现得越来越频繁了，尤其是针对青少年。

珍特尔告诉我，"我接触这个领域时抱着深深的怀疑：电子游戏成瘾？太离谱了"。但是，他又说："数据让我不得不相信，这确实是一个问题。被定义为'生活多个方面出现临床意义的严重问题'的网络与游戏成瘾是真实存在的。"

多份调查结果显示，美国 18 岁以下青少年玩电子游戏的比例达到了 90%[2]。珍特尔说，青少年游戏玩家中有大约 8% 的人达到了成瘾诊断标准[3]，这表明美国有 300 万儿童存在某种程度的游戏成瘾问题。

为了判断一个人是否存在网络和游戏成瘾的问题[4]，医生会问这样一些问题：

- 你是否经常发现上网时间超出了自己预期的长度？
- 身边的人是否经常说你上网时间太长？
- 上网是否造成你的学习成绩下降？
- 你是否经常因为上网被打扰而发火、大叫或表现出烦躁？
- 你是否经常因为上网而睡眠不足？

　　网络成瘾的专业叫法是"引发问题或风险的互联网使用方式"，包括电子游戏、社交媒体、发短信等，也可能涵盖整体的上网方式。这些症状与其他一些状况存在关联，比如自闭谱系障碍、注意力不集中（如多动症）、抑郁和焦虑，尤其是社交焦虑；而且男生比女生更普遍。

　　在美国，心理学界还在讨论到底是应该把网络成瘾作为单独的心理障碍来处理，还是应该将其视为抑郁、焦虑、自闭谱系障碍、强迫症等其他心理障碍的表现。

　　这是一场涉及利益的争论。如果网络成瘾被列入《精神障碍诊断与统计手册》（DSM），那么它就更可能正式进入诊断序列和保险赔付范围，或许还会立法规定学校为在校学生提供专门的无网络空间，因为越来越多的学校开始为全体学生配备笔记本电脑了。

　　东亚地区对网络成瘾要上心得多。日本、中国和韩国都有网瘾治疗中心[5]，网瘾也被视为公共健康问题。中国台湾甚至立法禁止两岁以下的儿童使用电子设备[6]。

　　对马蒂厄这样的母亲来说，问题是明摆着的。在她看来，儿子沉迷网络是一个需要直接面对的具体问题。"我确实认为这是一个实实在在的问题，"她说，"我知道目前有许多争论，但根据我的经验，问题是真实存在的。"

噩梦

维多利亚·邓克雷（Victoria Dunckley）是洛杉矶一名儿科心理医生[7]，也是我见过的反对电子设备最坚定的科研人员之一。2015 年，她在《重置孩子的大脑》一书中提出，对孩子来说，屏幕天然就是毒药（2016 年，心理学家尼古拉斯·卡德拉斯（Nicholas Kardaras）[8] 写的《荧屏前的孩子们》持有类似的观点，该书重点关注我们在前面列出的成瘾风险）。

美国儿科学会会员克里斯塔基斯提出互动式媒体的危害性或许要小于被动接受的电视，他给出的理由是"互动式媒体能够让儿童积极投入并做出回应"。卡德拉斯和邓克雷却用同样的理由来论证互动式媒体的危害性可能会更大，至少对少数容易受到伤害的孩子来说。

邓克雷等人的观点并非基于实验证据，而是源于临床经验。邓克雷给青少年患者开出的药方是为期六周的戒网治疗项目，她称之为"数字戒毒"。她列出的适应症包括各种各样、令人眼花缭乱的心理、神经或情绪问题：创伤后应激综合征、自闭症、注意力缺陷、强迫症、抽动秽语综合征、躁狂抑郁症、精神错乱，还有一大堆通常用抗精神病药物来治疗的新名词，比如——此处仅举两个例子——"对立违抗性障碍"和"情绪失调症"。

她的理论肇始于刚读完心理学的时候。"我当时为多个家暴儿童照护机构工作。"邓克雷向我解释道。她经常读到这样的报告："周六，雅各布与罗伯特玩电子游戏时发生争执，罗伯特的头被打了。"还有的孩子整整一个礼拜表现都很好，于是获准打游戏，可打完游戏表现又不好了。"最后，有一家（照护机构）同意撤除电子游戏设备。结果，不良行为报告减少了 30%。这就是我的初体验。"

她见过重度多动症患儿，见过必须用强力药物压制的躁狂抑郁症患儿，见过一天洗几十次手的强迫症患儿，甚至见过几近达到发疯边缘的患儿。只要完全不让他们碰电子游戏和手持设备几周时间，然后一点点允许他们接触电子媒体，上述症状都发生了逆转。"于是，我开始以挽救那些多年不见好转的网瘾孩子而闻名。（屏幕斋戒）就是我的秘密武器。"

邓克雷有一套理论来解释自己的神奇疗法。她提出，使用互动性电子设备会对大脑的两个信号系统产生过度刺激：应激（皮质醇）反应和奖赏（多巴胺）反应；换言之，它们正好就是研究电子媒体对睡眠影响的科学家发现的"罪魁祸首"。

当大脑寻求新鲜奖赏的机会[9]，以及获得新鲜奖赏时，多巴胺就会分泌。电子游戏的设计思路，就是要以极快的速度刺激玩家寻求和获得这种奖赏。

"有人扫描过正在玩电子游戏的儿童的大脑，发现（他们大脑）多巴胺的分泌速度接近于吸可卡因。"邓克雷说。接着她又说，当孩子们迷上这种高强度的兴奋之后，就不再愿意去寻求那些只能引发比较温和的、间歇性的多巴胺分泌的活动了，比如线下人际交往。

针对电子游戏玩家多巴胺分泌情况的研究至少可以追溯到 1998 年[10]。尽管多巴胺分泌在类似研究中经常与毒品挂钩，但也有记录表明，体育锻炼、听音乐、在日晒床上睡觉等争议较小的休闲活动同样会引发多巴胺分泌[11]。凡是让人觉得愉悦的事情都会引发多巴胺分泌。

话虽如此，颅内多巴胺水平确实与抽搐乃至幻觉存在联系[12]，举个例子，致幻剂（LSD）的部分作用机理就在于此。只要你长时间玩过一款电子游戏，你就很可能做关于它的梦——我记得自己小时候就做过俄罗斯方块的梦。用多巴胺来解释的话，游戏梦或许可以理解成闪回。

游戏里既有虚拟的奖励，又有虚拟的危险，再加上游戏场景通常亮度很高，闪光频发[13]，不可预测，声音嘈杂，于是邓克雷推测上述因素会导致与应激反应相关的皮质醇水平升高（研究睡眠的学者们也发现了这一点）。

邓克雷描写了儿童长时间玩游戏后神情恍惚、脾气暴躁、容易流泪的行为。"他们不能自拔，除非过度的刺激被移除，否则会一直停留在高亢的游戏状态中。"

邓克雷从睡眠研究领域得到的另一个借鉴是，她特别关注孩子在夜晚看屏幕，尤其是孩子的房间里有电视，或者大一点的孩子偷偷在被窝里看手机或玩笔记本电脑[14]〔英语里面叫 vamping，出自"吸血鬼"（vampire）一词〕的情况。"孩子睡不踏实会引发恶性循环。晚上睡不好，第二天就犯困，然后身体会分泌肾上腺素以免睡着。这样一来，孩子就会进入亢奋状态，更想看屏幕，因为他们已经受到了刺激。"

在邓克雷的患者中间，夜间使用电子设备时间过长与抑郁、自杀、自残（如割腕）行为存在着关联；研究文献也发现了这样的关联。

她说，由于孩子处于紧张状态，长期睡眠不足，而且适应了屏幕的过度刺激，他们忍受挫折和调节亢奋水平的能力就会减弱，看起来很像其他原因导致的严重心理障碍或不良倾向。

与邓克雷的谈话让我感到害怕。我努力让自己牢记：她的这些结果是在性格脆弱，有过创伤经历，或大脑有损伤的儿童身上发现的，我无法知道这些结果能否推广到正常发育的儿童。邓克雷没有任何实验证据，更不用说随机控制实验了。她也没有长期跟踪患者的情况，她有可能是惊恐之下的夸大其词。

我把卡通片关掉的时候见过自己的孩子又哭又闹，我知道其他家长也见过这种事情，也知道科研人员记录过这样的关系。

珍妮·拉德斯基（Jenny Radesky）博士在波士顿医学研究中心工作，她感兴趣的领域是不那么极端的儿童不良行为与接触电子媒体之间的关系。她的第一篇相关论文是比较两方面的信息[15]，一方面是要求父母参照经验证可靠的"婴幼儿正常行为表"分别说明孩子在 9 个月和 2 岁时的表现，另一方面是 2 岁的孩子自报当时的电子产品使用时间。

整体来看，参加研究的 2 岁孩子每天平均接触电子媒体的时间是 2.3 小时。长期存在不良行为的孩子接触电子媒体的比例更大，时间也更长。被家长认为在 9 个月大时不容易安抚的孩子，在长到 2 岁时，平均每天多看 14 分钟电视。这看起来时间不长，意义却不小。一份跟踪研究表明，上述结果也适用于 2 岁以上的幼儿。

谈起自己的婴儿研究，拉德斯基说："它是最早表明行为问题和电子媒体使用存在关联的研究之一。"她还说："我们之所以把这些孩子丢给电子媒体，是因为我们想休息一下，或者因为那是唯一让他们安静下来的办法。"但讽刺的是，这些孩子或许正是最容易因屏幕使用时间过长而受害的孩子。

目前，拉德斯基正在进行第二次跟踪研究，目的是了解在婴儿阶段行为吵闹、使用电子媒体较多的孩子在上幼儿园之后会不会在社交、情绪方面表现更糟。

她认为可能的因果解释有很多种。或许这些吵闹婴幼儿的家长不太自信，压力较大，需要更频繁的休息。或许他们的大脑更活跃，对电视机的重复刺激有更强的反应。

与瓦肯博格一样，拉德斯基认为个体差异性很重要。"也许有的孩子自控能力强，性格开朗向上"，每天看两个小时电视也不会有问题，"我们不妨称之为'数码免疫力强'"。

"或许有的孩子"，比如上述研究中吵闹的孩子，"性格特别激烈"。她说，研究者的任务就是发现"哪些孩子最需要关心"，更需要严密的保护。

这也是我们家长的任务。

自闭谱系障碍

少数非主流学者还在研究另一种低概率、高风险的行为。他们认为，自闭谱系障碍与幼年过度使用屏幕存在关联。

在过去一代人中，自闭谱系障碍的诊断数量大幅增长。专家认为，这种现象的主要原因在于诊断标准的放宽和公众意识的加强[16]。但是，某些潜藏的环境因素也不能完全排除。

医学研究者、家长和临床医生会告诉你：与总体相比，患有自闭谱系障碍的儿童更容易沉迷于屏幕。

例如，经营野外网瘾治疗项目的杰森·卡德尔对我说，根据他的临床经验，他相信"由于各种原因，患有自闭谱系障碍的人更容易沉迷于屏幕"。

这一观点得到了研究文献的支持：根据一份对两岁半儿童的研究发现[17]，正常发育组（的儿童）每天大约观看 2 小时电视，自闭谱系障碍组（的儿童）则平均超过 4 个小时。

不过，迄今为止的大部分研究者并没有试图说明两者存在因果关系，或者暗示更长的屏幕使用时间不仅与自闭障碍或相应症状有关联，还会导致这些症状。

但是，2006 年发表的一篇论文[18]通过大数据分析有了两个发现：

1. 根据对华盛顿、加利福尼亚、俄勒冈三州多个天气变化较大的县进行比较研究，某段时期降雨量较大与数年之后的自闭谱系障碍确诊数目上升之间存在相关关系。之前的多份研究已经表明，大雨或暴雪期间，儿童每天看电视的时间会增加大约 30 分钟。

2. 在 20 世纪七八十年代有线电视覆盖率较高的县长大的儿童患有自闭谱系障碍的比例要比接触不到丰富有线电视频道的县的儿童更高。

这篇启发性而非结论性的论文并没有得到医学界的追捧，反而引发了大规模的抵制，部分原因在于文章作者康奈尔大学教授迈克尔·瓦德曼（Michael Waldman）博士是一名经济学家，而非医生。文章还暗示家长或许正在做某些可能导致或加重自闭谱系障碍，而且可以提前避免的事情，这一点也引起了民愤。另外，一个业外人士来妄议哪些可以避免的因素会引发自闭症，这不禁让人想起缺乏依据、闹出人命的疫苗恐慌。

尽管如此，依然有其他人在问与瓦德曼同样的问题。在萨克勒论坛（Sackler Forum）上，我坐在眼科医生卡伦·赫夫勒（Karen Heffler）身旁，她有一个已经成年的自闭症儿子。2016 年，她在《医学假说》[19] 期刊撰文将问题摆了出来，呼吁学界进一步研究。

赫夫勒相信，对于那些有遗传性质的自闭倾向，存在知觉处理障碍的儿童来说，屏幕提供了重复的、可预测的、催眠般的视听刺激。赫夫勒担心，这种孩子对屏幕的过分亲近会产生"挤出效应"而淡化其他更值得经历的体验。孩子要是把大量时间花在看屏幕上，与他们的看护人和其他人的交流相应就会减少。他们用来解读他人的表情和情绪，并给出适当反应的时间也会变少。光是这些影响就可能会导致某些自闭谱系障碍症状的恶化。"我很愿意帮助那些可能身处危险的家庭和儿童，"赫夫勒说，"如果存在环境风险因素的话，那么找到这些因素是非常重要的。"

基于接触自闭症儿童的临床经验，拉德斯基博士独立提出了同样的理论。"我知道会有争议。"她说。"我有些患者——两三岁——确实患有严重的自闭症，唯一能让他们平静下来的办法就是给他们电子设备。这些孩子完全没有日常人际交往。"患有自闭症的孩子尤其经受不起，她说道。

目前通行的自闭症疗法是应用行为分析法[20]，这是一种行为主义的调整或矫正方法，通过奖励的手段训练患儿与他人接触交往，抑制自身的不当行为。拉德斯基说，她会培训患儿的家长，让他们站到治疗的第一线。"日常交往——穿衣服，洗澡，一起唱歌——都包含着不起眼的治疗环节。"例如，递给孩子毛巾前等待他与你发生眼神交流，或者鼓励孩子说"谢谢"，说了就给好吃的食物，这些做法都会强化孩子的社交能力和语言能力。

"我的感觉是，一个孩子大量使用电子媒体的原因可能在于那是他们有限的几种兴趣之一——比如，有一个孩子沉迷于以小火车托马斯为主角的动画片，过度使用屏幕就可能会影响他的发育，或者取代其他更适宜的活动。"

拉德斯基论证道，要是家长吃饭或洗澡的时候看视频或者刷手机，孩子就少了一个（与家人）交流的机会。随着时间推移，孩子内向、不愿与人交流的倾向会不断加强。症状或许会日渐恶化，而非好转。

显然，并不是每个人都接受了上述假说。我与拥护自闭症患者权利的作家兼博主沙伦·罗莎[21]交谈过，她十几岁的儿子患有自闭症。当我问她屏幕和自闭症可不可能有关系时，她苦笑了一声。

"社会对自闭症有偏见，习惯于污名化，而不是去理解。"她说。她引述了主流研究的观点，即自闭症就算不是100％由遗传因素决定，至少也是由分娩前因素决定的。

此外，罗莎和其他主张"神经多样性"运动的人对应用行为分析持严厉批判态度，将其视为一种具有惩罚性，乃至虐待性的做法，这样做的目的是控制自闭症患者的行为，而不是努力适应他们的需求。

罗莎对前面提出的假说表示认同，即自闭症患者往往更喜欢看屏幕，因为他们在人际交往方面有困难。但是，她论证道，我们应该将两种现象的相关关系视为自闭症患者主动适应的结果，而不是一个问题。"我儿子需要冷静下来的时候，他就会打开一个应用，点开里面的图片就能听到相应的声音，比如小提琴啊，小狗啊。他大概会按 10 分钟吧，纯粹是为了解压。"

自闭谱系障碍与电子产品的关联有好的一面，这一面在罗恩·萨斯金德[22]一家的生活经历中体现得淋漓尽致。他是《华盛顿邮报》的一名撰稿人，出版过一本后来被拍成纪录片的畅销回忆录《生活，动画》，主角是他患有自闭症、沉迷迪士尼电影的儿子欧文。欧文翻来覆去地看这些动画片，还学片中人物的对话。在心理医生的帮助下，萨斯金德夫妇抓住儿子"兴趣有限"这一点，自己扮演片中的人物，陪儿子进行片中的对话，逐渐与儿子重建感情，欧文也慢慢恢复了正常的说话能力。

即便我们不能完全确定自闭症与过度使用多媒体存在关联，但我们还是应该思考：我们自己以及孩子的电子设备到底应该成为人际交往中的阻碍还是桥梁。

上述想法得到了 2014 年发表的一篇很有趣的小样本研究的支持[23]。以前文提到过的儿童心理学家雅尔达·T·乌尔斯为首的加州大学洛杉矶分校研究团队，首先对两组 12 岁以下的少年分别进行了同样的测试，目标是检验被试通过照片和视频推测人物情绪状态的能力。测试结束后，一组少年进行了为期五天的野营，其间禁止使用数字媒体。五天后，两组少年再次进行了测试。与保持惯常生活环境和习惯的一组相比，野营组的情绪辨别能力表现出了显著提高。

我们对此应保持警惕，这毕竟只是一份研究，而且实验组的样本量只有 51 名少年。情绪辨别能力的提高或许只是因为野营期间整日与朋友们在一起，因为接触大自然，抑或是因为离开了通常的生活环境。尽管如此，我觉得家长应该都希望孩子有更好而不是更差的情绪辨别能力，无论是线上还是线下，我们都希望确保孩子有充分的人际交往机会。

公主与忍者

现在我们将目光从医学转向社会科学。几十年来，学界反复提醒人们关注多媒体对儿童的想象力和身份认同产生的影响。

有一段时间，法律禁止直接根据儿童电视节目制作的玩具上市[24]。禁令取消于 20 世纪 80 年代，我当时恰好是小孩子。突然间，开心乐园餐开始附送《星球大战》的玩具，甚至有基于系列玩具的动画连续剧上演，比如《宇宙超人》和《草莓娃娃》（两部动画片我都很喜欢）。

当时，波士顿地区的两名教育学教授戴安·列文[25]（Diane Levin）和南希·卡尔森-佩奇（Nancy Carlsson-Paige）开始听到一线教师的议论，说学生们在操场上（的表现）和以前不一样了。两人进行了一系列观察研究，还出了好几本书记录多媒体对儿童玩耍方式产生的影响。

随着电视与玩具融合的新趋势，教师发现小孩子的玩耍方式变得更局限、更俗套了，甚至好像是跟着剧本演似的。孩子们遵守迪士尼公主和忍者神龟设定的严格性别角色的可能性提高了。男生的行为变得更有攻击性，也更爱玩武器玩具了。

卡尔森-佩奇现在已经是位于马萨诸塞州剑桥市莱斯利大学的荣休教授。与她谈话时，我问她，孩子们模仿自己喜欢的角色真的有那么坏吗？我是有一点私心的，因为我过去经常这么干，我女儿也是。她告诉我："从儿童发展的角度看，这是一个相当严重的问题。""玩耍是儿童健康发展的重要一环。玩耍应该是具有创造性的，每个孩子玩耍的方式都应该不一样，应该与儿童个体相关，发源于儿童自己的想象，这样才能让孩子的内心更坚强，帮孩子建构社交和情绪方面的各种概念。"

2016 年发表的一篇论文是该领域的代表性研究[26]，作者是杨百翰大学的萨拉·科因（Sarah Coyne），研究对象是约 200 名热爱迪士尼动画的学龄前儿童。61％的女孩每周至少跟迪士尼公主玩偶玩耍一次，这些女孩在一年后更可能选择符合女性刻板印象的玩具，回避符合男性刻板印象的行为，比如冒险和弄脏自己。另一份由埃里克·拉斯穆森（Eric Rasmussen）独立进行的研究发现了类似的关系，研究的主题是学龄前男孩观看超级英雄作品与长大后玩暴力游戏、玩武器玩具之间的关系。

正如我不厌其烦指出的那样，此类研究并不涉及因果关系。可能是更有女性气质的女生本来就更喜欢公主，更有男性气质的男生本来就更喜欢超级英雄。又或者是给女儿买好多公主玩具，给儿子买玩具枪的家长本身遵守严格的性别角色，并通过其他方式强化子女的性别角色观念。

有意思的是，上述迪士尼研究还发现，少数经常玩公主游戏的小男生具有更积极的身体图式（body image），而且被其他人认为更乐于助人。

卡尔森-佩奇论证道，模仿故事里的人物本身并不是问题，视觉媒体才是问题所在。"讲故事是很好的。通过讲故事，我们能接触到所有人内心共有的故事母题，然后运用这些母题来创造自己的故事。但是，观看其他人构建好的图像没有为孩子的想象力留出足够的空间。"

这种思路的研究通常基于小样本数据，以及父母或老师对孩子行为的报告。另外，此类研究缺少长时段证据来表明，小时候受到多媒体重度影响的孩子长大后会成为具有心理问题的人。肯定会有某些迷恋电影的孩子长大后成为史蒂芬·斯皮尔伯格。但是，当我们开始思考自己要强化媒体对子女的哪些影响，又要限制哪些影响的时候，这种研究还是值得一提的。

少年与电子产品的流行

现在的孩子不到十岁就迷上了手机。这种随时可以与同龄人（当然，这里讲的是陌生人）联络的新能力引发了一场教科书式的道德恐慌。这场恐慌涵盖了我们通常对青少年所担忧的一切：性、毒品、犯罪，特别是所谓的女孩的"贞操"。

"当今美国，刚成年女孩生活中最重要的一股力量就是社交媒体。它把整整一代年轻女孩怎么了？"这段文字出自2016年的南希·乔·塞尔斯（Nancy Jo Sales）新书《美国女孩》的营销文案。

2016 年还有一本类似的书出版，书名还要更露骨：《女孩与性》，作者是佩吉·奥伦斯坦因（Peggy Orenstein）。

这两本书都是作者根据采访和道听途说写成的。书很吸引人，也令人警醒。不过，有一点要牢牢记住：从大多数标准来看，美国少年，特别是中产家庭少年的表现还是很不错的。如果说互联网出现后，这种表现有变化的话，那也是好的变化，而不是坏的变化。本科入学率不断攀升，中学毕业率处于有史以来的高点[27]。1999 年以来，少年交通事故率和死亡率都很低[28]。自 20 世纪 70 年代以来，危险的吸毒饮酒行为大幅减少[29]。当前的少女怀孕率比 1991 年降低了 44％[30]。与 20 世纪 90 年代相比，有过性经验、现在有性行为、初次性行为年龄低于 13 岁的中学生更少了[31]。艾滋病发病率降下来了[32]，虽然其他症状较轻的性传播疾病在少年中的发病率略有提高。"儿童犯罪研究中心"发布的报告称，2010 年儿童性侵案数量比 1992 年减少了 62％[33]。该机构认为，这反映了实际性侵发生率的降低，而不只是反映了举报虐待儿童现象的重点或方式有变化。美国司法统计局也发布了类似性质的报告[34]，称 2010 年女性遭受性侵的案件数量比 1994 年减少了 64％。被捕少年犯的数量也有大幅降低[35]，2014 年比 1996 年少了六成以上。饮食障碍发病率保持稳定[36]。根据美国疾病预防控制中心发布的年度全国健康状况调查[37]，自 20 世纪 90 年代以来，报告子女存在严重情绪或行为问题的父母比例没有显著变化。

对了，我再说一句：一份大规模调查结果表明，只有大约 7％的少年报告自己曾拍摄过具有露骨性意味的影像[38]，并将其分享至社交网络。另一份 2015 年的回顾性调查发现[39]，记得自己少年时发过色情短信或图片的本科学生比例要高一些，约为四分之一。绝大多数情况下，他们只会把裸照发给男女朋友，而且就本人所知，没有发到不该看的人手里。

类似地，一份最近的全国代表性调查发现[40]，只有7％的少年报告遭受过任何形式的"网络霸凌"；与此相比，遭受过老式线下霸凌的少年比例是21％。2016年发表的另一份全国性调查发现[41]，58％的少年报告称，网上的人"大部分是友善的"。

社交媒体把"整整一代人"怎么了？结果是：没有什么可以度量的影响。

"如果说真有一场数字革命的话，那它也没有让情况急剧恶化到值得担忧的程度。"丹·罗默总结道。我上面提出的论证思路就是受教于他。作为宾夕法尼亚大学安纳伯格公共政策中心青春期少年研究院的院长，他投入了大量时间来研究青少年的行为。他提出，在某种程度上，我们都是这样一个事实的受害者：可怕和悲惨的事情更容易吸引眼球和赚取点击量。"新闻媒体（专注于报道阴暗面），如果确实有值得我们了解的阴暗面，这就是合理的。但是，这些（负面报道）容易以偏概全。"

罗默认为"兰花与蒲公英"理论也有问题。"在某些电子产品上过度做某些事情的孩子们大概确实有不对的地方。但是，他们只是少数。我们需要关注他们，尽可能帮助他们。普通的青春期少年不会遇到这种问题，这是好事。"

道德恐慌，特别是关于青春期女生贞操的恐慌由来已久，每次有新技术出现都会来一次——电报、电话、汽车。《键盘参与时代来了》一书的作者[42]，国际知名社交网络研究专家丹娜·博依德

（Danah Boyd）说道，"我最喜欢的例子是缝纫机，当时的说法是这样的：女孩踩踏板的时候双腿会彼此摩擦"，从而引发邪念。

"女孩被诱拐的话题现在闹得很凶：（人们的基本想法是）互联网让坏人能联系上我们家女儿了。以前电报和电话出来的时候人们也有这样的想法，说法都一样。"卡内基梅隆大学计算机学院技术战略与影响方向副院长贾斯汀·卡塞尔指出。

卡塞尔还指出，与过去时代的人一样，美国年轻人受到的真正威胁并不是来自陌生人。"看看统计数据吧：谁在对女孩犯罪？总是家里人，从来没变过，真是悲哀啊。"

她的一个观点在博依德的书里也有涉及：现如今，青少年的一部分认同建构和身份探索活动是在网络上进行的，而这种活动，以前只能在现实中进行，危险性要大得多。比如卡塞尔，十几岁的时候曾打扮成朋克在纽约东村一带晃悠；又比如，如今青少年车祸率降低的部分原因在于，他们开车比以前少了；有人认为，这是因为他们在家里就能跟朋友线上交流。"关于色情短信这件事，我一直跟年轻人这么讲：'人人都要我们不要有性行为，要进行安全性行为。那好呀，我看色情短信就是很好的安全性行为啊！'"博依德说道。

当我们来看少年们讲述的自身感受，而不是他们的行为或遭遇时，有一些关联是值得注意的。他们对网络骚扰的报告令人担忧，尽管网络骚扰的数量其实并不多。

对青少年来说，社交媒体使用较多与抑郁焦虑水平存在较高关联[43]。

自 20 世纪 70 年代以来，美国大学生自报的自恋情绪大幅上升，同理心则大幅下降，关心他人和将心比心的能力在 2000 年之后的降幅最明显。这份调查还发现，青少年说网上的人"大部分是友善的"，还发现将近一半的人在网络上被人骂过脏话。

但是，这里的因果关系同样有两个方向。孤僻的年轻人之所以在社交媒体上花的时间更多，也可能是因为他们没有现实生活的朋友。我们不会去做那种跳梁小丑式的研究，比方说，提出在图片社交应用上关注歌手蕾哈娜与进食障碍存在关联。

密歇根大学教授萨拉·康拉斯[44]（Sara Konrath）是一份关于同理心衰退的大规模研究报告的第一作者。她告诉我，"将社交媒体拉出来当罪魁祸首"的恰恰是媒体。但是，科学研究并不支持这种因果关系，她说道。"我们说自己给不出原因，因为我们做的不是那种课题。"但是，她并没有否认两种现象可能存在"某种相关性"，尤其是多份相互独立的研究都表明[45]，自恋型的人在社交媒体上发帖子更频繁。

她的研究团队一直在努力以其人之道还治其人之身。他们正在测试多个鼓励人们参与社交的程序，这些程序会在一天的各个时间给用户发送短信，提醒他们——打个比方——去联系一下最近日子不好过的朋友。她推论道，如果新媒体有能力让人沉溺于自我，那么它同样可以被用来加强社交关系和同理心。

另一些研究认为，社交媒体平台的内在设计方式会影响用户的情绪和行为。例如，2015 年密歇根大学的一份研究指出，上 Snapchat 的本科生比上脸书或微博推特的本科生情绪要好[46]。研究者推测，Snapchat 是一个分享阅后即焚的视频短消息平台，用户可能会感觉更私密，更随性，不需要"自我展示"，或者向受众假装什么。

没错，有些孩子确实因为网络霸凌、色情短信、色情图片乃至对来自网络的认可的迫切追求而过着痛苦的生活。他们的故事也应得到展示。当然，某些家长、老师或者其他人可能想要限制年轻人在某些环境下对科技产品的使用。更宽泛来看，我们可能都在努力改变网络社区的规范，推动数字公民的进步。我们只是没有任何确凿的证据能表明，单凭新型通讯技术本身——而不是因为这些技术充当了某些一直存在的成人世界阴暗面的传递通道——就能带来更多现实世界中的风险和伤害，或者加重孩子的反社会行为倾向。

这些关于屏幕对儿童造成伤害的思想看起来吓人，但仍然处于推测层面，要想吸纳到生活中并不容易。你需要对潜在的危险给予适量的关注，但不能反应过度。我在思考前面讲过的"饮食结构"比喻时突然想到了一个很好的类比，那就是"过敏"人群：注意力不集中、有成瘾倾向、患有自闭谱系障碍或其他脑部问题的孩子或许对多媒体的耐受程度极低，甚至需要完全避免某些类型的多媒体。家长需要看好孩子并以身作则，特别是孩子比较小，家长还比较能管得住的时候。

两岁以前不准看屏幕？

科学家给出的建议屏幕使用时间标准竟然在放宽，而考虑到我们所知道的，所不知道的，以及可能永远不会知道的一切，你可能会觉得这个建议很奇怪。但事实就是如此。

谈及儿童和屏幕的问题，人人都对这条专家建议有所耳闻：2

岁以前不准看屏幕。该建议由美国儿科学会在 1999 年首次提出，2011 年再次发布，内容基本没变。

克里斯塔基斯是起草该建议的委员会成员，他也做了许多幕后研究工作。但他现在已经不相信这条建议的合理性了。

"如果我们按字面来理解发布的建议，那就意味着：一个 18 个月大的孩子不应该跟爷爷奶奶用视频聊天，也不能在平板电脑上读书。而无论是从科学角度还是从现实角度看，这显然都是荒谬的。"

另一名起草者斯特拉斯堡的感觉和他不同。"好多好多年前，我写下了那条孩子 2 岁前不准看屏幕的规则。当时完全没有证据——一点证据都没有！我们是编的。我们运气真是太好了。现在回过头看，这条规则是有证据支持的。十几份研究表明，过早、过度接触屏幕会导致语言学习滞后。"

2016 年秋季，美国儿科学会发布了建议书的修正版[47]。"2 岁以前不准看屏幕"的规则被删掉了。现在的说法是：只要有大人陪同，哪怕是很小的婴儿，视频聊天很可能也不会有坏处。建议书没有引用提供支持的文献，不过有几份小样本观察性研究表明[48]，6 个月大的婴儿能分辨出与奶奶进行实时的视频聊天和观看提前录好的奶奶讲话视频这两者的区别。这就表明，视频聊天可能是一种正向话轮转换（turn-taking）的新载体，话轮转换是口语习得的基础。

卡通片呢？新版的建议是：18 个月以上的孩子每天接触多媒体的时间不能超过 1 个小时。克里斯塔基斯说，他得出这个数字的方式很不科学：1 个小时是 18 个月大的孩子连续玩一样玩具的通常时间。

重要的是，新版建议强调不要让孩子独自使用多媒体。

美国儿科学会引用了几份样本量很小的研究[49]，这些研究发现，15 个月大的婴儿已经能够通过教育影片学习生词了——不过必须是家长在旁边重复、强调、夯实屏幕内容时才行。

学龄以上儿童的每日建议屏幕使用时间上限仍然是 2 个小时，同样最好有家长或保姆陪同。

而且，医生们还试图根据具体内容、语境和接触方式来确定给出什么样的建议，强调主动接触还是被动接触，孩子独自接触还是有人陪同。

克里斯塔基斯认为，在某些条件下，互动式数字媒体并不比任何其他玩耍方式不健康。研究表明，如果有线上或线下陪同的话，哪怕是一两岁的小婴儿也可以通过屏幕来习得社交技能。基本思路是：让孩子在数字媒体上做有益的活动，比如与父母一起读电子书或者与亲人视频聊天，同时调整好与其他有益活动的平衡。

美国儿科学会的新版建议并不是纯粹基于现有证据。医学界——包括克里斯塔基斯在内——正在形成一种新的共识，拥护对儿童屏幕使用采取"减害"（harm reduction）策略。

减害（即减少伤害）属于公共健康领域的方法，更常见于（抑制）非法药物滥用。减害策略的前提假设是：当局没有足够的力量将某种特定的行为，如吸毒，从全体人口中消灭。因此，更现实的做法是公开化，把问题摆明了讲。一个例子是：为吸毒人员提供能够减轻风险的资源为其提供免费治疗或对其晓以利害。

当然，我们现在谈的是看卡通片的孩子，而不是在小巷子里开枪的少年犯。不过，当一种活动已经极为普遍时，减害策略似乎比直接禁止要更切合实际。克里斯塔基斯希望科学界能提出"一套深思熟虑的、详尽细致的规范",因为"90％的家长会忽视"年纪大一些的孩子。这个数字是真实的——目前,90％的孩子在2岁前看过电视。

另外,科学界也感受到了压力。在科学家掌握充分证据表明何种条件下,何种"剂量"的何种类型内容到底会造成何种伤害之前,家长们——比如你和我——已经在提出紧迫的问题了,科学界需要给出解答。

"我认为,许多儿科医生都觉得婴幼儿使用科技产品这件事很麻烦。"珍妮·拉德斯基博士说道。

"新技术滚滚而来,科研跟不上。我们给出的建议都是基于理论和先前的多媒体研究成果,全都是针对电视和视频的。"

拉德斯基说,"紧迫的问题"就是如何将初步研究成果转化为简明实用的建议。

但是,这并不意味着干涉就没有用了,美国儿科学会成员大卫·希尔(David Hill)博士如是说。

"不许室内吸烟、不许汽油和颜料含铅、乘车时把孩子绑缚在座椅上都曾一度被视为不切实际、没有人会听从的建议。然而,这些措施现在已经被广为接受,而且对儿童健康起到了积极的正面效果。"

给孩子开出"数字戒毒"药方的心理医生维多利亚·邓克雷认为,"减害派"是打着"需要更多研究"的幌子把水搅浑。"克里斯塔基斯说某些教育类游戏可能对婴幼儿有好处,大家都听他的。有些盲从的人可能会觉得,孩子玩一整天游戏也没事。我们中间有不少人觉得,他说那种话太鲁莽了。我们不能只考虑自己怎么说,也要考虑别人怎么理解。"

我从上述观点得出的核心想法是，时至今日，将孩子完全与电子媒体隔离即便不是不可能，也是不现实的。我们也不能完全预知自己今天的选择会在未来产生怎样的影响。学者呼吁投入更多研究经费，临床医生也在努力给出更好的建议，而对我们这些做家长的来说，孩子一天天在长大，眼下最好的办法就是交流分享，注意危险信号，依赖自己的直觉。

回到前面的饮食结构比喻。相关研究让我们从数量和质量两方面对健康的屏幕使用方式有了一定的认识。目前，美国婴幼儿的日均屏幕使用时间——小一点的孩子是 4 个小时，大一点的孩子是 6—7 个小时——大概已经超过了合理水平。更合理的使用时间是：4 岁以上的孩子每天 2 个小时，4 岁以下的孩子每天 30 分钟。另外，不要让孩子在晚上玩，因为会影响睡眠。

拉一张完整的"营养"成分表是很难的，但我们确实知道，暴力媒体内容会对某些特别敏感的孩子产生负面影响。我们或许也有理由相信，广告——包括垃圾食品的广告——和性别种族歧视等反社会媒体内容可能对孩子产生影响。

注释

1　杰瑞·曼德尔 1978 年写过一本小众经典《削减电视的四个理由》……：Mander, Jerry. Four Arguments For The Elimination Of Television. 1st ed. New York：William Morrow & Company, 1978. Print.

2　美国 18 岁以下青少年玩电子游戏的比例达到了 90%：Lenhart, Amanda., Kahne, Joseph., et al. "Teens, video games, and civics." Pew Internet & American Life Project, 16 Sept. 2008.

3　青少年游戏玩家中有大约 8% 的人达到了成瘾诊断标准……：Hauge, M.

R. & Gentile, D. A. (2003, April). Video game addiction among adolescents: Associations with academic performance and aggression. Poster presented at the 2003 Society for Research in Child Development Biennial Conference, Tampa, FL.

4　为了判断一个人是否存在网络和游戏成瘾的问题……: Jelenchick, Lauren A. , et al. "The Problematic and Risky Internet Use Screening Scale (PRIUSS) for adolescents and young adults: Scale development and refinement. " Computers in human behavior 35 (2014): 171 - 178.

5　日本、中国和韩国都有网瘾治疗中心……: Ives, Mike. "Electroshock Therapy For Internet Addicts? China Vows To End It" The New York Times 13 Jan 2017. https://www. nytimes. com/2017/01/13/world/asia/china-internet-addiction-electroshock-311therapy. html 23 Apr. 2017. Fackler, Martin. "In Korea, a Boot Camp Cure for Web Obsession. " The New York Times. The New York Times, 17 Nov. 2007. Web. 16 Apr. 2017.

6　中国台湾甚至立法禁止两岁以下的儿童使用电子设备: Malm, Sara. "Does YOUR toddler play on an iPad? Taiwan makes it ILLEGAL for parents to let children under two use electronic gadgets . . . and under-18s must limit use to 'reasonable' lengths. " Daily Mail Online. Associated Newspapers, 29 Jan. 2015. Web. 16 Apr. 2017.

7　维多利亚·邓克雷是洛杉矶一名儿科心理医生……: Dunckley, Victoria L. Reset Your Child's Brain: A Four-Week Plan to End Meltdowns, Raise Grades, and Boost Social Skills by Reversing the Effects of Electronic Screen-Time. New World Library, 2015.

8　2016 年，心理学家尼古拉斯 · 卡德拉斯……: Kardaras, Nicholas. Glow Kids: How Screen Addiction Is Hijacking Our Kids-and How to Break the Trance. St. Martin's Press, 2016.

9　当大脑寻求新鲜奖赏的机会……: Bromberg-Martin, Ethan S. , Masayuki Matsumoto, and Okihide Hikosaka. "Dopamine in Motivational Control: Rewarding, Aversive, and Alerting. " Neuron 68. 5 (2010): 815 - 34. Web.

10　针对电子游戏玩家多巴胺分泌情况的研究至少可以追溯到 1998 年……: Koepp MJ, Gunn RN, Lawrence AD, et al. "Evidence for striatal dopamine release during a video game." Nature. 1998 May 21; 393 (6682): 266 - 8.

11 但也有记录表明，体育锻炼、听音乐……：Van Loon，Glen R.，Leonard Schwartz，and Michael J. Sole. "Plasma dopamine responses to standing and exercise in man." Life sciences 24.24（1979）：2273 - 2277；Salimpoor，Valorie N.，et al. "Anatomically distinct dopamine release during anticipation and experience of peak emotion to music." Nature neuroscience 14.2（2011）：257 - 262.；Nolan，Bridgit V.，et al. "Tanning as an addictive behavior：a literature review." Photodermatology，photoimmunology & photomedicine 25.1（2009）：12 - 19.

12 颅内多巴胺水平确实与抽搐乃至幻觉存在联系：Rolland，Benjamin，Renaud Jardri，Ali Amad，Pierre Thomas，Olivier Cottencin，and Régis Bordet. "Pharmacology of Hallucinations：Several Mechanisms for One Single Symptom?" BioMed Research International 2014（2014）：1 - 9. Web.

13 再加上游戏场景通常亮度很高，闪光频发……：Must，A.，and S. M. Parisi. "Sedentary behavior and sleep：paradoxical effects in association with childhood obesity." International Journal of Obesity 33（2009）：n. pag. Web.

14 大一点的孩子偷偷在被窝里看手机或玩笔记本电脑……：Holson，Laura. "Vamping Teenagers Are Up All Night Texting". The New York Times 3 July 2014. Web. 24 Apr. 2017.

15 她的第一篇相关论文是比较两方面的信息……：Radesky，Jenny S.，et al. "Infant self-regulation and early childhood media exposure." Pediatrics 133.5（2014）：e1172 - e1178.

16 专家认为，这种现象的主要原因在于……：Hamilton，Jon. "Jump In Autism Cases May Not Mean It's More Prevalent." NPR. NPR，27 Mar. 2014. Web. 10 Apr. 2017.

17 根据一份对两岁半儿童的研究发现……：Mazurek，Micah O.，and Colleen Wenstrup. "Television，Video Game and Social Media Use Among Children with ASD and Typically Developing Siblings." Journal of Autism and Developmental Disorders 43.6（2012）：1258 - 271. Web.

18 但是，2006 年发表的一篇论文……：Waldman，Michael，Sean Nicholson，Nodir Adilov，and John Williams. "Autism Prevalence and Precipitation Rates in California，Oregon，and Washington Counties." Archives of Pediatrics & Adolescent Medicine 162.11（2008）：1026. Web.

19 2016 年，她在《医学假说》……：Heffler, Karen Frankel and Leonard M. Oestreicher, "Causation Model of Autism: Audiovisual Brain Specialization in Infancy Competes with Social Brain Networks," Medical Hypotheses 91 (June 2016): 114 - 22.

20 目前通行的自闭症疗法是应用行为分析法……：根据一份综合分析研究，"长期、全面地实施应用行为分析法能够在以下方面为自闭症患儿带来中等到强烈的（积极）影响：思维能力、语言习得、生活技能习得、社交技能习得。" Virués-Ortega, Javier. "应用 lied behavior analytic intervention for autism in early childhood: Meta-analysis, meta-regression and dose-response meta-analysis of multiple outcomes. " Clinical psychology review 30. 4 (2010): 387 - 399.

21 沙伦·罗莎……：博客网址：http://www. squidalicious. com/

22 罗恩·萨斯金德……：Suskind, Ron. Life, animated: A story of sidekicks, heroes, and autism. Disney Electronic Content, 2016.

23 上述想法得到了 2014 年发表的一篇很有趣……：Uhls, Yalda T. , et al. "Five days at outdoor education camp without screens improves preteen skills with nonverbal emotion cues. " Computers in Human Behavior 39 (2014): 387 - 392.

24 有一段时间，法律禁止直接根据儿童电视节目制作的玩具上市……：Andrews, Edmund L. "F. C. C. Adopts Limits on TV Ads Aimed at Children. " The New York Times. The New York Times, 09 Apr. 1991. Web. 16 Apr. 2017.

25 波士顿地区的两名教育学教授戴安·列文……：Carlsson-Paige, Nancy, and Diane E. Levin. The War Play Dilemma: Balancing Needs and Values in the Early Childhood Classroom. Teachers College Press, Teachers College, Columbia University, New York, NY 10027, 1987; Carlsson-Paige, Nancy. Taking back childhood: Helping your kids thrive in a fast-paced, media-saturated, violence-filled world. Hudson Street Press, 2008.

26 2016 年发表的一篇论文是该领域的代表性研究……：Coyne, Sarah M. , et al. "Pretty as a Princess: Longitudinal Effects of Engagement With Disney Princesses on Gender Stereotypes, Body Esteem, and Prosocial Behavior in Children. " Child Development.

27　中学毕业率处于有史以来的高点：Jennifer L.，Joanna H. Fox.，et al. Building a grad nation：progress and challenge in ending the high school dropout epidemic. Rep. John Hopkins University，4 Oct. 2016. Web. 16 Apr. 2017.

28　1999 年以来，少年交通事故率和死亡率都很低："Teenagers." IIHS. N. p.，n. d. Web. 16 Apr. 2017. http：//www. iihs. org/iihs/topics/t/teenagers/fatalityfacts/teenagers.

29　自 20 世纪 70 年代以来，危险的吸毒饮酒行为大幅减少：Abuse，National Institute on Drug. "Monitoring the Future Survey：High School and Youth Trends." NIDA. N. p.，n. d. Web. 16 Apr. 2017.

30　当前的少女怀孕率比 1991 年降低了 44％："Trends in Teen Pregnancy and Childbearing." HHS. gov. U. S. Department of Health and Human Services，02 June 2016. Web. 16 Apr. 2017.

31　与 20 世纪 90 年代相比，有过性经验、现在有性行为、初次性行为年龄低于 13 岁的中学生更少了："YRBSS ｜ Youth Risk Behavior Surveillance System ｜ Data ｜ Adolescent And School Health ｜ CDC". Centers for Disease Control. N. p.，2017. https：//www. cdc. gov/healthyyouth/data/yrbs/pdf/trends/2015_us_sexual_trend_yrbs. pdf

32　艾滋病发病率降下来了……：Kachur，R.，Mesnick，J.，et al. United States. Centers for Disease Control and Prevention Adolescents，Technology，and Reducing Risk for HIV，STDS，and Pregnancy. Atlanta，GA. 2013. Web.

33　2010 年儿童性侵案数量比 1992 年减少了 62％：Finkelhor，David，and Jones，Lisa. "Have sexual abuse and physical abuse declined since the 1990s?" Crimes Against Children Research Center，Nov. 2012.

34　美国司法统计局也发布了类似性质的报告……：Planty，Michael，Lynn Langton，et al. Female Victims of Sexual Violence，1994 - 2010. Rep：U. S. Department of Justice，March 2013. Web.

35　被捕少年犯的数量也有大幅降低……："Juvenile Arrest Rates." Juvenile Arrest Rates. U. S. Department of Justice Office of Juvenile Justice and Delinquency Prevention，n. d. Web. 10 Apr. 2017.

36　饮食障碍发病率保持稳定："Overview and Statistics." National Eating Disorders Association. N. p.，n. d. Web. 19 Apr. 2017. https：//www. nationaleatingdisorders. org/learn/by-eating-disorder/osfed/overview％3E

37 根据美国疾病预防控制中心发布的年度全国健康状况调查……：Summary Health Statistics：National Health Interview Survey，2015.

38 只有大约 7% 的少年报告自己曾拍摄过……："How Many Teens Are Actually Sexting?" CiPHR. Center for Innovative Public Health Research，26 Jan. 2015. Web. 10 Apr. 2017.

39 另一份 2015 年的回顾性调查发现……：Englander，Elizabeth. "Coerced Sexting and Revenge Porn Among Teens." Virtual Commons. Bridgewater State University，2015. Web. 10 Apr. 2017.

40 一份最近的全国代表性调查发现……："Student reports of bullying and cyber-bullying：Results from the 2013 School Crime Supplement to the National Crime Victimization Survey." National Center for Education Statistics. U. S. Department of Education. April 2015. https：//nces. ed. gov/pubs2015/ 2015056. pdf Accessed 23 April 2017.

41 2016 年发表的另一份全国性调查发现……：Lenhart，Amanda，et. al. "Online Harassment，Digital Abuse，and Cyberstalking In America." Data&Society Research Institute. 21 Nov. 2016. https：//www. datasociety. net/pubs/oh/Online_ Harassment_ 2016. pdf Accessed 23 April 2017.

42 《键盘参与时代来了》一书的作者……：Boyd，Danah. It's complicated：The social lives of networked teens. Yale University Press，2014.

43 对青少年来说，社交媒体使用较多与抑郁焦虑水平存在较高关联……：Twenge，Jean M.，et al. "Egos inflating over time：A cross-temporal meta-analysis of the Narcissistic Personality Inventory." Journal of personality 76. 4 (2008)：875–902.

44 密歇根大学教授萨拉·康拉斯……：Konrath，Sara H.，Edward H. O'Brien，and Courtney Hsing. "Changes in dispositional empathy in American college students over time：A meta-analysis." Personality and Social Psychology Review (2010).

45 尤其是多份相互独立的研究都表明……：Buffardi，L. E.，and W. K. Campbell. "Narcissism and Social Networking Web Sites." Personality and Social Psychology Bulletin 34. 10 (2008)：1303–314. Web. AND Taylor，David G.，and David Strutton. "Does Facebook usage lead to conspicuous consumption?" Journal of Research in Interactive Marketing 10. 3 (2016)：

231－48. Web.

46 上 Snapchat 的本科生比上社交媒体或微博推特的本科生情绪要好：Bayer, Joseph B. , et al. "Sharing the small moments: ephemeral social interaction on Snapchat. " Information, Communication & Society 19. 7（2016）：956－977.

47 2016 年秋季，美国儿科学会发布了建议书的修正版：American Academy of Pediatrics. 21 October 2016. Web. 24 Apr. 2017.

48 不过有几份小样本观察性研究表明……：McClure, Elisabeth, and Rachel Barr. "Building family relationships from a distance: Supporting connections with babies and toddlers using video and video chat. " Media Exposure During Infancy and Early Childhood. Springer International Publishing，2017. 227－248.

49 美国儿科学会引用了几份样本量很小的研究……：Richert R. A. , et al. Word learning from baby videos. Arch Pediatr Adolesc Med. 2010；164（5）：432－437 pmid：20194251

4　咱们家长有力量：利用多媒体积极育儿

在一个下着雨的星期六，我第一次带大女儿露露去看电影，她那时三岁。我们看的是皮克斯出品的《头脑特工队》，这部五彩缤纷的电影以人格化的形式表现了一个小女孩头脑中相互争斗的情绪。红色是愤怒，蓝色是忧郁，绿色是恶心，紫色是恐惧，金黄色则是居于主导的愉悦。

出发前，我跟露露谈了谈电影院的样子。我陪露露参与一项新活动时大多会这样做。

"电影院的屏幕可大了。"我说。

"我们家就有大屏幕呀，妈妈。"她说。

"你说得对，不过，那个屏幕还要更大！你必须准时到场……放电影的时候不能说话……你也不能经常起身……那里还有其他人……不，不是我们的朋友，就是陌生人……"

啊！我当时就在想，这电影院还有什么好去的啊？

不过，我就是喜欢电影，老公亚当喜欢，露露也喜欢，从一开始就喜欢。每一帧动画都让她着迷，看到可怕的场景不害怕，看到哀伤的场景也不难过。片中的家庭和我家一样：爸爸处于创业期，压力很大，胡子拉碴；妈妈努力管理家务，筋疲力尽；还有一个肤色黝黑、傻乎乎的金发小女孩。

"就放完了吗？"电影结束时，露露问道。她不想离开影厅。一开始她表现的很好，但她接下来闹的脾气却超出了三岁孩子的正常范围——维多利亚·邓克雷博士或许会称之为"爆发性"反应——宣泄电影带来的巨大刺激。她尖叫着死死拉住影厅的门，其他观众从她身边走过。

"小红人出来了？"另一位母亲说道。

我跪在她身边，抱住抽泣的女儿。我给她剪的刘海有点歪，她脸红了。我递给她一颗吃剩下的巧克力豆，说道："你还记不记得你头脑里的小伙伴宾宝哭起来眼泪是一颗颗糖果吗？"

"记得！"就这样，她又精神了起来。那是晴空万里的一天中一片小小的乌云。从那以后，凡是电影院放儿童片，我都会带她去看。

目前为止，我们一直在讨论儿童接触多媒体的过程中比较可怕的各个方面。我在前一章里大段描述了学界目前知道什么，不知道什么。大部分现有研究，以及多媒体对这些研究的报道都在关注风险和危害。

这场讨论偏向负面是有合理原因的。但是，由此产生的一个不幸结果是，现在有许多家长——至少是那些相对富裕，忧心忡忡，构成育儿书籍主力消费人群的家长——认为自己的职责主要是限制孩子使用多媒体，最起码是引导孩子接触其他有益形式的内容。这是不够的。

积极影响

与我交谈过的几乎每一位多媒体学者都会尽量避免被打上"激

进反屏幕分子"的标签（例外也是有的）。他们都提到，关于儿童使用多媒体的不利证据同样有好的一面。"研究是多种多样的。"威斯康星大学认知发展与多媒体实验室主任希瑟·科克瑞恩（Heather Kirkorian）说道。她认为，与大多数研究者相比，她"对多媒体和家长的态度更积极"。"有些类型的内容是有害的，有些则有着好的潜质。"

她说，首先，教育类电视节目确实有教育意义。在几项大型研究中，观看《芝麻街》节目的正面效果几乎相当于上学前班[1]。通过观看节目里的木偶角色，3—5岁的孩子就能够学习生词、了解身体的部位、识数算数、认读字母和单词，为上学做好充分的准备。这是一个好消息，因为有机会上学前班的美国儿童毕竟是少数。

此外还有一些长期的益处。"观看《芝麻街》的孩子学习积极性更高，"科克瑞恩告诉我说，"他们在高中语文、数学、自然科学的成绩更好，也更有可能参加课外活动。"

实际上，她说："研究表明，3岁以上的学龄前儿童可以通过传统的电视媒介获得各种东西，有文化知识，有亲社会信息，也可能有反社会信息。"这是另一个应当关注孩子接触多媒体内容的好理由。

埃里克·拉斯穆森（前一章提到的迪士尼公主研究的作者之一）的一份新研究表明[2]，针对儿童社交和情绪管理技能的PBS电视节目《小老虎丹尼尔》能够改善学龄前儿童的同理心、自信心和辨认情绪的能力——前提是父母会与孩子一起讨论节目。

教育类多媒体对婴幼儿的影响是一个新的研究领域。过去十五年间，科克瑞恩等人的研究已经表明[3]，3岁左右的孩子有能力将电视里习得的知识（例如生词）转移到现实语境中——15 个月大的婴儿或许已经有这个能力了，前提是有家长的积极帮助。

不过，好处还不止这些。许多临床医师已经在利用电子游戏吸引人的特点，将其用于治疗目的了。实际上，特制的游戏、模拟程序和其他软件恰恰能够改善某些会因传统游戏软件而恶化的问题。

研究表明，快节奏的电子游戏能够提高阅读困难症患儿的阅读速度[4]，成效相当于难度大得多、也枯燥得多的传统阅读练习，甚至较之更好。

快节奏的电子游戏还会帮助改善自控力和注意力[5]，对整体学习能力有很大帮助。

Wii 或 Kinect 等平台的运动类电子游戏[6]能够激励患有肥胖症或脑性瘫痪的儿童参与轻度至中度运动量的锻炼。

模仿生物反馈的电子游戏已经被用于治疗多动症[7]，帮助儿童形成注意力控制的能力。加州大学旧金山分校教授亚当·加扎利（Adam Gazzaley）开发的驾驶类游戏《神经赛车》（Neuroracer）目前正在接受美国食品药品管理局检验。

斯坦福大学的杰里米·拜伦森（Jeremy Bailenson）已经证明，专门设计的 VR 模拟程序能够改善青少年的同理心和利他性。在一款游戏中，玩家扮演的超级英雄不会撞坏跑车[8]，打破窗户，或者拿着冲锋枪扫射，而是在屋顶之间飞行，拯救一名生病的孩子。

还有一些作为安全止疼剂开发的 VR 模拟程序正在接受检验[9]，这些程序是为经历痛苦手术过程的镰刀形红细胞贫血症患儿和烧伤患者开发的，目的是将他们的注意力吸引到平静的虚拟世界中。（我再举一个不那么未来主义的例子。我有个朋友是儿科急诊大夫，她的手机里有一大堆搞笑视频和游戏用来帮助患儿缝针或做有痛检查时分散注意力。）

从学前班到大学的各个阶段中，学习软件在某些应用场景都能够提高学习成绩（与单独使用传统教学方法相比）。我们在"学校里的屏幕"一章中会深入探讨这一话题。

自闭症患者权利支持者沙伦·罗莎经常写文章介绍各种能够帮助患有自闭症、学习障碍或其他问题的人的平板电脑应用，包括通讯类应用、减压类应用、情绪识别类应用等。她有一个朋友的儿子患有低口语自闭症，之前被认为没有学习能力，现在却能在应用的帮助下学习同年级的知识，比如数学概念等，主要是通过图形的方式来学习。

就算没有这么多正面例子，单纯的限制和监控也是不够的。我们生活在一个充斥着数字媒体的现实世界中，这个世界是我们创造的，是我们选择的，也是我们的孩子成长所在的环境。诚如历史学家梅尔文·克兰兹伯格（Melvin Kranzberg）的那句名言："技术不是好的，也不是坏的，但也不是中立的。"[10] 我相信，身为父母，我们在试图减轻科技对孩子产生负面影响的同时，也有责任促进科技好的一面的影响，此外还应该保持开放的心态，看看自己能够从孩子们对多媒体的浓厚兴趣中学到些什么。

索尼娅·利文斯通，伦敦政治经济学院媒体与传播学系教授，"数字未来下的育儿"（Parenting for a Digital Future）研究课题负责人。"家长们对互联网大众传媒传达的危险信息恐慌不已，"她说，"这些来源可疑的信息以各种方式传到家长的耳朵里——学校里有女生发色情短信，报纸上的女孩性侵案，陌生人的危险，霸凌，还有看屏幕超过 2 小时有损视力。"她说，当家长寻求关于孩子使用多媒体的建议时，"他们往往能找出十种办法来说'不要'，却找不到一种方式说'要'"。

本书一贯的目标是：澄清这些混乱的信息，以便读者做出自己的判断。

这些风险和危险都是真实的，必须要处理好。我们暂且假设，你目前没有面临某些严重的问题——比如超重肥胖、睡眠不好、注意力不集中、成绩倒数、行为不端——需要限制孩子使用多媒体。

是时候让屏幕多亮一会儿了。

屏幕在什么时候能够拉近我们和孩子的关系呢？

你可曾经历过隔着房间，或者隔着千山万水与他人联系时的那种喜悦、欢笑、激动、发现、创造和亲密吗？谈到家人与多媒体的问题，潜力之灿烂不亚于危险之黑暗。

我希望指出一条帮助家长利用多媒体培育孩子的道路，而不是单纯的抵制多媒体；强调多媒体的光明面，驱散多媒体的阴暗面。

回到"健康饮食"的比喻，我们对过度使用多媒体是什么表现、有毒的食材有哪些、危险的过敏症状是什么已经有了一定的认识。但是，什么样的多媒体才等同于有机新鲜蔬菜烹制的家庭晚餐，又是什么样的多媒体相当于大快朵颐的西瓜和烤棉花糖饼干的后院烧烤聚会呢？

与食物不同，数字媒体并非养好孩子的绝对必需品——自 1993 年投身优质教育技术产品研发扶持事业的沃伦·巴克莱特纳（Warren Buckleitner）对我表达了这一观点。"我认为，每一个大人的脑海深处都游荡着一个问题：能不能不借助任何技术养出快乐、健康的孩子？答案很可能是肯定的。难肯定是难，但你可以做到：孩子需要有营养的食品，需要爱，再给他们讲点故事，这就行了。"

我认为，在有些情况下，数字媒体和通讯可能是很有益处的，比如家庭因工作或离婚等情况而分居，或者孩子需要特殊照顾。另外，不少人还会提出，数字媒体对 21 世纪的教育来说是必要的——我们会在第六章讨论这个问题。

进一步看，数字环境已经无处不在，而且未来只会更加普遍。越来越多的学者认为，如果家长唯一的干预手段就是限制孩子使用屏幕，那只会让孩子在现实世界中寸步难行。德州理工大学教授埃里克·拉斯穆森的研究领域是父母应该如何调节孩子对多媒体的使用，他认为，除了幼儿阶段以外，"我们不应该完全将孩子和多媒体隔离开。要想理解现实世界，孩子需要先接触现实世界"。

打破沉默

"育儿调节"（parental mediation）研究表明，当父母参与到子女使用科技产品的过程中时，风险会减轻，正面效果则会增大。"我认为父母大大低估了自己的影响力。"针对多媒体育儿调节研究将近 30 年的艾丽卡·奥斯汀（Erica Austin）如是说。

要想成为优秀的调节者，我们首先必须开诚布公。

哈佛"调节大师"迈克尔·里奇（Michael Rich）告诉我，专业知识——他也承认尚不完善——根本没有接触到家长。"目前最大的鸿沟在于学术研究和受众之间。现成的研究成果有很多，而大家要么不知道，要么看不懂。要我说的话，大部分人的建议都是从朋友那里听来的，或者跟其他家长聊天时知道的。全是小道消息。"

他说得没错，但我还要再往前一步。我认为，大多数家长连小道消息的有效沟通渠道都没有。

我去看家长邮件群或者社交媒体里求推荐适合孩子的电视节目或应用的帖子，结果发现这些帖子有一句通行的免责声明："我们要坐飞机出远门。"每个人都明白，坐飞机的时候要用电子产品吸引孩子的注意力——这都快成公民义务了。

不过，把手机或平板电脑往孩子面前一推这种做法，往好了说，也是一种小小的放纵，我们会条件反射式地看不起自己，心生愧疚。这有点像喝酒：五点以后可以一边做晚饭一边喝，周末或假期跟朋友在一块，而且不会引起别人讨厌的时候可以喝；但是，一天里有很多时候不能喝酒，比如上午喝酒，喝了就可能会带来麻烦。

就多媒体使用而言，"正确育儿"的主流观点——至少在受过教育的上层阶级的父母眼中——是以禁为主，越少越好。讽刺的是，你可以在社交媒体的晒娃图片中看到这种氛围的反映。我在图片社交应用里发的全都是孩子去演戏、去海滩玩、去水族馆参观的照片，却没有我陪孩子睡觉时，她目不转睛地看《小医师大玩偶》节目的照片。同理，艾丽西亚·布鲁姆-罗斯（Alicia Blum-Ross）是"数字未来的育儿"课题组的成员，与索尼娅·利文斯通是同事。她在做一次 2016 年发表的民族志研究的过程中采访过一批写博客的家长。她告诉我，"采访的前一个小时，他们都在讲博客带来的好处：融入社群，有机会发声，还能赚钱"。尽管写博客给这些家长各自的生活带来了各种积极影响，但他们却有一种双标的观念："当我问他们怎么对孩子的时候，他们都跳起来说，不许孩子看屏幕！"有一位妈妈告诉她，"我想让孩子们过上《五人行》（*Famous Five*）那样的童年"。《五人行》是 20 世纪 40 年代出版的英国儿童系列冒险丛书，写的都是划船、爬山、洞穴冒险、野餐、喝鲜榨柠檬汁和田园牧歌式的休闲方式。

这位家长竟然把"无媒体"育儿建立在虚构情节的基础上，这实在是讽刺。不过，我们把它放在一边，来看看现实生活。如果我们真的跟其他家长谈自己的成功经验和改进方向，不是去限制孩子使用屏幕，而是帮助我们自己和孩子从中取得更大的收获，那会发生什么呢？

最好的时光

为了在家庭中更好地运用屏幕，我们首先需要有愿景，"有媒体"育儿的愿景，有力而积极的愿景。下面是三个例子。

科幻小说家兼记者科瑞·多克托洛（Cory Doctorow）写过一篇文章，讲的是他给 2 岁的女儿珀埃希讲《杰克与魔豆》的故事，一边讲一边在线搜索图片，以便让女儿对竖琴、鹅和巨人形成大致印象，还搜索不同版本的巨人豆茎的口头禅（Fee，Fi，Fo，Fum！）视频，接着父女俩用自制道具表演了剧中的情节。

"身为一名作家，我渴望与 2 岁的女儿分享故事。我不敢说找到了全部的答案，但我觉得，我们发展出了一套行之有效的办法，其中融合了科技、讲故事、演戏，还（不可否认地）用电子设备帮我看了一会孩子，好让我在吃早饭以前至少能处理一部分邮件。"他说道，"我觉得，我们两个人的笔记本电脑游戏挺好。这不是被动的、催眠式的、孤独的看电视。相反，那是一种共享的体验，很需要想象力，要围着屋子跑（一边跑一边尖叫大笑，真是绝了！），将现实世界、故事世界和游戏混合在了一起。"

我们在自己家也是这样做的，模糊了屏幕与起居室的界线。动笔写本书第一章的时候，我们开始给 4 岁大的露露读《秘密花园》。当然了，为了说好约克口音，我老公亚当只能去看视频研究。我们三个人都对着荒原的图片练了起来（我觉得约克口音有点拖腔拉调，就像约翰·列侬唱的《一夜狂欢》似的）。

达娜·史蒂文斯在线上杂志《石板书》（Slate）发表的一篇文章里谈及了类似的主题。她解释道，陪 9 岁的女儿看《绿野仙踪》和《101 忠狗》等电影不仅开辟了母女之间的娱乐项目，而且开阔了她作为影评人的眼界。"我陪她玩的时候，我们经常在家附近散步，一边做着平常都会做的事，一边扮演电影里的人物，"她写道，"她形成了与我截然不同的观察世界的方式——少了些消极和分析，多了些合作与热情——看着她一点点长大，我高兴地感觉到自己走出了原有的习惯和假定。"

过去几年间，天普大学心理学教授乔丹·夏皮罗（Jordan Shapiro）成为了全球学者纷纷引用的游戏与学习领域专家。他将自己对该领域产生的兴趣部分归因于离婚。突然间，共同监护意味着他与两个沉迷电子游戏的年幼儿子单独相处的时间比以前多得多了。起初，他将了解游戏作为与孩子搞好关系的手段。"我从来没有一个人玩过游戏，总是坐在沙发上跟两个儿子（一个八岁，一个十岁）一块玩，每个人都拿着自己的手柄"，针对我提出多媒体对育儿有利的看法，他在回信中如是写道，"游戏是我们彼此建立关联的方式——一种共度'家庭时光'的方式。"

夏皮罗还将这种共同参与活动视为更严肃的"家长责任"。"作为他们的父亲，我认为自己有责任确保他们不会盲目接受电子游戏里的故事。我需要确保他们明白如何批判地思考自己参与的仪式（即游戏）……当我和孩子一起玩电子游戏时，我就是在培养他们的媒体批判思维能力，不掌握这种新能力，那就是 21 世纪的文盲。他们需要我的帮助来分析、解读我们一起玩的游戏，这种他们每天都要进行的仪式。"为了起到帮助的作用，他需要知道孩子们在玩什么，他们为什么喜欢玩游戏。

最后一个例子是视觉小说家克里斯·威尔（Chris Ware）为《纽约客》杂志 2015 年 6 月刊绘制的封面，图中是一位后现代的玩伴——窗外是种满草的恬静后院，明媚阳光下的秋千上一个人都没有；屋里是两个小女孩背靠背地看着各自的屏幕，两人的虚拟人物正在电子游戏《我的世界》（Minecraft）里互相交流。

但是，这幅画的用意并不是描绘一个反乌托邦。《我的世界》有大约 1 亿名注册玩家，而且受到了教育界的追捧。许多人认为，这款游戏以最纯粹的形式展现了"建构主义"思想，这是一种崇尚"做中学"的教育观。《我的世界》是一款没有边界的沙盒游戏，孩子们可以在里面建造自己的世界，修理坏掉的东西，自己制定规则，许多博客、播客等媒介对这款游戏进行了大量的解读。

威尔在《纽约客》官方博客撰文称，他 10 岁的女儿克莱拉很喜欢这款游戏，而他显然也喜欢看女儿玩这款游戏。

"过去两年间，克莱拉花费了数时、数天、数周投入到建造可以在里面四处走的方块世界中。这些世界的源泉是她逐渐形成的意识中迸发出来的各种想法：由冰淇淋堆成的大礼堂与约 15 米高的狭窄走廊连通，礼堂的地板是玻璃，玻璃下是熔岩；通往地下教室的楼梯；冻在空中的无翼飞机；还有我最喜欢的'作家度假地'，是用红木和玻璃制成的，很有品位（还有一个小游泳池）。"你不妨想象这位艺术家和他的女儿并排坐在屏幕前方，弓着身子玩游戏，开心地建造世界的样子。

给两岁儿子讲故事的作家、发现与儿子有共同新爱好的学者、陪女儿观看和扮演电影角色的影评人、热心观察女儿玩游戏的画家。这里的一个共同主题是创意。任何事物都能激发孩子们的想象力，促使他们在天空中或者屏幕里建造出城堡。当家长陪孩子走进那个世界——或者只是做一名听众时——神奇的事便会发生。

我随手举出的四个积极利用多媒体来育儿的例子中有三个是爸爸，而不是妈妈，这是有原因的吗？我认为是有的。首先，男性本来就有更懂技术的刻板印象。另一个可能的原因是，西方文化倾向于将玩伴的角色安排给父亲，特别是有危险的活动，而母亲的职责是确保孩子守规矩，不出事。但是，不管是爸爸、妈妈还是其他相关的成年人，他们都应该扮演重要的媒体调节者角色。

证据表明

我已经为积极数字育儿描绘了一幅图景：合作与创造性的玩耍、家长为孩子强化正面信息、往来于现实世界与虚拟世界之间。现在，我们需要来理解这种做法为何对孩子有利，以及如何具体应用。

证据表明，合理的家长多媒体策略不只是限制时间、地点、场合那么简单。

婴幼儿阶段要强力介入，之后逐渐放手，帮助孩子形成适合自己的健康多媒体使用方式。

家长参与很重要。正如健康饮食习惯的起点是家里的餐桌，"共同参与多媒体活动"也要从早抓起。其基本思想是将应用或视频当作画册来看：把孩子抱在大腿上一起看，指出事物的名字，给孩子做讲解，向孩子提问。这就意味着要主动地、有意识地塑造孩子对多媒体的使用，鼓励沟通、学习和创造。

家长应该懂得，语境不同，适合的媒体内容和运用方式也会不同。现在的媒体内容五花八门，从搞笑滑稽的，到富有文教内涵的，到天马行空的，再到暴力内容，过度商业的内容，乃至粗制滥造的内容。我们的需求同样五花八门：发明创造、建立联系、完成任务、回答问题，有时只是单纯地休闲——大人和小孩都是如此。另外，每个家庭的口味和偏好可能也不一样。

屏幕内和屏幕外的时间要做好平衡，屏幕外的活动包括户外玩耍、做饭、做手工、园艺等。有时，我们还有一种达成平衡的方法，那就是将屏幕内时间延伸到屏幕外活动中——在活动的同时把屏幕放在手边。

家长要更注意自己的多媒体使用情况，同时，家长也可能会获得教益。

呼吁家长采取积极数字育儿的前沿学者认为，家长看待子女对多媒体和科技产品的兴趣时，应当与孩子的其他兴趣一视同仁，要支持、鼓励和倾听，帮孩子铺路搭桥，让孩子当下的激情变成未来的机遇。

从屏幕中学习

现在，我要对同我一样刚刚为人父母的家长们说几句话。婴幼儿阶段形成的习惯往往会伴随孩子的一生。研究表明，小时候被认为使用多媒体过多的孩子，长大以后很可能会依然如此，各种危险也随之而来。

另一个要点是，婴幼儿阶段是父母最能够掌控孩子多媒体使用的阶段，因此也是家长关注孩子多媒体使用情况的最佳时机。孩子可是在注意着我们呢。希瑟·科克瑞恩领导的威斯康星大学麦迪逊分校研究团队的成果表明，仅 12 个月大的婴儿在和父母看电视时，他就可能会注意到父母在看哪儿。

积极利用多媒体育儿意味着，家长要从小帮助孩子从屏幕中学习。乔治城早期学习课题组成员，发展心理学家瑞秋·巴尔（Rachel Barr）已经表明，在父母陪着孩子，指明事物并引导孩子注意力的情况下，两岁半的孩子就可以通过多媒体学习了。"当家长说，'哦，那是一只猫，和咱们家的猫一样'的时候，他就在帮助孩子建立起屏幕里的信息和现实世界之间的联系，"巴尔说，"研究表明，这种联系能够让孩子学到东西。"

凡是能够支持亲子积极互动的媒介都是有教育意义的，巴尔说道。

我要再强调一遍。如果一种媒介——书籍、歌曲、介绍大雕鸮的视频、绘画应用、《开心汉堡店》动画片——有利于亲子之间的积极互动，那么孩子就能获得净收益。

"摆满书的书架并不会让你的孩子更聪明，引起孩子的兴趣才能提高阅读能力。不管通过什么样的媒介——或者说二维的符号——学习，道理都是相通的。"巴尔说。

萨拉·罗斯伯雷·利特尔（Sarah Roseberry Lytle）是华盛顿大学学习与脑科学研究中心推广教育办公室主任。中心实验室配有一台样子有点像吹风机的非侵入式大脑成像仪，用来测量年纪太小，不能进行传统核磁共振扫描的孩子的脑波。通过观察婴儿的脑波图形，研究人员发现，6个月大的孩子已经开始主动理解口语了，相当于为他们几个月后将要说出口的声音进行"彩排"。关于多媒体学习为何会有效果，罗斯伯雷·利特尔的观点与巴尔类似。"条件允许的话，孩子应该与照料者一起观看多媒体内容，并将这种社交互动整合到围绕多媒体、通过多媒体产生的经验中。"

2015年，迈克尔·列文（Michael Levine）和丽莎·格恩齐（Lisa Guernsey）合著《点、敲、读：成长在屏幕世界中的小读者》。列文是琼·甘茨·库尼（Joan Ganz Cooney）研究中心的成员，该中心是《芝麻街》动画片及衍生儿童节目制作团队的研究部门。格恩齐是新美国基金会的一名作者兼研究员，长期对技术和早期学习领域感兴趣——她写的《屏幕时间》很值得一读。《点、敲、读：成长在屏幕世界中的小读者》提出，如果有家长和其他成年人的参与，屏幕就能成为帮助儿童提高阅读能力的有力工具。

这其中的部分原因在于，背景知识是掌握读写能力的一个基础环节。科瑞·道克托洛无意间对女儿珀埃希应用了这条原理：他通过图片和视频来帮助女儿理解"鹅"和"竖琴"的概念。

多媒体还为儿童提供了大量练习具体读写技能的机会，比如认读字母。而且，陪孩子看电视剧或使用应用也能为家长提供帮助孩子学习的线索。

"孩子小的时候，我们会坐下来一起看《芝麻街》或《罗杰斯先生的邻居们》，"列文说，"之后，我会要求孩子指出停车指示牌上的字母，或者说出数字，就像《芝麻街》里的吸血鬼伯爵似的。"他认为，要是碰到孩子问"为什么？为什么？为什么？"，家长应该掏出手机问搜索引擎，陪孩子一起满足好奇心。

"共同参与多媒体活动"还为一个观点提供了有力的支持：家长可以选择一些对成年人有吸引力的电视节目或电影陪孩子看。我一直觉得，对成年观众来说，《芝麻街》这样的节目有点太低幼了，实在提不起兴趣。不过，如果《芝麻街》能引起亲子双方的兴趣，那就不错；同理，观看你感兴趣的内容也不错，比如和孩子，甚至是小婴儿共同观看篮球比赛，只要你肯花时间向孩子指出哪个东西是"篮球"、"黄色"和"蓝色"的制服都是什么意思，或者是计算比分。

当然，不同家庭的学习目标也不同，而技术手段可能是达到某些周边环境中难以实现的目标的一条通衢大道。例如，现在有网络资源能辅导孩子用希伯来语诵读《托拉》，或者用阿拉伯语诵读《古兰经》，还有十多种针对儿童设计的《圣经》和《福音书》应用。"我们有两个选择，一个是周一放学后开车两个小时去空荡荡的教室里上课，一个是花 20 分钟与她的辅导老师进行在线语音交流。"贝斯说道。贝斯是一名住在纽约市郊区的犹太教徒，她的女儿即将举行成人仪式。

类似地，杰西卡·罗伯斯希望女儿能更自信，于是在寻找里面有头发自来卷的非裔美国女孩照片的图书。动画片《小医师大玩偶》的主角就是一位非裔美国女孩，它是罗伯斯允许女儿看的少数电视节目之一。

如果你现在使用屏幕的主要目的是忙里偷闲，那么，共同参与的思路可能会比较难接受。不过，你用不着在孩子使用多媒体的每时每刻都陪着。孩子长大些以后，他们的注意力持续时间会逐渐拉长，有能力直接从多媒体中学习，而你也就可以放松一些，任由子女在合理的时间段内使用多媒体——你之后可以跟孩子讨论节目、游戏或图像。

家长的赞同

当孩子还处于需要家长帮忙才能解锁平板电脑，或者在奈飞上搜剧的年纪，调节他们的多媒体"膳食"相对容易一些。而孩子长大一些后，我们的角色就会发生变化。

艾丽卡·奥斯汀是华盛顿州立大学医疗健康推广中心的主任。她说，家长说出的话和没说出的话都会影响孩子对多媒体的认知，而且两者同样重要。"你或许正在无意之间赞同某些事情。"她说。

以身作则很重要。父母的屏幕使用情况是子女屏幕使用状况的最重要预测因子之一。奥斯汀发现，你自己的使用习惯可能和孩子目前的使用状况同等重要。

现状核实：一份针对8—18岁儿童家长的全国性调查发现，被调查者每天为个人目的使用屏幕媒体的时间达7小时43分钟，工作时也经常不专心。然而，78%的被调查者认为自己给孩子树立了好的榜样。

奥斯汀的一份研究发现，记得父母曾在观看啤酒广告时开怀大笑的大学生本人饮酒的可能性也更高。在她的另一份研究中，家长经常向其提起听到或看到的新闻事件的学生具有更强的公共参与意识。

奥斯汀谈论育儿调节的语言很像心理学家戴安娜·鲍姆林德（Diana Baumrind）在 20 世纪 60 年代提出的影响力极大的育儿风格理论框架。鲍姆林德理论的起点是育儿的两个关键维度：温暖和规矩。"专断型"父母态度冰冷，要求严格；"放纵型"父母富有爱意，规矩不严；"忽视型"父母双低；"权威型"父母则是双高。大家应该都能猜到吧：我们的目标是最后一种类型。

安纳伯格传播学院的丹·罗默指出，权威型调节者需要知道孩子在看什么，在做什么。"权威型调节者要有自信，了解实际情况。"

德州理工大学的埃里克·拉斯穆森是第二章里提到的超级英雄、迪士尼公主、《小老虎丹尼尔》这几份研究的作者。他以前是研究公共关系的，2009 年转向多媒体影响研究，当时他的第四个女儿就快出生了。他说，自己的研究工作赶上了多媒体影响研究的一股小潮流：不再将其视为孩子和屏幕的双向关系，而是视为孩子、家长和屏幕的三方关系。家长的影响或许是破解为什么有些孩子是敏感的"兰花"，有些孩子是坚强的"蒲公英"的关键所在。"家长是影响子女对多媒体反应方式的最重要因素，特别是在 12 岁以前。人们已经开始意识到这一点了。"

他还说，制定规矩不如交谈和倾听重要。"我对大家说，总体来看，最好的办法就是跟孩子聊聊多媒体。孩子需要知道你对他们正在接触的多媒体是什么看法。"

例如，拉斯穆森的《小老虎丹尼尔》研究发现，与观看自然纪录片的控制组相比，在几周时间内看完10集《小老虎丹尼尔》的学龄前儿童表现出了同理心和换位思考能力的改进。该节目的宗旨正是强化小观众的这些亲社会倾向。不过，有一点要特别声明。当且仅当观看《小老虎丹尼尔》的孩子家长表示他们有经常跟孩子讨论电视节目内容的习惯时，上述改进结果才会发生。

目前为止，类似奥斯汀、拉斯穆森、利文斯通的学者的研究成果被那些痛斥羞辱家长、贩卖恐慌的研究所掩盖。奥斯汀和拉斯穆森的基本思想是：家长的影响力要比他们意识到的更强。我们是孩子听到的第一个，也是最响亮的广播员。这就意味着，子女今后如何去听其他的信息——包括来自多媒体和同龄人的信息——其基调就是由我们奠定的。

但是，"影响"较之控制更为间接。正如其他许多事情一样，孩子们更可能效仿我们的做法，而不是听从我们的言语。而且，亲子关系的好坏也会影响言语作用的大小。

奥斯汀认为，总体来看，专断型家庭可能会打击孩子批判思考多媒体内容的积极性。讽刺的是，不容置疑地要求孩子听话反而会让孩子容易"听到什么就相信什么"。

如果你与孩子讨论时事话题，向他们提问题，这便营造了一种环境，让孩子有可能去思考通过多媒体或社交平台获得信息中的复杂性。

比方说，与女儿讨论《冰雪奇缘》里的角色艾莎时，你可能会说起自己喜欢艾莎的魔法，而且认可艾莎承认自己的错误，与妹妹一起将问题解决的做法。但同时你还会说，女孩并不需要化浓妆，穿好看的衣服或金发苗条才能成为一个强大的、重要的人。

孩子看到恐怖或其他少儿不宜内容的时候也是交流的好机会。这些内容是很好的踏板，能够引出虚拟世界与现实世界的区别、电影特效等话题，或者"你觉得现实生活中这样做会怎么样"、"你会采取什么样的策略来应对重大情绪"等问题。

与制定死板严苛的规矩相比，以支持和说服的态度帮助孩子理解内容在短期内就会收到好得多的效果，长期来看更是效果显著，奥斯汀说道。"实话说，规矩就这么点能耐。规矩是可以绕过的。你可以去朋友家玩呀。"

拉斯穆森表示同意。"研究表明，规矩对大一点的孩子效果并不好。"这里的"大一点"指的是 9 岁或以上。"孩子想要自主。我们把它叫作心理逆反：你不让孩子做什么，他们就偏要做。"与此同时，小学高年级的孩子对多媒体的理解也更复杂了，能明白广告就是广告，也能更好地分辨现实与虚构。于是，他们可以进行更复杂的对话。"我认为，家长的做法应该从制定更多规则，出了事就马上批评孩子，转变到事后找孩子深谈，问他们问题，帮助他们理解。"

美国儿科学会成员大卫·希尔（David Hill）博士还建议，学龄儿童应该参与到制定多媒体使用规则的过程中。"问他们该怎样使用电子媒体才合适，违背共同制定的规矩又应承担何种后果。孩子可能需要引导和帮助才能进行这种讨论，但你通常会发现，他们的想法和你的想法并没有多大区别。"

当制定家规成为双向的对话时，孩子们可能也会要求家长改变自己的行为。你对这种要求的感受取决于你的育儿方式是否民主。凯瑟琳·斯坦纳·阿黛尔（Catherine Steiner Adair）的《最大分歧：在数字时代保护孩子童年与家庭关系》和雪莉·特克尔（Sherry Turkle）的《群体性孤独》记录了许多希望父母与自己交流时能放下手机的儿童和青少年的感受。

积极育儿与色情内容

对许多父母来说，多媒体调节工作最大的难点之一就是孩子接触或生产色情内容。很少有可靠的科学证据表明网络普及让儿童更有可能接触到色情内容。相信我，我是查过的。学界的共识是：色情内容无处不在，孩子迟早会发现新大陆。据估计，男孩子初次接触露骨色情内容的平均年龄是 9 到 10 岁。我认识的家长都非常担心这一点，而且确实不知道该怎么跟孩子讲。

在一次研究中，拉斯穆森问孩子正上初高中的家长有没有与孩子讨论过色情片——不是空洞的批判，而是诚恳地分享价值观。

讨论过这个话题的孩子走入大学校园后，观看色情片的比例较低。而且，如果他们的男女朋友看色情片的话，他们的自尊心和自我形象受到打击的可能性也较低。"约会对象看色情片的话，你的自尊心会受到打击，"拉斯穆森引用另一份研究说道，"除非你的父母之前跟你谈论过这个话题。"不管是因为能够谈论这个不自在话题的家长通常与孩子的关系更亲近，是这类家长自己对性的态度更健康，还是其他的原因，聊色情片似乎具有长期的积极效果，就像接种预防一样。

德沃拉·海特纳（Devorah Heitner）是一名媒体学者和育儿顾问，2016 年出版了针对中学生的《孩子，别玩手机了》一书。"回到 2012 年刚开始到学校做演讲的时候，我会对家长说，不要给浏览器装过滤插件。如果我们做好辅导，孩子们会作出明智决定的。但是，还是不断有儿子沉迷于色情片的家长找上我。"鉴于网络成瘾的普遍存在、青春期荷尔蒙的力量、极端内容的心理作用等，少数问题严重的孩子需要过滤、屏蔽和其他限制手段似乎也在情理之中。

尽管如此，大部分孩子在正常情况下都会接触到色情内容。拉斯穆森的研究表明，这些孩子很少需要权威型调节以外的干预。海特纳说："家长应该把自己的价值观说给孩子听。"这或者意味着谈论物化女性，或者是虔诚守贞，又或者是性愉悦在恋爱关系中具有神圣的地位。

摩门教徒保罗·马兰在内容发布平台 Medium 网站发了一封写给儿子的公开信，题目是"你在 iPod 里存的裸体人"，堪称同类对话中的典范。

"你第一次偶然看到那些人时还太小，并不觉得尴尬，"他写道，"我回答了你问的每一个问题，而且希望你看不出我的尴尬。现在，我们都成长了一些，从那以后也谈过很多次。我希望你在 iPod 里存的裸体人能成为你的世界中的平凡事物，就像学校里的嫉妒，电子游戏里的鲜血，碳酸饮料里的糖一样。"

马兰区分了自然的人欲和我们选择来满足人欲的方式，这些方式是应该受到道德和文化熏陶的，不过他还说，"保守宗教"——比如他信仰的摩门教——排斥一切性欲，这就过分了。他还指出了真实恋爱关系中的性和色情作品里演绎的性之间的区别，而且一个人年纪太小，没有实际经验的时候很难区分明白。他还要求儿子去有意识地思考自己沉迷色情的选择，扪心自问：我是不是以此逃避某些应该面对的负面情绪。当我们——或者我们的孩子——伸手去掏手机的时候，无论出于什么原因，马兰的这个提议都值得一试。

他总结道："我们的保守文化试图让色情内容显得很可怕（超过了必要的程度），但归根结底，它不过是世界里的平凡事物。我知道你还是会不时看色情片，而且我也不能向你灌输所谓正确的身体、道德、宗教观，那要你自己作出决定。有的时候，你可以处理得好。有的时候，你又会做出不符合本性的事情，这时，你可以从负罪感中吸取教训，但不要陷入羞辱当中。"

我不知道上述谈话有多少是真实发生过的。最可能的情况是，这篇文章集合了多年来的一系列有利于儿童成长的简短对话。不过，保罗，你是好样的。

粉丝与极客

南加州大学安纳伯格传媒学院教授亨利·詹金斯（Henry Jenkins）是全美首屈一指的新媒体研究学者。詹金斯留着大胡子，秃顶，身为学者的主要特点就是热情满满。他支持和颂扬极客、粉丝乃至司空见惯的社交网络。

"玩游戏、建造《我的世界》、写同人小说、上社交媒体的孩子们正在学习如何在 21 世纪生产和分享知识，"詹金斯论证道，"他们正在获取极其重要的信息。"

詹金斯的儿子现已成年，在他四五岁的时候，父子俩曾尝试用计算机写故事。"我们分两步走。前一天晚上读一篇故事，后一天晚上写一篇故事，输入到计算机里，配上插图，然后发给爷爷奶奶。一整套出版社的业务。"

在詹金斯看来，这种活动不只是与远方家人交流，锻炼读写能力的一种有趣方式，也是了解儿子如何对待流行文化的一个机会。他建议"父母可以围绕多媒体与子女进行对话，这样能够很好地了解孩子的动向"。他儿子的故事里经常出现《皮威剧场》和他当时看的其他节目里的人物，相当于同人作品的雏形。（这里要给不熟悉的人解释一下。"同人作品"指的是读者以自己喜欢的作品里的虚构人物为基础创作的非商业性原创故事或图片，多见于奇幻和科幻领域。最红的多媒体同人作品当属《五十度灰》，最初是匿名自出版小说，原型是吸血鬼青少年小说《暮光之城》。）

对詹金斯父子来说，这些睡前故事开启了一段延续多年的对话。"（睡前故事）为我们营造了一个语境，直到今天，我们还会经常讨论多媒体和多媒体讲述的故事。这就是我们家彼此联系的方式。"现在，他的儿子是一名新晋编剧。

人类学家丹娜·博依德发现，詹金斯父子一起编故事的时候，小男孩正在学习网络交流的一些重要基本原则。

"我希望家长能多花一些时间，帮助孩子与同龄人和家人通信。"她说。孩子给奶奶写感谢信是养成礼貌。现在，长辈和晚辈之间的邮件、短信和网络聊天也能起到类似的作用。"试一试吧，对学习沟通有好处。"

我有个朋友的女儿四岁的时候就学会跟妈妈住在加州的好朋友视频通话了。刚开始是挺可爱的，不过小女孩最后还是不得不学会尊重两地的时差，不要在莫莫阿姨上班的时候去打搅她。这个教训对她的未来有着极大的价值。

新时代的乐队练习

詹金斯希望有更多家长效仿自己的做法：重视孩子们的屏幕使用时间并加以认真对待。不妨把多媒体看成乐队练习。

"如果我们将网络世界视为课外活动，我们就能比现在做得更好，"他说，"好的家长之所以去听孩子们演奏跑调的苏萨进行曲，是因为鼓励孩子参与艺术很重要。"

他说，上网也是一个道理。认真对待子女在网上——作为观看者和参与者的——习惯和兴趣是有好处的。想一想吧。长大能成为首席芭蕾舞演员和 NBA 篮球明星的孩子毕竟是极少数，而每一个孩子都将会生活在数字创作、数字表达、数字交往比今天还要普及的环境中。

詹金斯说，不仅应该认真对待屏幕使用时间，也应该让家长对孩子到底用屏幕做什么产生兴趣，也就是说，孩子从观看的节目、使用的应用、玩的游戏中能获得什么。"家长耳朵里面都是：孩子上网纯属浪费时间。如果网上就没有正事，为何还要认真对待呢？"詹金斯论证道，所谓的专家把家长坑了："专家们要家长恐惧互联网，而不是参与进去，于是家长就没有做他们应该做的事。"

趁着孩子还小，渴望家长关注的时候开始交流吧，当孩子长到十几岁、想要隐私的时候，沟通的路线已经铺设好了。

詹金斯建议，我们在餐桌上可以这样问，"上学怎么样？"、"游戏玩得怎么样？"、"你今天在网上看见什么了？"这比安装跟踪上网记录的软件，或者非要孩子在社交媒体上加自己为好友的做法要强太多了。他将数字监控比作给出门的孩子套上锁链或者跟踪孩子的做法。

"我们怎么知道孩子不在身边的时候做了什么呢？"詹金斯问道，"一种做法是跟踪狂，开着车跟在孩子屁股后面。另一种做法是请孩子聊聊自己干了什么。"

2015 年发表的一份研究为这种观点提供了一定的支持。该研究基于一份针对青少年及其父母的代表性全国网络调查发现，关注并谈论孩子使用的网站能够有效降低青少年遭受网络骚扰的可能性。不仅如此，这种调解式方法的效果要比父母试图监控或禁止子女上网好 26 倍。

在伦敦工作生活的索尼娅·利文斯通说，在电子设备和社交媒体账户方面，英国家长比较尊重孩子的隐私，而美国家长则更喜欢监视。她还说，英国家长的做法更好。"研究表明，如果你监视自己的孩子，他们会拿某一种社交媒体账户应付你，自己和朋友们用另一种社交媒体，而且不告诉你另一个账户的事。如果你严密监控家里的计算机，他们就会跑到朋友家用计算机。"

博依德有一个很有趣的观点，可能会吓坏某些喜欢偷窥和跟踪的家长。"如果你逼着孩子把密码交出来，或者一天给孩子发十条短信，这就是树立了一个坏榜样，"她说，"你会让孩子以为这就是爱。""爱"意味着没有秘密，"爱"意味着随时随地掌握行踪。这种观念放到青少年交往中就是跟踪狂或其他形式的情感暴力。

处朋友，玩技术，学东西

伊藤瑞子（Mimi Ito）是加州大学欧文分校的文化人类学家，长期与詹金斯和博依德合作合著，而且和利文斯通一样是麦克阿瑟基金数字媒体与学习研究网络的成员。她表达了与上述类似的看法。她说："（家长）通过主流渠道获得的信息都是监视、监管和限制。"她的研究方向大不相同：网络世界和现实世界中的好父母并不应该大相径庭。"我们希望成年人在孩子的生活中能够有更多的信任、辅导、支持和看护。"

伊藤瑞子是一位聪慧热心，会陪十几岁的女儿们去冲浪的日裔加利福尼亚人。她通过观察和倾听来了解各种年轻人的网络行为。2010 年，她与博依德等众多作者合著的重量级民族志作品《处朋友，玩技术，学东西：新媒体时代的儿童生活与学习》出版了。

理解儿童的网络行为是一个新兴研究领域，而"处朋友，玩技术，学东西"已经成为该领域中极其实用的活动类别简称。孩子们当然会在网上社交，与同龄人联系（"处朋友"），这对孩子的成长和独立个体意识的形成至关重要。他们也会在网上发泄、玩耍、娱乐，这些都是人的普遍需求。

此外，还有一些相对少见的活动类别，比如孩子们利用无比丰富的网络资源深入挖掘自己的兴趣，自学新技能（"学东西"），或者探究技术的原理，自己动手创造和分享劳动成果（"玩技术"），包括设计应用和网站，当然也包括撰写和分享故事、画画、拍摄剪辑视频动画、音乐创作和混音、制作游戏模组等。

在伊藤看来，家长的头等要务就是理解"学东西"和"玩技术"是如何发生的，并为子女提供相应的空间。她鼓励好奇心，而不是恐惧心。她给家长的另一条建议是：不妨从取消僵硬的屏幕使用时间限制做起，至少对 7 岁或以上的孩子取消。

"多媒体每时每刻都在向家长说，必须限制孩子使用屏幕的时间。错了！"她说，"限制的重要性远远比不上理解孩子到底在用多媒体做什么。网络是学习新知、公共参与、探索兴趣的绝佳媒介。网络好还是坏，关键是看人。作为家长，你们必须将孩子朝着积极的方向引导。"

她采取了一种名字很好听的公共健康领域的研究方法——"正向偏差"（positive deviance），基本思想是：找到高危人群中做得最好的成员，努力发现他们有哪些地方做得好，希望推广和放大内部自发产生的良好习惯，而不是从外部强加解决方案。

例如，伊藤带的研究生梅丽莎·博罗对洛杉矶的一批以工人阶级为主的拉丁裔移民家庭进行了访谈。这些家庭的青少年成员参加了美国空军赞助、需要编程技能的课外网络安全竞赛"网络爱国者"（CyberPatriot）。博罗从这个可用资源少于大部分地区的社区挑选出了一批对数字技术特别感兴趣并乐在其中的人，想要发现他们是怎样做到这一点的。

博罗发现，这些家庭的家长就算没有多少资源，没受过多少教育，也会支持孩子对多媒体的兴趣，力所能及地购买笔记本电脑、手机和游戏机，安装高速网络。（其他研究显示，低收入家庭——特别是拉丁裔家庭——倾向于为子女配置数字资源，而且认为数字资源对学习有利的可能性更大。）

博罗研究中的家长们未必完全了解孩子在网上做什么，却懂得网络对于孩子上大学、找工作有好处。正如他们经常让孩子翻译英语一样，他们也会请孩子帮忙杀毒或者安装网络。有一位单身母亲家里有四个孩子，她甚至宽容了 8 岁大的儿子折腾电器把保险丝烧断的行为。"我说，'没事，儿子，下一次会搞定的，你看看是哪里出了错'。我没有骂他，也没有谴责他……我们都是从教训中学习嘛。"她的儿子上高中就开始靠装机升级赚钱了。

做记者的时候，我跟许多这样的年轻人交谈过。有些孩子的网上自学热情就是很高，比如玛莎·丘莫。她是内罗毕的一名学生，18 岁那年做了一份有机会接触计算机的实习工作。"我对学编程着了迷。"她写道。她辞掉了工作，自己买了笔记本电脑，苦心钻研免费编程资料，还到 Codeacademy、Treehouse、GitHub 等网络编程社区里学习。她还发现了线下编程社区 iHub，一家面向本国新兴创业团队的肯尼亚协作孵化空间。她在微博推特上很活跃，后来在当地的一家 Ruby on Rails 线下空间做程序员，还会为其他有志编程的人提供教学辅导。她想去美国留学，但签证没有批下来，于是众筹成立了民间强化魔鬼训练营 Dev School，目的是帮助其他年轻人走进编程的世界。她干成这些事的时候才刚刚 19 岁。从那以后，Dev School 也在肯尼亚、南苏丹和索马里开办过培训班。

当然，我们可没有把孩子培养成玛莎·丘莫的"神奇秘方"。资源本身显然是不够的。

但是，伊藤特别提出了两个有利的育儿习惯："支持"与"拓宽"，或者叫"翻译"。

谈到支持，不妨想一想看孩子踢足球的家长。你可以开车送孩子去参加电子游戏竞赛；可以穿着角色扮演服装参加《小马宝莉》的线下活动——我有个朋友就陪着他 9 岁的儿子去了；可以给 5 岁的女儿一台旧计算机，鼓励她使用工具把它给拆了，我有一个自学成才的工程师妈妈朋友就是这么做的；甚至给来家里玩《我的世界》的小伙伴提供零食。

博罗说，她采访过的家庭倾向于采取上述方法。"他们重视子女的兴趣（不管和科技有没有关系），认可和支持孩子的好奇心，他们是真正地鼓励孩子'玩技术'。他们未必会直接参与，却觉得兴趣对孩子很有价值。"

拓宽（或者叫翻译）还要更进一步，指的是孩子对电视里或应用里看到的某样东西感兴趣时，家长应该帮助孩子将这种兴趣与其他知识领域联系起来。

"孩子深入探究同人作品或《我的世界》是一件好事，"伊藤说道，"不过，除非有家长来拓宽，否则孩子未必能看到自己学到的东西与其他机遇之间的联系。"伊藤回忆起自己的一个热爱《星际争霸桌游版》的青少年朋友，游戏的内容是多个种族争夺全宇宙的控制权。"我们进行了一场很有趣的对话，将这款游戏与学校里讲的关于战争和社会等级的知识联系了起来。"她说道。

尽管与孩子分享自己喜欢的多媒体和科技内容有利于亲子关系，但伊藤给我们吃了一颗定心丸：支持和拓宽并不要求家长自己是科技爱好者或多媒体达人。"我认为你并不需要自己成为玩家，或者成天陪孩子鼓捣 Arduino 开源电子套件。"伊藤说道。

这让我松了一口气，因为我对电子游戏和机器人就没那么喜欢。我的丈夫亚当是软件工程师，他是家里的欢乐极客。我对露露的"多媒体饮食健康"的主要贡献是陪她讨论我们喜欢的影视剧情节与人物，以及分享我使用计算机和智能手机进行研究和通讯的方法。你可以找一名同样喜欢《我的世界》的中学生帮忙带孩子，或者帮助孩子找到安全的粉丝论坛，或者给孩子报课外机器人或游戏俱乐部，或者鼓励孩子利用自己的视频剪辑技术做学校作业。

伊藤说，支持和拓宽真正需要的只是转换视角而已。"你必须看到，你对子女的数字生活的主要价值不是限制和监视上网，而是建立连接，创造机遇。"

这个问题摆在了雪莉·普雷沃斯特的面前。她家里有三个孩子，分别是 6 岁、10 岁和 13 岁。"老大是最喜欢科技的一个……我只能学着去尊重他的这一点。老二打棒球，我可以去看他的比赛，给他喂球。我曾经也是棒球手，"她说道，"计算机游戏就不行了。我没法到现场给他加油。我想要搞明白：技术迷孩子的家长要怎么做才算是尽职尽责。"

索尼娅·利文斯通建议从小处做起。"看看你的孩子在网上喜欢做什么，跟他聊聊自己可以怎样去帮助和支持他。不要说'你玩的时间太长了'，而要说，'这游戏好玩在哪里，给我看看！'"

正如普雷沃斯特指出的那样，现在还没有当好"多媒体妈妈"的现成模板，没有公认的、经过实践检验的课程来教小孩子如何在学习阅读文字、听懂说话、说出完整句子的同时，学习如何回答关于视觉信息的问题或者对其进行批判性思考，也没有教导大一点的孩子如何在网上交朋友或追求兴趣的课程。我们必须成为孩子的好榜样，也要保持着好奇心。最重要的是，我们要在孩子还愿意听我们说话的时候关注他们，成为他们的对话伙伴。

游戏的力量

我认为，对小孩子来说，一种合理的起步方法就是陪他们用数字媒体玩创造性的游戏。安吉·凯瑟是一名母亲，她的小女儿在社交网络里的昵称是 Mayhem。Mayhem 三岁的时候特别特别喜欢打扮，于是母女俩就开始用纸设计服装。衣服设计得越来越复杂，就像凯特·布兰切特出席 2016 年奥斯卡颁奖典礼穿的知更鸟蛋蓝色羽饰礼服那么精巧。现在，母女俩成了图片社交应用的网红服装设计师，账号粉丝数将近 50 万人。

安吉母女用卫生纸制版、剪裁、拼粘、拍摄的过程基本是纯手工。但是，两人做衣服前的调查研究则是通过计算机和手机。有些设计也是根据米妮、艾莎、小马宝莉创作的同人作品。把成果发到社交媒体并获得观众反馈的过程自然有利于保持动力。

不是每个人都能走红。不过，利用网络平台来激发进行家庭科学小发明或文艺创作的动力确实是很有趣的。

"数字设备和数字技术可以成为创作的工具。"匹兹堡儿童博物馆学研部主任丽莎·勃拉姆斯说道。该博物馆拥有世界顶级的"创作工房"，家长和孩子可以在常驻专家的帮助下共同进行木工、缝纫、电子等方面的项目。创作工房将模拟世界与数字世界无缝对接，趣味非凡。每逢夏季，位于户外的创作工房就挤满了从两三岁到十岁不等的孩子们。这里有两个人在玩织布机，那里有几个人在一块绿色的大屏幕前转悠，看着平板电脑里的自己。工房中央有一群十岁左右的孩子忙着折腾"电路模块"。电路模块是由装有小灯泡的木块、转轮和其他从旧盒式磁带录像机和打印机拆下来的活动部件组成的，用鳄鱼夹连上电池后就能动起来。

我跟博物馆的学习资源负责人莫莉·迪克森经过的时候，一位金发女孩对我们说："我的电池坏了。""你是把这边连上了，但那边呢？"莫莉拿着两个鳄鱼夹中的一个问她。"啪！"——灯泡亮了，女孩也懂得道理了。

在这里，屏幕并不是焦点。或许，家长陪孩子用轻木板制作滑翔机时会掏出手机，查查不同的样式。特邀艺术家也可能会去搜视频，以便更好地向孩子们解释一部木头和金属制成的复杂装置背后的物理学原理。此外，全美乃至全球各地也有成千上万无法亲临现场的人会关注博物馆的社交媒体账号，照着样子自己做，然后把作品发到匹兹堡儿童博物馆的标签底下。

许多提倡这种游戏方式的人都对能够将数字技术带入三维世界的机器人和传感器感到很激动。

"对小孩子来说，摆弄有形的物件很重要，"马琳娜·乌玛什·伯斯（Marina Umaschi Bers）肯定地说，"从摆弄实物中能学到很多东西。"伯斯是技术与早期学习交叉研究领域的顶尖学者，塔夫茨大学儿童与成人发展学教授和计算机科学教授，还参与了儿童编程游戏入门级编程语言和已经上市的机器人套件 Kibo 的开发工作。

Kibo 是由木块组成的，按照说明书操作即可制成机器人。但是，你不一定需要这样的专业设备。博斯支持亨利·詹金斯的方法，即利用任何手头的素材打通线上与线下世界：文字处理软件、复印机、手机摄像头都可以。

"要想让孩子不再沉迷屏幕、电视或电子游戏，一个好办法是让游戏回归线下，回归儿童的生活领域，"写过大量与数字素养相关文章的麻省理工学院教授伊迪斯·艾克曼（Edith Ackermann）建议道，"比方说，可以让孩子看鼓励他们跳舞或锻炼的节目。另一个办法是规定时间看规定节目，然后找机会重复看，与兄弟姐妹、小伙伴或父母一起讨论看到的内容。"

还有一种屏幕外的游戏方式是线下演绎影视节目的情节，就像影评人达娜·史蒂文斯（Dana Stevens）所做的那样。我们家也试过，效果不错。

沟通与亲近

有一点可能让关注儿童与科技议题的读者觉得疑惑：我为什么到现在还没有详细讨论麻省理工学院教授，《群体性孤独》和《重拾交谈》的作者雪莉·特克尔的作品。她的核心论点是：数字技术让人们彼此孤立，破坏了人与人的关系，从年轻一代社会氛围的滑坡中就能看得再清楚不过（特克尔是婴儿潮一代）。

为本书做调研期间，我看过她的两次演讲。我发现，她提出的观点确实很有煽动性，而且不乏幽默感。但至少对我来说，她的论证并没有说服力。她说的话并不是全盘错误，却有道听途说和偏颇的意味。她对研究发现——比如自恋情绪的走高——做了过度解读，而真正的研究者自己并不愿意说这里面就有因果关系。因此，她的作品夸大了当今儿童与科技议题的讨论中最传统、最保守的那一派观点。

"特克尔作品中膝跳反应式的敏感对媒体很有吸引力，却不是一碗水端平。"卡内基梅隆大学教授贾斯汀·卡塞尔说道。卡塞尔具有 AI 研究者里罕见的深厚人文功底，拥有比较文学、文学理论、心理学、语言学和人类学的学位。

"我们拿一个她的观点来看：人类需要面对面交流，而科技造成了孩子们在这方面的缺失，让他们不能面对面交流。但是，在很多情况下，在线视频等技术让家长和孩子能够以前所未有的方式进行互动。如果你住在纽约，爸妈住在内布拉斯加，那你怎么办呢？或者你住在纽约，孩子爸爸住在加州；或者你住在佛罗里达，孩子妈妈被派去阿富汗；或者你在纽约皇后区工作，你的孩子却在马尼拉？多媒体既能让我们分离，也能架起远隔万里的桥梁，两种情况几乎同样多。"

视频通话很快就成为了婴幼儿生活的一部分。而且，新证据表明，它与其他形式的屏幕使用时间不同，它是有意义的。将其作为心理学博士论文的一部分，毕业于乔治城大学的伊丽莎白·麦克卢尔（Elizabeth McClure）进行了一次研究，发现 6 个月大的婴儿似乎就能分辨出与家人的实时视频通话和同一位家人提前录制好的视频之间的区别。婴儿在视频通话时注意力更集中，而且会进行有来有回的互动，这种互动是语言等多种技能学习的重要先兆。这对我是一个好消息：在家陪孩子的时候，我偶尔会想让自己松口气，与其再看一集《佩佩与小猫》动画片，让孩子跟爷爷奶奶、阿姨婶婶视频通话 15 分钟是个很好的办法。

养育儿子卡登的 8 年间，军嫂林恩·金-西斯科随丈夫的部队驻地四次迁居，还要经受丈夫前往韩国、冲绳、阿布扎比等地的"临时任务"。她说，近年来技术的发展让夫妻保持联系比以前容易多了。一开始，两人是通过电子邮件分享照片。她说，到了 2009 年左右，"社交媒体出来了，为我和他提供了一种重要的新的交流方式"。哪怕两人隔着半个地球，她的丈夫也可以看到卡登去植物园的照片。"他会留言说，卡登长大了！看着这些照片，我觉得自己好像也在那里。"

她说，随着儿子逐渐长大，"他对父亲的缺位变得敏感多了，也时常发脾气。视频软件真是救了我们，让我们一家人远隔千里也能交流"。尽管他们分处地球的两端，但现在每周都可以用心交流。"学校有活动，孩子过生日，或者去动物园玩，不管在哪里，我们都能用手机跟孩子爸爸分享，分离的一家人有了一座桥梁，感觉彼此更近了。"

美国有 4200 万移民，数字通讯技术极大地改变了他们与海外家人的联系方式。2012 年，米尔卡·马蒂亚诺（Mirca Madianou）和丹尼尔·米勒（Daniel Miller）编写的一部民族志记录了菲律宾移民劳工如何利用视频通话、社交软件、电子邮件、短信等手段保持紧密的联络。研究对象之一，多娜，在一家养老院工作，每天睡前都会跟全家视频聊天，每天发短信提醒患哮喘的儿子好好养病，陪年幼的孩子玩捉迷藏，还跟其他孩子在社交软件里玩线上游戏。到了周末，她母亲家里人来人往，于是她就会挂在视频通话上，最长能达到 8 个小时，就像开了传送门似的。她甚至当起了一名远程监控型家长：她有大一点的孩子的社交软件和邮箱密码，每周会查看一次。

2014 年，只有 46％的美国儿童生活在传统的家庭环境中，即亲生父母都在身边。对于离异、单亲、再婚家庭来说，通讯技术变得至关重要。我认识的一位家庭律师戴安娜·亚当斯说，"远程探视权"正在成为法院判决书或离婚协议书的常见条款。多个州已经立法要求离异双方必须考虑远程探视这一选项。此类条款可能包括：帮助带孩子的爷爷或奶奶下载适当的软件，或者将每月的网费计入抚养费。

杰伊·基森专门为离婚或分居的家长开发了名为我们的家庭向导（Our Family Wizard）的技术平台，包括加密通信、信息库（比如孩子的疫苗记录和鞋码大小等信息）、支出列表、共享日历等功能，帮助解决共同监护过程中可能出现的磕磕绊绊。

基森的母亲是一位有多年经验的家庭律师。"我记得从 10 岁的时候起，我就经常在妈妈单位的会议室里听到夫妻动手打架的声音。"他说道。2001 年，基森的一位表亲想安排跟刚离婚的前妻共度圣诞。但是，阴差阳错之下，两人订的票时间错开了，于是，本来比较和睦的关系又变成了大吵大闹。"他给我妈妈打电话问有没有改善的办法，因为以后如果还得这样生活，那还不如维持婚姻呢。"

Our Family Wizard 起初没有找到自己的定位。不过，几年之后，明尼阿波利斯的一处家庭纠纷审判庭要求一些冲突最严重的家庭试试这款应用。"这些家庭成天因为鸡毛蒜皮的小事来法院闹：我没收到啊，她没跟我说啊，诸如此类。法官要求 40 个这样的家庭注册了我们的网站。两年过去了，他们再也没有回去找法院。"

Our Family Wizard 现在有大约 6 万名用户，全美 50 个州和加拿大的 7 个省都有法院在判决书里要求使用这款应用。法院经常发现，它对孩子是"最有利的"，还能帮许多已经不堪重负的家庭纠纷审判庭减少开支和负担。比方说，你希望这个周末由前妻带孩子，之后两周再由你负责。要是找律师的话，这样的要求可能会花费 500 美元以上。于是，Our Family Wizard 推出了"交换"功能，你可以用它来提出上述要求，甚至可以设定期限，方便你购买机票和做其他安排。而且，加密通信功能还会保留完整的聊天记录，如果有必要的话，你可以带着这些记录上法院，向法官展示你们在何时及为何没有遵守监护协议。

基森说，在监护权大战中，父母为了支持自己的观点可能会否认电子邮件内容，或者声称从未收到某些信息。而通过 Our Family Wizard 发送的信息有额外的数据加密、时间戳和接收回执，让抵赖更加困难。针对关系特别紧张的夫妻，Our Family Wizard 还有一个名为"语气晴雨表"的"高级版"功能。基森说："它就好比是针对语气态度的'拼写检查'，可以防止你说出咄咄逼人的，伤人的，或者被另一位监护人误解的话。"

我认为这个功能很有意思，因为大部分通讯技术——客气点说——都没有明确地、专门地促进关系和谐的设计。消息推送和即时聊天等功能似乎逼着人们马上做出回应，而马上做出的回应并不总是礼貌周全的。但是，只要花一笔钱，你就能使用 Our Family Wizard 这样一款事实证明能够给家庭冲突降温的软件。

另一个让我好奇的点是：所有家庭能从这些因移民、派遣、离婚或其他原因分离的家庭中吸取怎样的经验，以富有创造力的方式运用通讯技术，拉近彼此的距离。许多家庭已经在使用共享谷歌日历和文档、照片分享工具、群聊软件、亲密付、图片社交软件等功能来保持联系和料理家务。

2016 年 2 月，瑞典技术博主兼软件开发者佩德·雅斯特罗姆（Peder Fjallstrom）撰文讲述了自己一家四口如何使用原本为工作团队开发的聊天应用 Slack。他们开通了"待办事项"、"假期规划"等频道，还有一个分享猫咪动图用的"灌水频道"。他还为聊天室绑定了网店插件，这样家人随时想到要买的东西就可以自动添加到每周的购物清单里。"孩子在哪"频道可以连接到儿子手机上的"Find my 智能手机"功能，然后返回谷歌地图的图像，随时显示两个 10 岁孩子的位置。"他们现在挺喜欢的，最起码方便嘛。不过，他们再过两年可能就不高兴了，"他在一次访谈中说道，"那时候再沟通。"还有一些插件可以接收谷歌日历和学校发来的推送。"现在比以前好太多了。"雅斯特罗姆对加拿大广播公司（CBC）如是说道。

我跟女儿们不在一起时可以视频聊天，我还可以给照看女儿的人发短信。我们可以互相发短视频、语音消息和表情包，可以一起读书，还可以在谷歌应用里一起画画。可能性正在不断拓展。

"我的女儿正在哥本哈根做交换生，"教育技术专家沃伦·巴克莱特纳回忆道，"她住的人家里有两个女孩，她们很喜欢在我女儿的应用苹果手表上画图后发给我看。其中一个小女孩名叫芙蕾雅，6 岁，我通过手表的震动就知道她又给我发画来了，而且是实时发送。"

怎么开心怎么来

亨利·詹金斯、艾丽卡·奥斯汀、埃里克·拉斯穆森、达娜·

博依德、伊藤瑞子等学者为技术加持的积极育儿描绘了一幅极具意义的乐观图景。

数字媒体、学习网络和创客运动特有的开放、好奇——还有欢乐！——积极正面的态度在一边，南希·卡尔森·佩奇等担心多媒体让儿童的玩耍方式变得局限而刻板印象化的学者在另一边，两边的鲜明对比引起了我的浓厚兴趣。

詹金斯一派人说，是啊，多媒体从很小的时候起就深深嵌入了我们的生活和想象力。多媒体中的角色会给我们留下长久的印象，我们也会效仿自己看到的内容，有利也有弊。但是，他们相信，在适当的支持和引导下，年轻人的头脑和想象力有能力化腐朽为神奇。

尽管这幅图景很诱人，但我并不是对多媒体全然乐观。我经常觉得我不得不关上笔记本电脑，因为我知道网络上有许多令人沉迷的垃圾内容。

但是，问题在于，多媒体调解者的意思并不是认可子女遇到的任何事物，而是要影响和保护孩子，给孩子做好榜样，分享自己的价值观，鼓励批判性思维。如果有必要的话，我们还要调整孩子线下和线上活动的平衡。为了做到这些，我需要了解孩子正在做什么，为什么要做。

除了履行父母的义务以外，关注孩子的多媒体使用情况还有别的好处。就像乔丹·夏皮罗和达娜·史蒂文斯那样，通过密切关注女儿的动向，和她一起游戏，我自己也能学到东西，获得灵感，体会多媒体为生活带来的更多可能性。

用餐的比喻在这里很适用。团圆饭的餐桌是传递正能量，加强家庭纽带的场合。当家长和孩子一起做饭的时候，能学到的东西还要更多，乐趣也会更多——相应地，孩子也更有可能吃下蔬菜（这里用来比喻最有利于孩子学习和成长的多媒体内容）。

如果你害怕屏幕对子女不利，那你就更应该努力搞清楚屏幕如何能为孩子带来更好的生活。

如果你喜欢与子女共度屏幕时光，比如我陪女儿看电影那样，那就开口聊聊吧！兹事体大，一味恐慌是不行的。我们必须聪明起来。不过，起步的时候不妨……怎么开心怎么来。

注释

1　在几项大型研究中，观看《芝麻街》……：Eg. Kearney, Melissa, and Phillip Levine. "Early Childhood Education by MOOC：Lessons from Sesame Street." National Bureau of Economic Research Working Papers（2015）：n. pag. Web. 16 Apr. 2017.

2　埃里克·拉斯穆森的一份新研究表明……：Rasmussen, Eric E., et al. "Relation between active mediation, exposure to Daniel Tiger's Neighborhood, and US preschoolers' social and emotional development." Journal of Children and Media（2016）：1 - 19.

3　过去十五年间，科克瑞恩等人的研究已经表明……：Kirkorian, Heather L., Ellen A. Wartella, and Daniel R. Anderson. "Media and young children's learning." The Future of Children 18.1（2008）：39 - 61.；Fisch, Shalom M., H. Kirkorian, and D. Anderson. "Transfer of learning in informal education." Transfer of learning：Research and perspectives（2005）：371 - 393.（BOOK）Kirkorian, Heather L., and Daniel R. Anderson. "Learning from educational media." The handbook of children, media, and development（2008）：188 - 213.

4　研究表明，快节奏的电子游戏能够提高阅读困难症患儿的阅读速度……：Franceschini, Sandro, Simone Gori, Milena Ruffino, Simona Viola, Massimo

Molteni，and Andrea Facoetti. "Action Video Games Make Dyslexic Children Read Better." Current Biology 23. 6 (2013)：462 - 66. Web.

5 快节奏的电子游戏还会帮助改善自控力和注意力……：Green，C. S. ，Bavelier. D. "Learning, Attentional Control，nd Action Video Games." Current Biology 22. 6 (2012). Web.

6 Wii 或 Kinect 等平台的运动类电子游戏……：Rowland，J. L. ，Malone，L. A. "Perspectives on Active video Gaming as a New Frontier in Accessible Physical Activity for Youth With Physical Disabilities." Physical Therapy 96. 4 (2015)：521 - 32. Web.

7 模仿生物反馈的电子游戏已经被用于治疗多动症……：Mishra，Jyoti et al. Video Games for Neuro-Cognitive Optimization. Neuron，20 April 2016，Vol. 90 (2)，pp. 214 - 218.

8 在一款游戏中，玩家扮演的超级英雄不会撞坏跑车……：Carey，Bjorn. "Stanford experiment shows that virtual superpowers encourage real-world empathy." Stanford University. 31 Jan. 2013. Web. 17 Apr. 2017.

9 还有一些作为安全止疼剂开发的 VR 模拟程序正在接受检验……：Law，Emily F. ，et al. "Videogame distraction using virtual reality technology for children experiencing cold pressor pain：the role of cognitive processing." Journal of pediatric psychology 36. 1 (2011)：84 - 94.

10 "技术不是好的，也不是坏的，但也不是中立的"：Kranzberg，Melvin. "Technology andHistory：'Kranzberg's Laws'." Technology and culture 27. 3 (1986)：544 - 560. 全文都值得阅读。这篇文章也很推荐：Sacasas，L. M. "Kranzberg's Six Laws of Technology，A Metaphor，And A Story." August 25，2011. Blog. https://thefrailestthing. com/2011/08/25/kranzbergs-six-laws-of-technology-a-metaphor-and-a-story/

5 现实家庭中的规则：每次一小时

—

本书的写作目标是帮助我自己和其他家长厘清对待数字科技的正确方式。我尽可能对这门学问进行研究，了解其中的危险和机遇。

现在，是时候探讨细节了。在本章中，你会了解到数百个家庭如何制定关于科技产品的使用规则，以及专家们在自己家里采用的办法。然后，我会具体介绍如何制定合理的多媒体使用计划并随着条件的变化而更新计划。

我们家的做法

首先，我要介绍自己家的情况。我是一名 80 后，父母都有工作，很少在意我们姐妹俩如何使用屏幕。我们家没有游戏机，也没有高级的有线电视，不过基本可以随便看无线电视，还有一台盒式磁带录像机。进入 20 世纪 90 年代后，我还玩上了计算机游戏，还早早安装了拨号上网。我妹妹上学前班的时候每天下午都要用录像带看电影《谁陷害了兔子罗杰》，差不多看了一整年。

我老公亚当的家庭和我恰好相反。他和姐姐（或者妹妹）小的时候有妈妈在家照顾，只能看公共电视台的节目，而且时间有限制。玩计算机游戏和任天堂游戏机也是如此。

现在，我们都是正常的成年人，有自己的事业、爱好、朋友、全家相聚的时间和健身习惯……从早晨被闹钟吵醒到揉着酸痛的眼睛睡觉为止，我们都沉迷于媒体中。在这一点上，我们相当典型：根据尼尔森公司 2016 年发布的调查数据，成年人平均每天使用屏幕的时间是 11 小时 12 分钟，其中 6.5 个小时是看电视或电影；上述数字不一定包括工作相关的时间[1]。类似地，"常识媒体"网站在 2016 年发现，家长每天的多媒体使用时间将近 9 个小时，其中 82％ 与工作无关[2]。

制定家里的屏幕使用时间规则时，由于我小时候家里管得比较松，亚当家里比较严，所以需要彼此做出妥协。我们还希望融合各自对多媒体和数字技术的正面经验：我是作家、研究员和新闻达人，他是程序员和游戏玩家。

大女儿两岁前，我们严格地执行"孩子入睡前不看视频"的规则。我们多年前就不交电视费和有线费了，看电影或电视剧的话，要么是将笔记本电脑的画面投到墙上，要么是用安装和调试颇费工夫的应用苹果电视。这就意味着，我们不会无脑换台，也不会把电视节目当成背景板了。

女儿长到 2 岁后，我们开始允许孩子在周六、坐飞机或坐车超过一个小时、生病的情况下看视频了。周六基本没有时间限制，只是晚饭前要关电视，还有少数内容限制。如果她感到害怕或难过，无论是什么原因，我们都会把视频关掉。我老公不许孩子看主题不受他认可的节目的情况比较多，比如通篇讲购物和八卦的芭比娃娃电视剧。

有了每周只有一天看视频的规矩，我们家就不用制定每天的时间安排了。总体上看，家庭环境比较安静平和，一家人都在的时候也会把注意力放到彼此身上（孩子上床之后，我和亚当还是会看影视节目，有必要的话会戴上耳机）。既然只有周六能看视频，我们就用不着应付孩子不断提出的"再看一会"的要求了——我经常听到其他家长抱怨这种烦人的情况。

我们会尽量陪孩子一起看电视或玩游戏，至少事后会讨论她看到的内容。亚当在这一点上做得比我好。

女儿在周六视频关掉后闹过几次，我最后决定和她一起解决这个"过渡"问题。打开视频之前，我们会计划好看完后要做的活动。我们还会提醒她，如果她关视频的时候又哭又闹，下一次就不许她再看了。

本书写作期间，我们的小女儿还很小。不过，我估计她接触"二手电视"会更早也更多——通过她姐姐。

工作日不许看电视的规矩是专门针对被动观看视频的。

平时，我们会经常和孩子一起用手机查询答案或搜索图片。有一天早晨，露露在预备幼儿园门口的咖啡厅里给了我一个"爱斯基摩式亲吻"，然后问我"爱斯基摩"是什么意思。于是，我们在网上看了大约 15 分钟关于艾迪塔罗德人和因纽特人在北极圈内的生活的短片。我们每周还会跟孩子的爷爷奶奶视频聊天一次。

我们主动提供了一个例外——工作日也能看一度热门的儿童瑜伽教学片。我喜欢这个节目，因为它能让女儿趴在瑜伽垫上，跟着各种小动物的特征拉伸锻炼 20 分钟。

长到两三岁时，露露经常在每周不能看视频的漫长时间里运用想象力回到自己钟爱的故事世界。为了鼓励她的这种玩耍方式，我们给她买了纸质版的故事书和很多表演服装。三四岁的时候，她几乎每天都会换上表演服，要求我们装成她喜欢的节目里的角色陪她演戏：《花木兰》、《勇敢传说》里的梅莉达、《冰雪奇缘》里的艾莎和安娜、《小美人鱼》里的艾瑞尔、《灰姑娘》、《白雪公主》、《圣诞夜惊魂》里的萨莉、《魔水晶》里的珍、《哈利·波特》（书里的哈利·波特，不是电影里的）；如果她要求的话，我们开车的时候还会播放电影音乐和有声书。

露露四岁时开始在预备幼儿园里用平板电脑，于是我们在家里也买了一部。我们对游戏和应用的数量做了限制，有一些是教育类软件（龙箱算数入门、编程软件 The Foos、阅读软件 Endless Reader），也有一些娱乐软件（Toca Boca 发廊游戏、一款画图应用）。我们规定露露每周最多可以玩 3 次平板电脑，每次 20 分钟。在现实中，她基本只有周日才会要求用平板电脑。

与我们家相比，她的大部分小伙伴对屏幕使用都要更随意一些。如果她跟朋友出去玩一下午，我们也不会为她捏把汗。如果时间超过一个下午，比如我们有一次和其他几家搭伴租了间度假别墅，我们会温柔地鼓励看电视的露露停一会，做些其他活动；令我们惊讶的是，其他孩子也经常愿意一块不看电视。

以上就是我们目前的策略。当然，具体措施会随着孩子长大进行调整，但大致方针还是很适合我们家的。

调查结果

为了写作本书，我发起了一次网上调查，询问人们在家里如何对待屏幕问题。之后，我单独联系了很多家庭，跟他们坐下来详聊。

我的不科学样本集中包含了 500 多份回复，包含各个民族和种族，不同教育水平，有大城市的，有城郊的，也有乡村的。调查结果呈现出了一些大致的主题。

大多数家长是按照以下几种标准来制定屏幕使用规则的：时间标准、前提标准、场合标准、内容标准、方便标准。

时间标准

最普遍的制定标准是时间。我收到的 550 份回复中有 360 份提到了"时间"，114 份提到了"小时"，还有 58 份提到了"分钟"。

根据我的调查结果，最普遍的一条规则是"每天一小时"。假如这条规则得到严格遵守的话，那么这些家庭按照定义就不属于平均水平。

这条策略的好处在于简单。它符合学界通常看待屏幕使用的看法——我们称之为"屏幕使用时间"。

坏处呢？它基本上是随意定的，因此难以解释原因和强制执行，尤其是对大一点的孩子。它也过于粗暴，区分度不够，比如说没有区分主动使用和被动使用。有的时候，这条规则只是具文而已，并不能真正落实。下面给出一个详细版本：

"平时每天能看一定时间的电视（1 小时），周末可酌增。平板电脑每天最多使用 1 小时。使用两种科技产品之间要隔几个小时。"——来自一位家里有两个孩子的郊区父亲。

场合标准

第二大标准是场合，也就是规定每周或每天可以使用屏幕的场合，或者反过来，规定每周或每天不能使用屏幕的场合。

"餐桌上绝对不许有科技产品！"一位家里有三个大孩子的母亲说道。

电子产品影响睡眠的说法似乎已经传开了——很多家长提到晚饭后或睡前一小时不许使用电子产品，或者卧室里不许放。举个例子："卧室里不许有电器（床头闹钟除外）。"

对于担心屏幕会排挤掉其他有益活动的学者来说，以场合为标准制定限制是一个可行的解决方法。规定每周或每天可以或不可以使用屏幕的时间类似于某些育儿专家的建议，他们认为，养成每日的常规能让孩子安心，也有助于引导。如果刷牙等行为养成了习惯，执行起来就容易多了，而且引发争执的可能性也会减小。以这样的方式制定规矩有助于思考屏幕使用时间与家庭生活节律的互补关系。

但是，这种策略本身并不涉及内容。

前提标准

场合标准的另一面是前提标准，许多家长——特别是孩子比较大的家长——都会制定此类标准。一条经典规则是：做完作业才能使用科技产品。另外，强调户外玩耍的规则也比较常见。

"健康和教育是第一位的。所以，只要他们完成每天的家务，写完作业，保持住成绩，课外活动表现得好（也就是说，音乐课和运动场上都发挥到了个人的最佳水平），吃得好，睡得好，那就可以使用科技产品。要用努力换来。"——来自一位家里有四个孩子的郊区母亲。

"具体限制会根据天气情况和当天完成的锻炼等方面制定。"——来自一位家里有两个孩子的郊区母亲。

"先要写完作业，做完家务。"一位家里有一个十几岁大的孩子的家长说道。

一位昵称是 NarrowbackSlacker 的博主[3]发了一篇点击量超过 70 万的帖子，一举带火了前提规则。她是一位在家里办公的自由职业者，一双儿女都是 10 岁出头。她说自己不会限制屏幕使用时间，而是要求孩子在使用电子设备之前完成以下要求：

点亮屏幕之前必须完成的事项：

● 至少读书 25 分钟（漫画书不算）

● 做完作业（可以留一项作业到第二天早晨做，前提是取得爸爸或妈妈同意）

● 在日历上标记好考试日期或其他截止日期，跟爸爸或妈妈定好共同学习的时间

● 至少进行了 45 分钟创造性的、积极的、有意义的活动

● 整理好房间和床

● 至少做了一项家务（详见家务表）

有些孩子年纪比较大的家长告诉我，他们会每天更换家里无线网络密码，以便执行"先做完家务和作业，再用电子设备"的

规矩。

与场合规则类似，前提规则也会鼓励孩子保持生活的平衡，维持家庭内部的戒律。尽管有些人会说，"创造性的、有意义的活动"往往需要点亮屏幕——更不用说作业本身了。

内容标准

大多数按照时间、场合或前提制定规则的家长也会试图考虑内容问题。

例如，家长会试图避免青少年上很多社交网站，或者要保留监督的权利。"不准在社交网站上加陌生人为好友。"一个孩子刚过十岁的母亲说道。"妈妈要知道所有的密码。"另一位母亲写道。家长也可以要求孩子只能玩属于某些分级的电子游戏，或者看某些电视频道。

许多家长——比如说我们——在看视频与平板电脑、智能手机、社交媒体或其他交互性活动之间做了一个区分。但是，这两个大类还需要细分。与专家一样，有些家长更喜欢孩子使用教育类应用，而不是看电视；还有些家长更关心电子游戏潜在的成瘾性，而不太担心电影或电视节目。

"如果我们感觉孩子有了过度的负面表现，我们就会禁掉那些影响其行为的节目（有线电视里的坏节目是《少年魔法师》和《卡由》；网络上的坏节目是视频频道）。"一位家里有两个不到 10 岁的孩子的小镇妈妈说道。

"我会鼓励孩子看我喜欢的节目，用我喜欢的应用，比如编程应用 Scratch Jr 或者感觉比较有创意的定格动画应用。"

"我会提前筛选她可以看的节目，要积极，而且有教育意义，比如《小老虎丹尼尔》和《芝麻街》。"

"不许玩 M 级（成人级）游戏。"——来自一位十几岁孩子的父亲。

其他策略

有些家庭将屏幕时间作为做好事的奖励，或者用没收/返还电子设备的办法来确保执行时间和前提规则。这就类似于我们家对平板电脑的规则。

"我们实行屏幕券制度。每周最多 10 张，每张可以使用屏幕 30 分钟。周日发放 3 张，其他的券都需要读书或学数学获得。"——来自一名 7 岁孩子的家长。

一位家长将平板电脑时间用作激励：读书半小时，平板电脑半小时。

"技术设备放学后'没收'，写完作业后'返还'。如果做作业需要用技术设备（孩子年纪大了以后，这种情况越来越多），我们会使用'自我控制'应用，屏蔽掉最容易让他们分心的软件。"——来自一位满屋子十几岁孩子的母亲。

方便标准

制定屏幕使用时间规则与其他育儿决策有一个重大的区别。当你教孩子要讲礼貌，按时上床的时候，作为父母，你在长期和短期都有好处。听到孩子说"请"、"谢谢"、"不好意思"，晚上 9 点在安静的公寓里和伴侣品尝葡萄酒都是赏心乐事。

不过，当你限制电视和游戏时间时，你就放弃了自己的宝贵空闲时间。

对于我交谈过的几乎每一位家长，以及我本人来说，这都是内部冲突的一大来源。晚上要做饭，早晨要收拾，坐飞机出门，开车出门，去餐厅，去医院……有这么一样能够吸引孩子注意力的东西总是在向你招手，严守规矩是很难的。

"实话说，那要看我的紧张或忙碌程度!!"一位妈妈写道。

"我做饭的时候必须看电视，不然做不了饭。平板电脑只有开车出远门或者去餐厅的时候可以用，免得打扰其他客人。"

"除了特别需要让他们去干别的事的场合（我见客人的时候），我一般不让他们玩我的手机。"

"平时的话，儿子要靠挣小红花来换屏幕使用时间。假期、聚会等情况下，我们会按照自己的方便安排。"

总体来说，如果是旅行、生病这样明显的例外情况，开方便之门比较容易解释和遵守。

但是，如果没有出门，或者是随便某个星期四的上午 11 点呢？如果你这一次说行，下一次还怎么说不行呢？

"我们没有具体的时间限制——妈妈说行就行，妈妈说不行就不行。"一位有两个孩子的郊区母亲说道。

当然，看家长方便允许孩子使用屏幕的问题在于模糊，这种规则执行起来很费劲，而且会引发极大的冲突。

"规则就是我说一不二，每一次分别决定可以不可以。"——来自一位 6 岁小男孩的父亲。

"我们对大儿子试用过许多规则，但全都没有奏效。"——来自另一位有两个孩子的郊区母亲。

方便规则就是家长放弃时采用的规则，按照行为主义心理学的说法就是"间断强化"。这是养成容易去除难的一种训练方法。

规律强化是这样的：如果小白鼠每次扳动拉杆，你都会给它食物，那么它就会被训练去扳动拉杆。但是，一旦你不再给它食物，小白鼠很快就不再扳动拉杆了。

间断强化是这样的：如果小白鼠扳动拉杆时，你随机地给它食物——比方说，平均每搬动四次给一次食物——那么，就算你再也不给它食物了，它也会为了碰运气而继续扳动拉杆，直到力竭而亡。

我知道这话有点刺耳。身为父母，我们没有一个人能完全贯彻屏幕使用时间或其他任何规则。我也无意暗示有致命伤害的威胁。有时，我们都需要休息片刻。我们对孩子的哭闹都有过管不了的时候。而且，孩子是有适应能力的，可以处理好规则里的少许模糊。

我只是想说，如果你的屏幕使用规则完全采用个别判定，而且你感觉这种方法引发了我描述的种种问题，那么，换一种策略可能会效果更好。

我从上大学起就认识贾斯汀·鲁本（Justin Ruben）。他是一位参加过前进组织（MoveOn）的政治活动家，妻子是瑜伽教练，家里有两个年幼的孩子，常年住在危地马拉等海外国家。鲁本欣然承认自己陷入了方便的陷阱，允许孩子在自己为下一次长途旅行收拾东西等时间随便使用屏幕。

"屏幕时间成了他们不明白的、变幻莫测的东西，因为我们说给就给，说不给就不给，这套办法是完全不透明的。"他说道。

他将自己的孩子比作瘾君子，这或许并不令人惊讶："玩屏幕就像注射海洛因似的，玩起来没个够，只要关掉就哭。"

情绪标准

说到哭，许多家长都会因为孩子使用多媒体后表现出的负面情绪而设定限制。同样，这也符合某些学者的发现。

"他好像不开着电视就不乖，我觉得很困扰，从那以后就开始限制他看电视了。"一位七岁男孩的母亲说道。

一位家里有两个孩子的小镇母亲不仅会限制时间和内容，还要求讲礼仪。这种策略的目标是确保孩子有能力控制住自己的依赖情绪。"别人跟你说话时要尊重对方，停下手里正在干的事。如果当时实在停不下来，你要跟对方说明。"这似乎是一个值得效仿的做法。

"他们看屏幕太久，眼睛都看直了……我就不让他们看了，"一名家里有两个刚上学的孩子的家长说道，"只要不让他们看屏幕，我家孩子就生气，就跟戒断反应似的。我之所以不让他们多用屏幕，就是因为这种状态。我怎么才能避免这种呆滞的状态呢？"

"如果她发脾气，闹情绪，或者打我们，那我们只会更严厉地限制她，有时会直接禁掉，因为屏幕只会让她闹得更厉害。"一位五岁女孩的小镇妈妈说道。

许多家长都观察到接触多媒体和闹情绪之间的关联，这也得到了研究的支持。与我交谈过的临床医师动不动就说关掉屏幕后的

"爆炸性"反应，就像受到过度刺激的孩子在突然去掉刺激物时会做出大喊、尖叫乃至打人的反应。

根据情绪来管教是一种符合直觉的、灵活的办法。但是，对孩子来说，它同样显得专断模糊。而且，这样一来，你就不得不在孩子心情不是很好的时候与其商谈或设定严厉的规则。

加拿大儿科医生，"巧用屏幕"项目的发起者汤姆·瓦沙沃斯基（Tom Warshawski）给出了一个简单的建议。"拿一个计时器，"他说，"让孩子看 55 分钟，最后 5 分钟用来平缓情绪。你要是突然掐掉的话，孩子肯定会怒气冲冲。"

你最好提前设定明确的限制，然后用其他活动或零食当作过渡。露露 2 岁时，早晨还没有安排看视频的时候，我们就会讨论当天晚些时候去儿童乐园玩的计划。

如果"表情呆滞"已经成为问题了……或许，下次可以早点掐掉。

其他人是怎么做的？

当我跟家长在电话里讨论家庭屏幕使用规则时，他们会滔滔不绝地讲其他家长关于屏幕使用时间的规则。

"我丈夫兄弟他们家就与我刚才说的证物 A 一样，"一名住在布鲁克林，家里只有一个儿子的母亲告诉我——为了让他们过好感恩节，我隐去了真实姓名，"我们关系很近，我也很喜欢他兄弟，不过我们不想跟他们共度节日，因为他老婆太惯着孩子了。她跟我们家格格不入。我希望儿子能跟表亲搞好关系，不过他们成天看电视，吃饭也看，睡觉前也不读书。"

"我有一些朋友家的孩子去超市也非要看点什么，"家里有两个小孩子的新泽西母亲杰西卡·罗伯斯说道，"我们家比较传统，开车的时候都是要唱歌的。我确实能看到自己的女儿和同龄人的差异。"

"班里的有些同学都有手机了，才 8 岁啊！发邮件，发短信，上图片社交应用。跟他们一比，我家孩子想看什么书都可以，而且他们真的会读。"一名家里有两个学龄孩子的家长说道。她还说那些家长都是不负责任！"屏幕就像一个木讷的保姆，早晨、晚上、周末负责看孩子，好让家长可以做别的事。要么提前干预（家长可以陪孩子一起看，一起用，这样挺好的），要么承担后果。"

我们对其他家长的决策，不管是屏幕规则还是其他方面，都发生在一个育儿决策受到严密审视、极具竞争性的大背景下。原因有很多，其中两条是阶层界线的存在，以及社交媒体讨论中流行的论调。

林恩·斯科菲尔德·克拉克（Lynn Schofield Clark）是丹佛大学的媒体批评系教授[4]，2012 年出版过一本研究数字时代育儿的民族志著作，书名叫作《家长应用》（*The Parent App*）。她的作品细致入微，富有同情心，她指出有能力限制孩子使用多媒体的时间本身就是一种特权，它的前提是你能够为孩子提供更好的、安全的选择，不管是自己的陪伴、高档保姆、有组织的活动、玩具还是游戏。

对家长来说，干预孩子的屏幕使用时间总要面临权衡："如果限制屏幕的话，可能就要多花雇保姆和点外卖的钱，家里也可能更乱，"斯科菲尔德·克拉克写道，"这些结果对大部分家庭都没有多少吸引力，而且对儿童发展也不利。"

禁止孩子看屏幕"进入了上层中产阶级的行为范式"，她告诉我，"责任从机构和社会转向了个人。"

我们应该彼此多一点同情，不应该单纯将屏幕视为家长的问题。公共健康体系——包括监管方——应该担负起责任，确保多媒体环境对孩子更有利，至少是更无害。各级政府要做的事情也有很多，从带薪假期、生育补贴到课外活动，确保全体儿童都能有更安全的屏幕外娱乐学习机会。

还有一点应该指出：我们对其他家长做法的认知未必准确。我在访谈中问过家长，他们觉得自己跟其他家长比起来怎么样。不出所料，家长之间鲜有共识。

许多自称是5分（满分5分，分数越高越严格）的家长，似乎与那些自称纵容孩子的家长没有多大区别。

"他们获得我的同意才能看屏幕，每周大概是4个小时左右。"

"当我或者孩子生病时可以看电视或者看早教机。基本没有限制。"

"放学后可以看30—60分钟屏幕。平日早晨和周末下午晚上可以看30—60分钟。"

实话说，他们听起来跟2分家长没什么区别：

"手机和平板电脑不是他想要就给他，除非是坐飞机（那时候随便看）。"

"平时做完作业才能看屏幕。周末尽量控制在2小时以内。"

少数自称1分（管得最松）的家长都提到孩子十几岁了，自己基本上已经不再试图控制了——这正是前一章介绍的育儿专家给出的建议，除非有严重问题的迹象，不然就少管。

"两个孩子都十几岁了，上学以外还有体育运动。他们在智能手机和游戏机上面就是玩，基本不干别的事。"

禁果

社会现状是另一个问题：制定规矩之所以难，一个合理的原因就在于，任何家庭内部施行的多媒体规则到了家门外可能会失效。

"我们不希望他一点都不懂，把科技当成禁果似的，只要离开我们身边就迷恋上它。"——来自一位 3 岁男孩的父亲。

"我知道孩子小的时候需要家长定规矩，不过，我不希望他们因为不知道怎么自己定规矩，老是指望着我去管，结果看电视看个没完。"

帮助孩子学会自律本身就是家长的一个重要目标，这也是支持家长采取调解的角色，而非一味限制的一个合理论据。

家庭冲突

担心邻居家或者亲戚家的做法是一回事，试图在原生或再婚家庭内部存在分歧的情况下一贯地推行规则就是另一回事了。

我收到的回复中有略多于三分之一的人反映，自己家庭在应该配备多少科技产品，以及应该允许孩子使用多久科技产品的问题上面与伴侣（或者其他共同监护人）存在意见分歧。

罗伯斯说，老公对技术产品比自己热爱得多，因此造成了冲突。"他是搞 IT 的，所以成天坐在屏幕前面。一回到家，他就捧着手机刷微博……我记得自己说过一句一针见血的话：你发的微博比你给孩子读过的书还多。我当时真的很难过。结果他来了句，你说得没错。"她说，他们对夫妻共担育儿责任感到自豪，特别是她的丈夫打破了严父的刻板印象这一点。不过，他对科技的迷恋已经成为一个痛点。

"我的妻子属于那种主张屏幕越少越好的人，而且为了创造出那样的环境，她不怕起冲突。"卡罗·白朗说道。他在硅谷生活，家里有两个女儿。夫妻俩围绕智能手机问题跟十几岁的女儿发生了一年的冲突，最后决定请育儿专家来辅导。

"专家让我的妻子有了现实的预期：比方说，青少年需要更多自主权。我们不应该事无巨细地管。"

"我家的规矩是：卧室里不能有屏幕……她们妈妈还有别的规矩，"一位继母告诉我，"因为我 10 岁大的继女会谈论她看过的《我的世界》游戏主播。有一次，她 8 岁的妹妹告诉我，姐妹俩半夜醒来的时候就会在'手机'上面玩游戏。"

区分对待

许多家庭会给不同的孩子制定不同的规矩，依据是每个孩子对多媒体的反应或兴趣，或者只是家庭环境的变化。

例如，即便不是不可能，对小孩子坚持"2 岁前不许看屏幕"的规则也通常较为困难。不过，一位家里有四个儿子的再婚女士说，她说服了两个大儿子（11 岁和 17 岁）不要在小弟弟在身边的时候看屏幕。"真不容易啊！"她说道。

总体来说，男孩对电子游戏的兴趣大得多，女孩则更喜欢社交媒体。家长的规矩也要对症下药。而且，出于不同的安全考虑，家长对女孩可能会制定不同的限制。"图片社交网站上不许发比基尼照"就是一条明显针对女儿的规矩。

艾利克斯·比恩鲍姆的情况不同寻常：他 4 岁的儿子患有囊性纤维变性，必须每天做胸部按压，还要穿上通过管子与压缩机相连的充气背心。这两种疗法都是为了排出肺部的黏液。这段时间里，他们看了许多公共儿童台的节目和平板电脑上的《我的世界》游戏视频。"我真觉得屏幕不是个问题，因为屏幕能让他接受必要的治疗。"比恩鲍姆说。不过，他 7 岁大的女儿不太能理解。"这不公平。她弟弟可以坐着玩平板电脑，而她就得去睡觉，她觉得自己受到了冒犯。那段日子，我们一家人都不好过。"

联络家人

在我的轶事样本里，家长们知道视频通话和其他使用屏幕形式不同的研究发现。他们普遍表示，孩子跟奶奶用视频软件通话"不算坏的屏幕时间"，连小婴儿也不例外。

"（我们）尽量不让他看到屏幕，也不让他看到我们用屏幕。他跟爷爷奶奶用视频软件通话除外，大概一周一次吧，可能更少。"一位小婴儿的小镇父亲说道。

"我的丈夫被派到外地工作，而我的工作都是在手机上。因此，手机是我们家的重要联络工具。"一位家里有三个不到 5 岁孩子的住在郊区的母亲说道。

一位住在大城市，家里有一个女儿的母亲说，"用视频软件跟远在墨西哥的爷爷奶奶通话一个小时或者更长的时间"完全没有问题。

区别到底有多大？

除了哄睡觉、喂饭吃、教上厕所以外，应对无处不在的网络成为家长生活的一项新业务。智能手机上市几年后，儿童的大脑发育、亲子关系和家庭生活就感受到了波澜。

但是，人是一种灵活的动物，能够适应变化。我们并非无可奈何地落入了屏幕的掌控，随着时间的推移，更好的家庭策略会出现的。我们会开发出帮助家长度过育儿阶段的实用技巧并加以推广。

我有一个好消息要告诉大家：尽管有些儿科医生——比如克里斯塔基斯——认为外界干预不可能从整体上改善儿童对多媒体的接触，但也有人持乐观态度。一些旨在为家长提供策略调整的针对性干预措施已经取得了显著效果。

2014 年的一项研究向家长讲解了使用屏幕的有害影响，同时介绍了其他亲子可以共同参与的活动[5]。研究人员教导家长把电视搬出孩子的卧室，还要给家里的其他屏幕贴上"不准打开"的标志。研究期间，参与家庭的平均每天屏幕使用时间从 90 分钟大幅降低到了 20 分钟。但是，该研究没有进行长期跟踪调查，因此我们不知道是否对孩子有长期效果。

汤姆·瓦沙沃斯基是一位与肥胖作斗争的加拿大儿科医生，他发起了基于学校的大规模干预项目"巧用屏幕"，参与者包括 2 年级到 7 年级的 340 名儿童。项目的口号是 5 - 2 - 1 - 0，意思是：每天吃 5 份蔬菜水果，最多使用 2 小时屏幕，进行 1 小时体育锻炼，还有不喝含糖饮料。

瓦沙沃斯基在一次试验中发现，与随机对照组相比，实验组儿童在几周后的周均看电视时间减少了 1 个小时。"可能没有你希望中的幅度那么大，"他承认，"不过，会随时间持续，情况有望改善。"当然，效果也可能会和大部分干预研究一样：完全消失。

在平时工作中，瓦沙沃斯基会指导存在接触多媒体太多的家长慢慢减少使用时间。"要用三到五周将多媒体使用时间减少一半，"他对家长说，"你们是家长。如果别人都抽烟，你会让孩子也抽吗？"

专家自己的做法

我为写作本书而约谈的大部分专家自己也是家长。于是，我自然会找适当的时机寻问他们在自己家会采用怎样的屏幕规则。没有一个专家说自己就是模范榜样。看一看他们的研究论文和亲身实践是否相符，这是很有趣的一件事。

睡眠专家： 石溪分校的劳伦·黑尔有三个孩子，分别是 4 岁、1 岁和 6 个月。她在家里严格执行睡前一小时不许用屏幕、卧室不许放屏幕、睡前关屏幕的规则。

"4 岁的孩子知道原因。最近，我母亲在平板电脑上看东西，他就跟她讲：'睡觉前看屏幕不好，会让大脑处于兴奋状态。'"

垃圾食品广告研究专家： 美国大学的教授凯瑟琳·蒙哥马利的研究领域是媒体产业的社会责任。她说自己是位在职妈妈，一边带娃，一边写完了博士论文。她小时候就是听着电视的声音写作业的，对自己的孩子也没有定太多规矩。"我一去参加这类会议就发现，哎呀，我怎么全做错了：我让孩子玩了电子游戏，看过少儿不宜的东西。"不过，她不认为自己的孩子有任何严重问题。"家长们承受的负罪感太重了。（人们认为）我们就应该一天二十四小时、一周七天地保护孩子。家长不管做什么都会受到谴责。"

反肥胖医生：汤姆·瓦沙沃斯基有一对青春期儿女，自孩子小的时候，他和同为儿科医生的妻子开始轮流出诊，这样家里总有一个大人。"我们的要求是，平日做完作业后可以看一个小时电视，"他说，"电子游戏绝对不准玩——女儿倒是不在乎，可儿子觉得太不公平了，简直是压迫。他后来自己不想玩了。最后，他俩都对我们表示感谢。"

媒体及暴力研究学者：爱荷华州立大学教授道格·珍特尔有两个女儿，一个上高中，一个上大学。他说女儿小的时候，他"基本遵循了儿科学会的建议：小学每天 1 小时，之后每天 2 小时。不过，我对内容的控制比时间严格得多"。

他并不依赖分级制度，这并不令人意外。凡是他允许女儿看的东西，他都会提前自己看一遍。她们特别喜欢读哈利·波特系列小说，电影版则要等到 DVD 版出来以后才能看，每次看一小段，而且遇到可怕的镜头会快进。

不过，他说自己有一次遭到了反戈一击，挺好玩的。他是《星球大战》的粉丝。"第一部出来的时候，我 13 岁。大女儿出生之后，我整整等了 10 年，想与她分享这部划时代的大片。结果她来了句：'我不看，全是打架。'"

"你说什么？"

"我不看，爸爸。"

"她真是有想法了——从头到尾打打杀杀的电影不会让她感到高兴，她不会喜欢。"

反屏幕斗士：维多利亚·邓克雷建议客户严格限制电子游戏，每隔一天可以玩 15 分钟。她对传统的电视不太担心，尤其是在节目节奏比较慢，而且电视机和孩子保持足够距离（可以减轻蓝光刺激）的情况下。

自闭症研究者：卡伦·赫夫勒有一个患自闭症的成年儿子，她说自己没有限制儿子小时候看屏幕，现在有点后悔。"我是一名医生，工作时间相当长。我怀疑他看屏幕的时间过长了，不过我也不确定。"

自闭症支持者：沙伦·罗莎有两个非自闭症（即一般精神状态）的女儿，一个 17 岁，一个 11 岁。她在晚上会没收大女儿的手机，小女儿做完功课和家务后才能拿到平板电脑。她说，患有自闭症的儿子自律得多。"他玩十分钟就知道该放下了。"

儿科医生：珍妮·拉德斯基和丈夫有两个小男孩，一个 5 岁，一个快 2 岁了。夫妇俩的工作压力都很大。他们在家里是什么规矩呢？

"不太好说啊……"她开口说道，"我们俩小时候都看了好多电视，打了好多电子游戏。我家有一台大尺寸平板电视。我有智能手机。我们不是那种反科技的家庭。"

她的底线是什么？"大概每天一小时吧。"——这也是我的不科学样本中最常见的回答。"下雪天可以多看一些。""如果我们确实要赶工，（大儿子）会看好多《变形金刚：火线救援队》。"

育儿调解专家：德州理工大学教授埃里克·拉斯穆森有四个女儿，最小的 6 岁，最大的 15 岁。他的研究主题是父母在多媒体对儿童影响中的重要性。他的立场似乎很自由放任。"我们不会太监控 15 岁的女儿在平板计算机或手机上面做的事情，"他说，"至于其他孩子，她们需要提前问家长：我可以做这件事吗？我可以玩平板电脑吗？我可以看这些视频吗？随着她们长大，我们会逐步减少规矩。通过我们允许和不允许她们做的事，孩子们会知道我们的期望。"他还说，"我们信任公共电视频道"、迪士尼和尼克国际儿童频道。暴力色情内容不许看。

成功的秘诀

现有的证据还不太完整，而且时日尚浅，因此我们不能单纯依靠专家的建议。家长需要自己制定屏幕使用规则。实际上，专家自己也是这样做的。

规则要根据孩子的实际情况和家长自己的感觉来制定。规则当然会随着时间变化而变化，这是合理的。

家庭发生变动的时期——比如添丁、搬家、分居——也是审视规则，考察是否需要更新的好时机。

与我交谈过的有些家长认为，孩子迟早会碰上科技产品，尽早限制孩子的使用很有好处也很重要，这样才能让家庭成为一处排除科技的避风港。另一些家长则注重给孩子"搭脚手架"，主动向孩子介绍技术，帮助他们学会自我设限。两种方法都有好处。

我在书中经常回到健康膳食的比喻，目的是探讨屏幕在家庭生活中的角色。

总摄入量，也就是屏幕使用时间，是一个值得考虑的重要指标，但并不是唯一的一个。我们还需要考虑避免或者有节制地接触某些具有潜在危害性的食材，鼓励孩子养成健康积极的饮食习惯。我们最终希望达成的目标是，让屏幕时间变成家庭相聚的机会，就像全家人一起吃饭一样，还有让孩子养成用屏幕发挥创造力的习惯。

大多数专家认为，由家长单方面制定简单的时间或内容规则比较适用于婴幼儿。但是，即便是孩子很小的时候，家长的责任也不只是这样而已：帮助孩子理解看到的内容同样很重要，这样有利于孩子的自行调节和学习。

孩子长到八九岁时，你应该让他们参与到屏幕规则的制定过程中，包括协商确定使用屏幕的前提条件，以及不使用屏幕的时间段。同时，权威型调解也会变得愈发重要。

时间

德米特里·克里斯塔基斯和其他美国儿科学会会员建议，2 岁以下的幼儿每天使用屏幕的上限是 30 分钟，2 岁以上则是 2 小时。南希·卡尔森-佩奇等学者则认为，最好从小培养孩子不依赖屏幕玩耍和活动的能力。

育儿调解领域的学者提出了相反的意见，认为限制八九岁以上孩子的屏幕使用时间没有必要，只要孩子自己有意识，而且没有具体的问题或症状发生即可。

场合/前提

研究睡眠的学者说：卧室里不要放屏幕，睡前一小时不许看屏幕。

学界已经达成了普遍共识：全家一起吃饭的时候不应该看屏幕。

汤姆·瓦沙沃斯基等关注肥胖问题的医生认为，使用屏幕前应该要求孩子先进行一小时户外或户内体育锻炼。

家长参与

不管孩子是 6 个月还是 16 岁，在一些情况下，你应该和他们一起使用屏幕。在婴幼儿阶段，你可以陪在孩子身边看电视，把节目当成画册那样用。孩子大一些的时候，你可以跟他们讨论在网上看到的节目或其他内容，谈一谈当天上网的经历，帮助孩子发现利用多媒体或者"身边的屏幕"进行创造的机会。

联络社交

初步研究发现，视频通话更像是面对面交流，而不是类似于看电视或玩电子游戏，甚至对幼儿也是如此。对孩子来说，通讯是一种很好的数字设备使用方式：与奶奶视频通话，给上班的妈妈发表情，用电子邮件把画好的画或制作的短视频发给朋友。有的时候，我会在取得同意的情况下把大女儿的照片放到社交媒体上，然后将友善的评论读给她听。随着孩子长大，开始独立使用社交网络与同龄人和陌生人交往，家长就要转而塑造和鼓励孩子养成积极的交流形式和习惯。

特殊问题

如果你的孩子面临以下特殊问题，我们从屏幕规则的角度给出了一些建议。

健康与体重

除了将每天使用多媒体的总时间控制在两小时以内，并要求先锻炼才能使用多媒体以外，你可能还希望限制孩子观看垃圾食品的广告宣传。你可以禁止孩子一边看节目，一边吃零食；试着推荐健康游戏作为看视频的替代活动；也不妨考虑 Wii 和 Kinect 这样的体感游戏机、瑜伽教程等活动视频，或者《小恐龙》这样的舞蹈电视节目。

睡眠问题

除了不许屏幕进卧室，睡前关掉屏幕之前，你还应该考虑孩子有没有把必要的小睡时间拿来用平板电脑或者看电视。你可以将看电视的时间转移到早晨，规定下午不许看。或者，你可以看看孩子有没有沉迷于某些类型的内容。

注意力问题

　　过度接触刺激性内容（例如暴力动画片和竞速游戏）与注意力障碍存在一定的关联。对于小孩子，你可以规定他们只能看慢节奏的节目。对于大孩子，你可以安装类似 Freedom 的控制上网的应用，防止他们在做作业时分心。另外，Neuroracer 等游戏也可能帮助孩子控制自己的注意力。

行为问题/情绪管理/攻击性

　　在某些孩子身上，使用屏幕可能会触发爆发性和攻击性行为。你可以设置定时器，先看 55 分钟，最后 5 分钟用来缓冲。学会控制情绪是孩子成长过程中的重要一环。你可以告诉孩子，如果关屏幕的时候哭闹，下次就不准他们看了，这样可以帮助孩子适应关掉屏幕之后的过渡时期。

　　如果你的孩子存在攻击性问题，你可以限制那些与其攻击性行为相关的节目、网站和游戏——通常来说，屏幕里的暴力内容会与暴力行为、焦虑和迟钝化相关。心理医师维多利亚·邓克雷建议，在极端情况下，家长可以不许孩子玩电子游戏，只许看慢节奏的电视节目，同时确保孩子和屏幕的距离。

焦虑/抑郁/自大

　　青春期孩子使用社交媒体——尤其是在晚上使用——有可能会

引发上述问题。长时间玩游戏也是。家长不妨考虑在其他形式的手段以外，用限制上述行为乃至"数字戒毒"来改善情况。

成瘾/强迫症/使用过量

成瘾不是单纯通过使用计算机或手机的时间来界定的。成瘾的定义是对其他活动失去兴趣，是一种对线下人际关系和现实学校家庭问题的"逃避"。如果你对照第二章列出的一些症状发现有危险的迹象，请你找孩子谈一谈，并且考虑联系治疗师。

注释

1　根据尼尔森公司 2016 年发布的调查数据显示，成年人平均每天使用屏幕的时间是 11 小时 12 分钟，其中 6.5 个小时是看电视或电影；上述数字不一定包括工作相关的时间："The Nielsen Total Audience Report：Q4 2016". Nielsen. com. Web. 25 Apr. 2017.

2　类似地，"常识媒体"网站在 2016 年发现，家长每天的多媒体使用时间将近 9 个小时，其中 82％与工作无关："The Common Sense Census：Plugged-In Parents Of Tweens And Teens 2016 | Common Sense Media". Commonsensemedia. org. Web. 25 Apr. 2017.

3　一位昵称是 NarrowbackSlacker 的博主……：NarrowbackSlacker. "How I limited screen time by offering my kids unlimited screen time." Narrowback Slacker. , 13 June 2015. Web. 07 Apr. 2017.

4　林恩·斯科菲尔德·克拉克是丹佛大学的媒体批评系教授……：Clark, Lynn Schofield. The parent APP：Understanding amilies in the digital age. Oxford University Press, 2013

5　2014 年的一项研究向家长讲解了使用屏幕的有害影响，同时介绍了其他亲子可以共同参与的活动……：Maddison R, Marsh S, Foley L, et al. Screen-Time Weight-loss Intervention Targeting Children at Home（SWITCH）：a randomized controlled trial. The International Journal of Behavioral Nutrition and Physical Activity. 2014；11：111. doi：10. 1186/s12966 - 014 - 0111 - 2.

另见：Wu，Lei et al. "The Effect of Interventions Targeting Screen Time Reduction：A Systematic Review and Meta-Analysis. " Ed. Antonio Palazon-Bru. Medicine 95. 27（2016）：e4029. PMC. Web. 25 Apr. 2017.

6 学校里的屏幕

—

我的大女儿露露上预备幼儿园时跟我们讲，老师让她选择一项活动时，她最喜欢去平板电脑驿站。哪怕我们在家里限制她使用屏幕的时间，她在学校里还是会用。她唯一学到的东西就是儿歌《小蓝孩》，而且她唱出来有点像口齿含混的东欧挽歌。

过去十年间，我主要报道教育领域的新闻，特别是教育创新，经常要接触高新技术。本书的一大写作动因就是解释清楚两种话语之间不可思议的断裂，一种是关于屏幕在学校的应用，另一种是关于屏幕在校外的使用。

正如我们在前几章所探讨的那样，"儿童与屏幕"议题在当下的主流情绪是焦虑。不管是早期大脑发育受到的负面影响、依恋障碍、注意力问题、情绪管理问题、色情短信、网络霸凌、成瘾、焦虑、抑郁还是自恋，核心论调都是一样的：监视和禁止孩子使用科技产品是每一位负责家长的义务。

我的一大目标就是向家长介绍问题的复杂性，对焦虑的论调加以平衡，用健康饮食的比喻来探讨健康的多媒体体验是什么样子。

但是，关于儿童和校内屏幕的讨论却好像发生在另一个星球上。

从马克·扎克伯格和比尔·盖茨等科技大佬的发言来看[1]，技术在大众教育领域似乎有着救世主般的潜力。廉价移动设备和免费内容将为所有人提供基础学习资源。新的人工智能应用将按照每个学生自己的步调提供定制化内容——用一位创业者的话说，就是神奇的"云端机器家教"[2]——为学习效率带来前所未有的飞跃。与此同时，随着"数字素养"取得与阅读、写作、数学并列的应得地位，每个孩子都会成为编程者，整整一代小天才正在冉冉升起，设计与建设美好的乌托邦未来。

我可以告诉各位读者：这些基本都是大话，有时还是危险的大话。尽管如此，我们还是有一些将技术融入儿童教育的合理理由与成功案例。

这些案例可以被视为多媒体积极育儿思潮的延伸。创新教育家与创新家长有着共同的目标：培育创造力、鼓励沟通、"学东西"、"玩技术"，帮助孩子实现自己的个人目标和愿景，同时掌握重要的技能。

网络上有许多优质学习资源和学习社区。任何学科都有趣味教学和独立学习的高品质技术产品，你从孩子三四岁起就可以陪他探索数字素养的世界了。我会根据现有的最可靠研究成果，向读者介绍如何辨别优质、劣质和平庸的学习资源。

不过，尽管本章的题目叫作"学校里的屏幕"，我还是要提醒大家：能够真正用好屏幕，为孩子提供真正高品质数字学习体验的老师是个例，而非常态。唉，其他教育手段不都是如此吗？

家长应该在孩子的数字化教育中发挥"支持"和"拓宽"的作用，这往往是通过校外资源实现的，比如学习班、家庭教师、课外活动和夏令营。我见过许多家长利用数字资源来改善和补足孩子在学校受到的教育。

此外，校内计算机和计算机作业也有一些值得警惕的问题，尤其是对特别敏感的"兰花型儿童"的家长来说。

计算机的教育性何在？

我惊讶地发现，个人计算机的历史与儿童教育技术的历史有着很深的羁绊。

20 世纪 60 年代初，南非数学家西摩·佩珀特[3]（Seymour Papert）来到麻省理工学院。认知科学家马文·明斯基（Marvin Minsky）邀请他来做新成立的人工智能实验室副主任。佩珀特不是刻板印象里的那种数学家：沉迷学问，不善社交。佩珀特感兴趣的是"思考人的思维"。实际上，他曾在日内瓦和让·皮亚杰——他或许是有史以来最有名的发展心理学家——共事过几年。

在那个计算机有一间屋子那么大，有几十万美元那么贵的时代，佩珀特是最早提出每个孩子都应该有一台计算机的人之一。1967年，他领导的团队推出了 LOGO——第一款面向儿童的编程语言。通过将图形化的简单指令组合起来，孩子们就可以指挥一只机器海龟或者屏幕上的动画海龟来作图或者唱歌。

当时还是博士生的艾伦·凯（Alan Kay）到访佩珀特的实验室，深受鼓舞，不久之后就造了一台名叫 Dynabook 的原型机，这是笔记本电脑和平板电脑共同的鼻祖之一。佩珀特向儿童推广计算机的决定推动了个人计算机革命的浪潮。

佩珀特将自己的理论称为"学习建构主义"，它源自皮亚杰最著名的"建构主义"理论。皮亚杰感兴趣的是儿童观察和形成关于世界的理论的过程。他提出了儿童的抽象思维能力会随着大致可预测的几个阶段发展的学说，而且认为主动接触世界的学习效果优于成年人的灌输。

佩珀特论证道，利用计算机来编程和创作为儿童提供了自主建构抽象概念的机会。计算机是一个虚拟的空间，可以让孩子们在"数学天地"中学习数学，就像孩子去法国学习法语一样。

之后几十年间，随着个人计算机技术的发展，佩珀特鼓吹的"技术进课堂"更容易实现了。2000 年，当时住在缅因的佩珀特参与了州政府为每一个学生配一台笔记本电脑的项目，这在全美是首例。

"每一个七年级学生都应该有一台笔记本电脑[4]，因为每个人都应该有一台笔记本电脑，"他当时在贝茨学院的一次讲座中说道，"为什么？答案还是很简单，'好吧，我自己有一台'。"等听众的笑声平息后，他继续说道："要是没有笔记本电脑，我连现在四分之一的成就都达不到。除了极少数例外，我认识的每一位从事智力创造工作的人——作家、艺术家、历史学家、数学家——他们都有笔记本电脑，也用笔记本电脑。因此，笔记本电脑显然已经成为当代智力工作的首要工具。"

"现在，你们可能觉得孩子们的作品算不上智力活动，"他接着说，"你要是这么觉得，问题就来了。孩子们的作品本是也应该是智力活动。那么……为什么有人想要剥夺孩子的这种智力活动工具呢？"

孩子们的智力活动很重要。他们需要工具。教育技术的愿景是简单的，进步的，赋能的。如今，"一对一教育计算机"的理念——每个学生有一台笔记本电脑——已经成为常态。2016 年，佩珀特以 88 岁高龄辞世，他是当今许多教育新潮流的直接灵感来源，包括 Scratch 和 ScratchJr 等儿童编程语言、OLPC（每个孩子一台笔记本电脑）项目、创客运动，还有名字源于他的一本书的可编程乐高机器人"头脑风暴"。

但是，随着教育科技的日渐流行和发展，佩珀特的进步主义愿景并没有在美国和其他任何地方的现实教育中占据主流。相反，在很多情况下，课堂里的屏幕与我女儿在布鲁克林上公立学校第一年的经历非常相近，是一种相当被动、孤立、传统，由教师和软件开发者操纵的活动。

让我们更详细地考察一下原因。

优质、劣质与平庸

如今，大部分家长在孩子上学前就会遇到自称有教育意义的科技产品。平板电脑在 2010 年推出以来，市面上已经出现了十万款"教育类"应用，大部分是针对学龄前儿童的。"每天都有新产品推出，就跟洪流一样，"在学习领域进行了数十年研究的发展心理学家凯西·赫什-帕塞克[5]（Kathy Hirsh-Pasek）说道，"虚假宣传是有的，就像'教育'玩具产业一样。家长怎么能知道哪些是好的呢?"

赫什-帕塞克就能告诉你。她是一篇广为引用的 2015 年论文的第一作者，文中根据学习领域的研究成果给出了一套标准，帮助家长区分占少数的优质应用和视频、数量众多的劣质内容和占绝大多数的平庸产品。

据她介绍，除了某些例外，第一波教育类应用浪潮大多"是简单的电子格式工作表、游戏和谜题等"。

赫什-帕塞克及其同事认为，教育类技术——不论是视频，还是互动式应用——要想发挥最好的效果，需要达到以下条件：

1. 鼓励主动参与（"大脑在线"），而不是被动观看或无脑回复；

2. 将注意力集中到学习内容上，而不是用无关的铃声、哨声干扰用户；

3. 提供与用户生活有关联的、有意义的体验，而不是浅薄、死记硬背、脱离语境的学习；

4. 让用户能够围绕学到的新内容与他人进行优质互动。

现在，我们来展开一点讲。

1. 主动参与意味着学习者做出了经过思考的行动。例如，在一次针对成年人的研究中，被试要通过视频学习如何打水手结[6]。结果发现，可以暂停和倒回视频的参与者比只能从头看到尾的参与者学得更好。同理，儿童类应用可以要求用户在图片里寻找某个隐藏的图形，或者通过倾斜屏幕的方式让球走出迷宫。

2. 精神集中。这一点必须仔细考察。让人目不转睛的电视节目或应用往往是通过绚丽的色彩、嘈杂的音乐、快速转换的场景和"奖励"效应做到的。这些做法都可能让用户偏离学习目标。例如，赫什-帕塞克与其他学者在 2013 年进行了一项研究[7]，结果发现，如果电子书在图片的任意位置安插了动画效果——比如背景里飘动的草——那就会加大三岁的孩子把故事读下来的难度。另一方面，如果小象巴巴尔一边招手一边说"你好"，孩子们或许会更容易明白他是故事的主角。

一款学习类游戏或应用要想持续抓住孩子的注意力，它就一定要符合用户的年龄段；如果能贴合孩子的兴趣点，比如动物和音乐，那么效果会更好。事实证明，故事和吸引人的角色能够让孩子专注。

研究发现，18 个月大的孩子[8] 就能与视频中喜爱的角色形成"准社交"关系，并在玩耍中表现出来。而且，如果一项任务——比方说算术题——是由《芝麻街》里的艾摩出的，效果就要比由不知名的红色小熊出更好。

3. 意义。赫什-帕塞克写道，研究表明，如果学习内容与故事有联系的话，那么孩子就能更容易地回想起来；如果与孩子的个人经历有联系的话，效果还要更好。赫什-帕塞克举了一款应用为例。这款应用要求孩子们拍下"方形的东西"或者"一组三个的东西"的照片，让孩子们从新的角度看待身边的事物。

4. 社交。我们在"有时可怕的屏幕科学"和"咱们家长有力量：利用多媒体积极育儿"这两章中讲过，有研究表明，有另一个人倾听、提问、鼓励和反馈的时候，孩子的学习效果最好。不过，赫什-帕塞克也承认，"你有时候需要去洗碗或者洗衣服"。对大部分家长——实话说，许多课堂里也是这样——教育类应用的全部意义就是让孩子自己有事做。

"上述四个特征是优质应用缺一不可的，"她论证道，"其中最可有可无的一项是社交。但是，如果你想要提高学习效果，最好的办法无疑就是跟孩子一起学习。"

从 1984 年写硕士论文时起，沃伦·巴克莱特纳就投身于教育类技术的评测事业。他推出了"儿童技术评测数据库"[9]，该网站包含对 12000 件教育类数字产品的评测（仅限付费用户阅读）。他还是一个教育类技术学术年会的组织者。巴克莱特纳表达了一个与赫什-帕塞克相似的观点：在儿童教育类多媒体的世界中，"平庸的作品有很多，真正优秀的作品很少，真正劣质的作品也很少"。

巴克莱特纳认为，家长在考察一款教育类应用时应该问以下几个问题：

- 孩子用完应用以后获得了哪些之前没有过的、第一次获得的体验？（即：应用包含什么新内容或新概念？）
- 这种体验会对孩子有哪些益处（或坏处）？（用赫什-帕塞克的话说，需要孩子主动参与和理解的经验是有益的，重复灌输概念是有害的。）
- 这种体验是否以传统非数字工具所无法做到的方式利用了新技术的潜能？（它是不是只是数字版练习册或幻灯片而已呢？）
- 这种产品与类似的产品相比如何？

他说，劣质应用往往是"将糟糕的教育数字化"的结果，而且他不怕点名。例如，售价 1.99 美元的"Leo and Pals'2D shapes"软件是为学龄前儿童设计的，但使用主菜单就要求用户识字。动画和配音都很粗糙，动物形象更是让孩子分心。比方说，它不是要小朋友在狮子利奥的鬃毛里找三角形，而是屏幕里直接跳出来一个蓝色三角形，然后变成一幅与三角形毫无关联的利奥的图片。这个过程对两三岁孩子的注意力持续时间很可能是一个挑战。而且，这款应用是用"哭脸"和"笑脸"的方式来提供反馈，而巴克莱特纳说，"从儿童发展角度看，这是不好的做法"。

除了界面赏心悦目，风格停留在 20 世纪 90 年代的"儿童技术评测数据库"以外，"常识媒体"网站[10] 收录了大约 2000 个教育类应用、视频和网站的免费测评信息。

家长在为孩子寻找高质量的技术产品时，有时最符合赫什-帕塞克、巴克莱特纳乃至佩珀特标准的应用和内容并没有专门打上"教育类"的标签。相机和滤镜、画图应用、录音软件、文字处理软件、语音搜索、乐器演奏软件都可能是主动的、吸引人的、有意义的、有益的儿童学习技术产品。

课堂里的计算机

屏幕已经在学校里扎下了根。国际学生评估项目发现[11]，2012 年美国学生数与计算机数的比例实际上是 1.8∶1。2011 年颁布的《共同核心国家标准》目前已经在 40 多个州实行，各州政府随之推出了新的网络考试，进一步加速了购买计算机和安装宽带的进程。仅 2016 年一年，美国各地的 K-12 学校[12] 就购买了 1260 万台笔记本电脑和平板电脑等设备，比前一年增长了 18% 以上。如果你考虑到许多美国儿童从 10 岁起就有了自己的移动设备，那么大多数学校很可能要达到学生人手一台的程度，甚至不止一台。

但是，这些设备的实际运用情况却令人沮丧。与两头少，中间多，充斥着电子版练习册和低效教育的大众教育类应用一样，针对课堂开发的应用和技术产品，以及这些产品与课堂的结合方式大抵也是如此。

我去过全国各地的许多课堂，通常是每个月去两家。从技术的实际使用方式来看，我和其他学者们发现的流行趋势和使用场景可以归结为三点：无纸化课堂、流动课堂、分心干扰。

无纸化课堂

免费的"谷歌应用教育版"[13] 可能是当今课堂最流行的软件工具了，2017 年用户数量达到了 7000 万。流行是流行，但它却是颠覆性最少的工具之一。基本上，谷歌应用教育版和其他"学习管理系统"的功能就是把教学日历、成绩单、课后作业、教学大纲、课堂笔记、奖惩记录等基础课堂要素搬到了网上，方便查看和检索。

从教学角度看，无纸化课堂有其好处。基于文本的讨论可能会给性格害羞的学生更多思考问题的时间。在谷歌文档里批改作业可以即时查看不同版本的区别，或许有助于学生理解批改过程。如果小组展示的文件是在谷歌里创建的，老师就能看到每个学生的具体工作量，从而给出相应的分数。部分学习管理系统还为家长提供了大量关于孩子学习过程的信息，每天都有文字和图片更新，甚至可以看到孩子的成绩——这可能是好事，也可能是坏事，具体要看家长如何对待这些信息。

即便谷歌应用教育版和同类学习管理系统只是起到了辅助传统教学的作用，可既然它们能够省掉教师的一些杂事，那对教学应该就是有净收益的。问题在于，与线下工具相比，数字软硬件工具的淘汰速度相当快。而且，这些工具可能只是"一阵风"。例如，2013 年平板电脑最热的时候，苹果产品的美国校园市场占有率达到 40％[14]，但后来校方发现学生还是需要键盘的，于是苹果占有率到 2016 年第一季度就跌到了 17％。

由于产品经常需要升级——帮助教师跟上新潮流的专业培训更是常年紧缺——无纸化课堂效果受到了损害。对数量众多的公立学校来说，网速也是一个问题。因此，从效率角度看，无纸化课堂的净收益目前还难以衡量，虽然各地学校还是会继续签单花钱。

流动课堂

在课堂中，用计算机和软件辅助传统授课的做法几乎与数字信息记录同样普遍。流动课堂就是一种很常见的做法：学生们在每天或每周的规定时间到教室的计算机角、专门的计算机室或图书馆独立做题答卷，偶尔会有老师帮助。教师可能还会利用这段时间专门关心个别或某一批学生。基于技术的授课方式还包括：给需要特别辅导或拔高的学生"开小灶"，或者由科技课老师用笔记本或平板电脑给学生上编程课。

各大纸质教材出版商都推出了学习软件和一大批其他新玩意，主要集中在数学和语文两个学科，然后是社会科学、自然科学等学科。最有名的项目包括：iReady、360 Math、ST Math、Lexia、Dreambox 与可汗学院等。

今天的教育类软件——加入了成就系统和排行榜等"游戏化"

元素——涉及的内容比较平淡，比如背字母发音和乘法表一类。不过，这些只是开发商雄心的起点。

这些产品最大的卖点是：学生可以按照自己的节奏学习。2014年的一次大规模调查发现[15]，受访的 20000 名美国教师中有四分之三反映自己带的学生的阅读能力相差很大，能分出四个档次乃至更多。然而，在传统的公立学校课堂中，授课内容主要取决于教学日历的安排，而不是班里的 25—30 名学生各自对知识的掌握程度。而在 Dreambox 或 iReady 等程序里，学生首先要做摸底测试，而且必须答对足够数目的单选题，"证明"自己掌握了一个等级的知识点，然后才能进入下一个等级。

但是，教育技术产品的潜力不只是让学生可以按照自己的步调学习。在最好的情况下，这些工具能够为学生提供传统课堂望尘莫及的广大选择空间。文字、视频、互动式展示与习题、答案提示、题库等功能都是可以有的。

例如，Dreambox 可以让学生通过虚拟"教具"探索数学世界。虚拟"教具"就是以互动动画形式呈现的算盘、积木、拼图、罗盘、钟表等学习工具，由于时间或空间有限，这些工具在基于粉笔和纸笔的传统数学课堂中无法充分体现。

Dreambox 教学开发副总裁蒂姆·哈德森认为，Dreambox 推出的上述活动的网络版比实体版更智能，因此也更好用。他说，一次普通的一年级数学测验可能会要求学生将 37 个木球排成一线。与费力地一个一个摆 37 个球的学生相比，先摆 10 个球，再依次加上 10 个球、10 个球、5 个球、2 个球的学生显然对数字更敏感。后一个学生在 Dreambox 里的得分会更高，而放在线下做的话，两个学生都得出了正确答案，因此分数也会相同。除非老师恰好看到了两个人排列过程的差异，否则他也分辨不出来，学生也得不到反馈。（另一方面，小孩子在触摸真实的木球时有可能会学到通过电子显示屏学不到的东西。）

上述软件公司都能拿出证明自家产品有利于学习效果和效率的研究报告。多份针对同类产品的大型综合分析报告也表明，在某些情况下，这些程序达到了等同于私人教师的效果。

但是，2015 年由国际学生评估项目发布的一份综合报告[16] 反驳了部分上述主张。该计划是一项针对世界各地 15 岁学生的标准化测试。报告发现，在 38 个发达国家中，使用计算机做作业越少的国家数学分数越高。在阅读能力方面，计算机起到的积极作用微乎其微，但是，得分最高的学生使用计算机做作业或进行其他活动的频率低于每月一次。更有甚者，在针对十年级学生的需要用到计算机的测试项目——阅读网络文本的流利程度和掌握程度、检索网络信息时的专心程度上面——自报最常上网的学生的分数也是最低的。

发电子邮件当然比寄信更快，网上订机票肯定也比找旅行社方便。但是，对于学习这样复杂的活动，自动化似乎对效率没有太大帮助，至少在孩子年轻时是这样。

如今，许多教育技术产品的销售人员已经放低了调门，不再强调取代教师，而是把重点放在辅助教师上。"我们的重点是辅助高质量教学，"Dreambox 公司首席执行官杰西·伍利-威尔森告诉我，"有一段时间，一些人相信混合学习模式（即利用软件学习）将取代线下授课。"她不这样认为。"最好的混合学习……需要与教师合作……这才是正路。"

我稍微给大家解释一下。她的意思是：当学生使用 Dreambox 或 iReady 等"流动课堂"程序做作业的时候，第二天早晨教师走进教室之前——理论上——应该已经掌握了每名学生对当天每个知识点的理解情况。这样一来，如果教师与每名学生只有 5 分钟的一对一辅导时间，她就可以在这段时间里有针对性地解决学生的具体问题。之后给学生批选择题的时间几乎可以忽略不计。

布莱恩·格林伯格（Brian Greenberg）是一家名为"硅谷学校"的基金会负责人，为硅谷地区多家采用前沿技术的特许学校提供了投资，包括连锁教育品牌 Summit、可汗学院的实验学校以及 Alpha 学校。在这些"流动课堂"模式的学校中，学生们有一张个人"线上习题与活动列表"，每天有一部分时间用来在笔记本电脑上完成列表里面的任务，另一部分时间参加小组辅导课和手工活动。学生主要是依据能力和兴趣分组的，而不是年龄。

这些学校的愿景是提供科技加持的高水准教育。"如果孩子们可以尽量少上那些不适合自己的课程，而教师可以少干那些可以由技术取代的事情，把精力集中在只有高素质教师才能做的事情——比如制定学习目标、给予学生反馈、深入的苏格拉底式对话——上面，那会是怎样的局面呢？"格林伯格问道，"我认为益处是很大的。"

科技并非能够将《坏老师》里的卡梅隆·迪亚茨变成《危险游戏》里的米歇尔·菲佛的灵丹妙药。创新教育的革新者们提出，教育技术产品如果只用作传统课堂的添头，效果肯定达不到最佳；反之，它们需要精心整合到授课中，而且需要有能力发挥技术优势的教师提供大量支持。可惜，太多教师并没有受过这样的训练。

分心干扰

目前科技进校园的成效尚不显著，但问题已经出现了。澳大利亚莫纳什大学教育学系教授尼尔·塞尔文[17]（Neil Selwyn）对三所高中的教育技术运用情况进行了为期三年的民族志研究。他特意选取了几所对科技产品并不陌生的学校。一所学校给每名学生配了一台戴尔笔记本，一所学校规定每名学生可以自带平板电脑或者租用学校的平板电脑，最后一所学校固定"随意自带设备"，也就是说，学生可以在校园里自由使用任何型号的笔记本电脑、平板电脑或手机。

一个重要发现是，"校园并没有为技术产品做好硬件准备"。充电和网速都是老毛病，陈旧的机器里满是病毒和恶意软件，还有饮料洒在上面之类的问题，经常需要老师和学生解决问题。我在去过的几乎每一所学校里都会看到这一类小麻烦。

此外，还有一个每名家长应该都熟悉的问题。学生们只要动一动手指就能接触到整个世界的信息和娱乐手段，这为老师争夺学生的注意力带来了很大的劣势。塞尔文说，每堂课的头五分钟基本用来"灭火"，要不停地让学生"把笔记本合上，耳机摘下来，手机放桌子上"。

在允许使用技术产品的课堂中，学生的习惯开始向当代白领靠拢，好处和坏处也一并继承了过来。好的地方是，计算机赋予了学生独立学习和个性化学习的机会，就像宣传中所说的那样。不好的地方是，据塞尔文观察，有些老师连学生听一整天歌都不管，而且学生在笔记本电脑做作业的同时开着社交网络或聊天窗口也是相当常见的现象。

塞尔文认为，这个现象未必就是不好的事。每个人都有不时走神的需要，特别是在规矩森严、整齐划一的校园氛围中。"我们大人会往窗外看，孩子们会听肖恩·科里·卡特或者格兰姆斯的歌。没什么不对。"

但是，有些孩子不能很好地应对这种无时不在的分心诱惑，可能会导致多动症等问题的恶化。前面提到过的反屏幕心理医师维多利亚·邓克雷说，直到几年前，对于她负责的特别敏感的小患者，她只要开一张条子就能让他们在学校接触不到计算机。她说，随着人手一台平板电脑的推广，情况发生了巨大变化。"我去找校方谈，不让孩子用平板电脑，结果遇到很大阻力。我跟他们讲，这个孩子有自闭症，我们要帮助他好好成长。共同核心？管它呢。"

在上文提到过的我家的经历中，我们发现使用计算机完成学校作业和家庭作业，也让父母决定屏幕使用限制和界限变得更为困难。你又怎么能限制需要使用计算机来完成家庭作业的孩子呢？

《孩子，别玩手机了》的作者，育儿顾问德沃拉·海特纳提出了一个实用的建议。

"向老师了解做作业大致需要的时间。如果老师说一天晚上的作业只需要 90 分钟，可孩子花了 4 个小时，这肯定不对劲，你需要去查一查。孩子可能在骗你，其实是在玩游戏或者干别的，也可能他们没有意识到自己在分心。"你可以试着安装 Freedom 这样的效率应用，或者到了晚上的某个时间就关掉无线网。不过，对于已经上学的孩子，你制定任何关于他的计划都应该尽量取得其认同。

2016 年，索尼娅·利文斯通出版了《班级：数字时代的生活与学习》[18] 一书，书中详细考察了伦敦中学生的技术使用习惯。

塞尔文和利文斯通都发现——我在亲自考察过的不少学校里也发现——新旧两个世界最糟糕的一面结合在了一起：旧世界冲进了新世界。关于技术产品的规定来自上级，每年都会变；软硬件采购合同由教育局统一签订。技术常常会给老师增加不少杂活，比如要查的邮件增加了，放学后还要到论坛上监督学生。看起来热爱技术并与学生交流无碍的教师是少数。"十年前老师们对技术激动不已，现在我听不到这种论调了，"利文斯通说，"只有特别热爱技术的老师才感到激动。"海特纳在她合作过的学校里看到了同样的问题。"比方说，许多学校都被'人手一台'的口号带偏了。学校未必为教师进行了充分的专业培训，教师的自信程度和能力也是参差不齐。"

奇多问题

尽管教育技术开发商在努力开发新应用，学校也在探索合适的运用方式，但还是有些人认为这些产品包含一门"隐形课程"：科技公司的营销宣传。卡多佐法学院知识产权专家布雷特·弗利施曼指出："麦当劳或奇多将垃圾食品引入校园不是为了赚钱，而是为了影响孩子们的偏好。苹果和谷歌也是一样的（利用教育应用、平板电脑和笔记本电脑）。"他说，"这些公司在……创造终生消费者。二年级学生为什么要用笔记本电脑做数学题呢？或许有一些好处，这也是大家强调的地方。没有人讲的是，孩子正在养成通过屏幕做事的习惯"。

与教科书出版商一样，广告商一直在跟公立学校打交道。尽管如此，教育技术的发展依然大大提高了上至科技娱乐业巨头，下至小型初创公司的各类企业的地位，培生教育集团的经历很好地体现了这个过程。培生最初是一家英国建筑公司，后来发展为庞大的综合性企业，最近几年逐渐出售了教育以外的业务，成为全球规模最大的教育企业，业务包括标准化考试、软件和教材，甚至还开办了完全私营化的实体学校和网校。

多一台笔记本就少一个老师？

技术与逐利两者的结合对学生产生了重大的影响。如今，全美有近20万儿童和青少年参加了K-12[19]特许学校开办的盈利性网校，产生了极其恶劣的影响，连特许学校的院外游说团都呼吁关停大批此类网校[20]。

同时，桥梁国际学校[21]等盈利性连锁教育品牌正在亚洲和非洲攻城略地。这些学校的老师培训几周后就能上岗，上课就是照着平板电脑上的教案念——这种方式需要的技能水平和租车公司的前台差不多。培生集团、盖茨基金会和马克·扎克伯格都支持这种模式。而且，利比里亚从2016年起将全国的公立学校外包给了桥梁国际学校[22]，真是不可思议。

贝琪·德沃斯，唐纳德·特朗普总统任命的教育部长，是网校和教育私有化的强力支持者。在密歇根州——那里是她进行慈善工作和院外游说的主阵地——80％的线下特许学校都在从事盈利性经营[23]，这个比例高于美国任何一个其他州。

数据驱动

随着私有化引起人们的担忧，隐私问题也浮上了水面。教育技术产业一直在收集更多学生的信息，方便教师记录和分享。

学生数据量的增长带来了黑客袭击、意外泄露和产品营销方面的风险。目前已有多次泄露事件曝光：2016 年 2 月，中佛罗里达大学承认[24]63000 名学生及校友的社保号码和姓名被盗。目前，大部分学校与数据存储公司签订的合同[25]甚至不要求在学生数据被盗时知会家长。

除了档案记录性质的数据以外，学校提供的电脑还让某些学校变成了"老大哥"。我在美国国家公共电台（NPR）网站报道过一个此类安全程序[26]，名字叫 GoGuardian。使用该软件的学校信息主管给好几名家长打电话，原因是他们的孩子——在夜里，在家里——搜索与自杀相关的关键词，从而引发了多次风波。纽约大学信息法研究所研究员，学生隐私与数据领域专家伊拉娜·扎伊德告诉我，她对这种偷偷搜集信息的做法感到担忧："我们果真希望孩子将长期监视当作日常生活的常态吗？"

一个亟须解决的突出的伦理和法律问题是："永久档案"进入现实生活的前景是怎样的。现在的学生档案文件包含大量个人信息，一旦被滥用就可能改变当事人的一生。现行法律不允许隐藏或修改这些文件。由此就产生了隐忧：你的儿子 3 年级被停学的记录可能会在 15 年后导致他无法得到一份工作；或者，一名大学生可能因为大数据预测她有极高的辍学概率而被劝退。

"如果别人根据你的信用记录做出'负面决定',那么他们必须通知你。"福特汉姆大学法学院隐私研究专家乔尔·雷登伯格告诉我。然而,学生对自己的档案没有知情权,更不用说申诉权了。

纽约和加利福尼亚等州任命了学生数据监察官,而且正在酝酿相关立法。如果你对这个议题感兴趣,想要获取更多信息的话,不妨从电子隐私信息中心[27]的学生隐私保护项目入手。

屏幕共享

到目前为止,我为屏幕进课堂描绘了一幅愁云惨淡的图景。我做这个领域有好几年了,现在的态度依然如此悲观,实话说,连我自己都觉得惊讶。但事实是,校园内多媒体的运用方式很老套,为教学过程徒增累赘,还为企业利益侵入校园大开方便之门。隐私是一个日渐严重的真实问题。就目前来看,屏幕对学习的影响——从整体来看——至多是好坏参半。

利文斯通说,一方面,技术产品"对学校犯难的一些事有好处",也就是所谓的"21世纪的技能",比如多媒体交流、协作项目、兴趣导向学习,当然还有工程和其他与技术本身相关的技能。另一方面,"技术对学校的益处还不是很确定。我们要求学校调整教师培训课程安排、管理模式、资金投入和经费来源。作为回报,有些评估报告表明学习效果和平等程度有所改善,但也有大量得出相反结论的研究。目前的状况说不上好:实行了全盘改革,而我们只是觉得没准会成功。换成新产品的话肯定不能上市"。

利文斯通认为，使用科技产品与发展符合当代学生需要的教育方式之间确实存在共鸣的关系，我同意她的这个观点。我目睹过技术工具与富有好奇心的孩子们碰撞产生的神奇成果。2009年，我在斯坦福大学教授保罗·吉[28] 的陪同下来到墨西哥下加利福尼亚州的外籍劳工营地，我看见没有机会获得正规教育的当地儿童结成三三两两的小组，想要搞清楚手持教育设备 TeacherMate 的使用方法。没过几分钟，他们就用西班牙语跟着朗读故事和玩数学游戏了，全程没有人直接教他们。

2014 年的世界创客盛会在纽约皇后区举办[29]，是目睹佩珀特的愿景成为现实的最佳场合之一。我在会上与"钛虎"队长张欢（音译）进行了交谈。"钛虎"是一支全部由高中女生组成的机器人战队，亮相的第一年就在地区预赛中展示了一个能够捡拾和堆放积木的可编程滚动机器人。"在班里都是听别人的，"17 岁的张欢告诉我，"成天就是学，学，学，我都要窒息了。而它是我自己的心血，就像我的孩子一样，活生生的孩子。"

2015 年秋季，我来到由教师苏娅塔·巴特[30] 创办的一所洛杉矶公立学校——孵化器学校，与一组六年级学生进行了座谈。这些学生根据巴基斯坦考古现场发现的真实文物，使用电子游戏平台《我的世界》创造了一个符合历史的新石器时代人类生活场景。组内有的人负责背景调查，其他人负责解决技术问题。"我很喜欢这个历史课作业，"一名戴着眼镜，口齿伶俐的六年级学生阿哈德·拉坎尼告诉我，"如果我去了别的学校，肯定不能玩一整个学年的《我的世界》。我觉得组员们都学会了如何协作。作业有小组分，也有个人分，你必须做好选择，与大家合作，不能由一个人说了算。这就是我学到的东西。"

全美乃至全球都有锐意创新的教师在利用孩子们对数字媒体的兴趣，为其营造校内和校外的优质学习体验。以兴趣为导向的学习、分工协作、"玩技术"——这些要素全都有。这些体验往往会结合独立调研、小组合作和创造性展示；用巴克莱特纳的话说，它们都"以传统非数字工具所无法做到的方式利用了新技术的潜能"。

孵化器这类学校还有一个令人激动的地方：教师和学生正在携手迎接想象 21 世纪教育前景的挑战。"我们的目标是严谨、创造、自由。"巴特对我说。

大致来说，如果你希望自己的孩子进入这样的教室或课外活动班，那就首先要找到一批愿意至少拿出部分时间共享一块屏幕的学生。这就意味着他们会朝着一个目标努力，把注意力放在彼此身上，而不是因为说闲话、玩游戏、听音乐而分心。

梅尔·本-以撒是伯克利双语学校的技术主管，这是一所独立的 PK-8 英法双语学校。"每个学年都会有四年级到八年级的家长来找我，请我指导学生正确使用科技产品。"他说。他鼓励家长与学校携手合作，而且要牢记不同场合适用的运用方式也不同。

我总是会提两个建议：

1. 鼓励学生建构性、创造性、协作性地使用技术，给他们留出足够的空间（或者向他们介绍此类技术新的使用方式）。实话说，家长手头就有一些方便的切入点：Scratch、《我的世界》、平板电脑上的视频制作程序……孩子们能够将这些技能转移到学习和个人事业上。

2. 给孩子固定的纯享受时间，可以是看视频，也可是玩游戏，家长要在场，这能起到减压阀的作用。孩子只要想玩，总能找到办法玩。不过，根据我负责六到八年级学生"人手一台移动设备"项目的经验，我认为孩子们需要探索手中的设备和设备为他们打开的世界。当你给他们这样做的时间和空间时，他们就更可能尊重家里和学校里的规矩。

人人都懂计算机

"将来……每名学生（都将获得）贴合现实的计算机科学和数学课程，帮助他们从上班第一天就做好准备。"

该承诺出自美国前总统巴拉克·奥巴马在 2016 年发布的任期内最后一次国情咨文。

这个理念已经开始实施了。美国最大的两个公立教育系统——纽约市教育系统和洛杉矶教育系统——双双宣布要向全体学生推广计算机科学教育。

经济方面的论据是：越来越多的岗位会要求掌握基础编程技能。

文化方面的论据是：数字技术日益成为社会的主导力量，不懂如何利用技术手段解决自身问题者——大部分是女性和少数族裔——公民和个人权利将越发被剥夺。

教育方面的论据是：数字素养确实已经成为一项基本素养。编程需要掌握多项对日常阅读、写作和算术至关重要的技能，例如排序（将多个概念排成特定的顺序）和句法（将抽象符号与概念匹配起来）。

不论你觉得上述论据是否有力，我们还有漫长的路要走。据计算机科学教师协会[31]估计，目前只有约十分之一的美国高中——更不用说小学和初中了——开设了计算机课。"（计算机课教师的）师资来源是最大的问题。根本就没有来源。"利·安·苏多尔-德莱塞告诉我。她是协助实施"纽约市计算机课程普及计划"的非营利组织 CSNYC 的工作人员。问题很明显：掌握技术的人在私营部门能挣到的钱比当老师多得多。

但是，这是一个很有朝气的领域，而且每天都有新资源出现。成立于 2013 年的非营利组织 Code.org 获得了软件行业的广泛支持，每年面向公立学校推出的大型游戏式编程网课"代码时刻"总参加人次突破千万，而且为 31000 名教师提供了计算机授课培训。

创业者和教育从业者也参与到了编程早教事业中。我的女儿很喜欢旨在教授还不识字的孩子基础编程知识的游戏 The Foos。这款游戏是由格兰特·霍斯福德开发的，他是在大女儿一年级报名参加机器人课程时产生灵感的。当时，她是格兰特家里唯一的女孩，也是几年前家里最小的一个孩子。

"如果按照教阅读、数学的方式来教编程，我们就会把教学内容分割成小块，用歌曲和故事来增加趣味性，而且要给学生二十年的时间去逐渐掌握，"霍斯福德告诉我，"现在是高中快毕业或者进入大学后才开计算机课，学生掌握不了，有什么好惊讶的呢？"

米切尔·雷斯尼克（Mitchel Resnick）是佩珀特的终生挚友和同事，几十年来一直处在计算机科学和早期教育领域的前沿。他是麻省理工学院媒体实验室下属的"终生幼儿园项目组"的负责人，该项目组致力于开发新的创造力培育技术。他带领的团队开发了面向儿童的"可视化"编程语言 Scratch。"可视化"的意思是，它将单个计算机命令呈现为可以组合为复杂命令行的积木形式，就像堆乐高积木那样。它有一个针对五岁及以上儿童的版本 ScratchJr[32]，目前在苹果应用商店的下载量已经突破 150 万，而且与 PBS 和卡通频道合作加入了卡通人物形象。

刚开始玩 ScratchJr 的孩子通常会指挥卡通人物唱歌、跳舞或念台词。"编程不只是专业技能，"他告诉我，"更是自我表现的新方式。它有点像学习写作文，是一种孩子们组织、表达、分享思想的方式。"

马琳娜·乌玛什·伯斯也与佩珀特共事过[33]。她发表了多篇小型研究项目报告，表明编程改善了幼儿在其他方面的技能。例如，我们要是让孩子描述刷牙的过程，他们只会说出三四步。不过，参加过机器人和编程课程以后，他们就能将刷牙细分为二十个以上的步骤。

"排序能力对阅读理解具有可测量的积极影响，"她说道，"家长就算知道许多孩子以后当不了程序员，还是可以送孩子学编程的，好处是多方面的。"

未来前景

美国教育制度的首要问题是不平等、覆盖面不广、资金不足、社会对教师缺乏尊重、教师获得的支持不够。这些都是技术不能解决的。不过，尽管我对屏幕进校园的现状有些许偏见，但我对未来前景还是乐观的。随着教师和家长对教育技术鉴别能力的提高，高质量的产品有可能会流行开来，低劣的产品会被淘汰，平庸的产品则会淡出视线。对于我自己的女儿，我知道，也许在学校里，也许在夏令营里，也许在初中的机器人社团里——只要有一名好老师，就能激发她对技术潜力的热情。

阿尔弗雷德·汤姆森以前是一名微软的工程师，现为佛蒙特州高中计算机课教师，还是计算机科学教师协会董事会成员。他告诉我："每个学期至少有一次，我能听到学生说，'哇，编程好神奇啊！'"

注释

1　从马克·扎克伯格和比尔·盖茨等科技大佬的发言来看……：在《致女儿的一封信》中，社交媒体创始人扎克伯格与妻子普莉希拉·陈承诺将两人持有的社交媒体股份的99％（价值450亿美元）捐赠给包括"个人化学习"在内的多项事业。扎克伯格夫妇向襁褓中的女儿说："你能学到和体验到的事物会比现在多100倍吗？你会知道怎样学习对你最有利，明白你应该注重学习哪些方面的技术。你会在自己最感兴趣的领域突飞猛进，并在最难的学科上获得尽可能多的帮助……个人化学习是一种因材施教的手段，能够为所有儿童提供更优质的教育和更平等的机会。" Zuckerberg, Mark and Priscilla Chan. "A Letter To Our Daughter". 1 December 2015. Facebook.com. 27 Apr. 2017. https://www.facebook.com/notes/mark-zuckerberg/a-letter-to-our-daughter/10153375081581634/ 2013年的西南偏南教育技术大会上，微软总裁比尔·盖茨发表的主题演讲中说道："过去几年间，科技终于成为了学校的重要组成部分，而且会越来越重要。" Kamenetz, Anya. "Bill Gates Gives South By Southwest Education Conference Keynote, Cites $9 Billion 'Tipping Point' In Education." Fast Company 6 March 2013. https://www.fastcompany.com/3006708/creative-conversations/bill-gates-gives-sxsw-education-conference-keynote-cites-9-billion-ti

2 神奇的"云端机器家教"：Westervelt，Eric. "Meet The Mind-Reading Robo Tutor In The Sky." NPR. NPR，13 Oct. 2015. Web. 18 Apr. 2017.

3 20 世纪 60 年代初，南非数学家西摩尔·佩珀特……：Kamenetz，Anya "Remembering A Thinker Who Thought About Thinking". 5 August 2016. NPR. org. Web. 27 Apr. 2017.

4 每一个七年级学生都应该有一台笔记本电脑……："Seymour Papert At Bates College — 2000". Vimeo. https://vimeo.com/9106174 27 Apr. 2017. 我是通过 Daily Papert 发现这篇演讲的，Daily Papert 是一个由 Gary Stager 维护的多媒体佩珀特著作档案馆，内容很丰富。

5 赫什-帕塞克是一篇广为引用的 2015 年论文的第一作者……：Hirsh-Pasek，Kathy，et al. "Putting education in "educational" app：lessons from the science of learning." Psychological Science in the Public Interest 16. 1 (2015)：3 - 34.

6 例如，在一次针对成年人的研究中，被试要通过视频学习如何打水手结：Schwan，Stephan，and Roland Riempp. "The cognitive benefits of interactive videos：Learning to tie nautical knots." Learning and Instruction 14. 3 (2004)：293 - 305.

7 例如，赫什-帕塞克与其他学者在 2013 年进行了一项研究……：Parish-Morris，Julia，Neha Mahajan，Kathy Hirsh-Pasek，Roberta Michnick Golinkoff，and Molly Fuller Collins. "Once Upon a Time：Parent-Child Dialogue and Storybook Reading in the Electronic Era." Mind，Brain，and Education 7. 3 (2013)：200 - 11. Web. 19 Apr. 2017.

8 研究发现，18 个月大的孩子……：Alice Ann Howard Gola，Melissa N. Richards，Alexis R. Lauricella & Sandra L. Calvert (2013) Building Meaningful Parasocial Relationships Between Toddlers and Media Characters to Teach Early Mathematical Skills，Media Psychology，16：4，390 - 411

9 "儿童技术评测数据库"："Children's Technology Review". Childrenstech. com. Web. 27 Apr. 2017.

10 "常识媒体"网站："Common Sense Media." https://www.commonsensemedia. org/Web. 27 Apr 2017.

11 国际学生评估项目发现……：2012 年美国学生数与计算机数的比例实际上是 1. 8：1。"Students，Computers and Learning：Making the Connection." United States Country Notes. Organization for Economic Cooperation and

Development. http://www.oecd.org/pisa/keyfindings/PISA-2012-students-computers-us. pdf Web. Accessed 27 Apr. 2017.

12 仅 2016 年一年，美国各地的 K - 12 学校……："Futuresource Press — Sales Of Mobile PC Into The US K - 12 Education Market Continue To Grow". Futuresource-consulting. com. 2 March 2017. Web. 27 Apr. 2017.

13 免费的"谷歌应用教育版"可能是当今课堂最流行的软件工具了，2017 年用户数量达到了 7000 万……：Wiggers, Kyle. "Google's G Suite for Education 应用 platform now has over 70 million users." Digital Trends. 24 January 2017. http://www.digitaltrends.com/web/google-g-suite-70-million/. 27 Apr. 2017

14 例如，2013 年平板电脑最热的时候，苹果产品的美国校园市场占有率达到 40%……：Leswing, Kif. "Apple iPads are getting crushed in a key market by what Tim Cook calls 'test machines'" Business Insider. Business Insider, 04 June 2016. Web. 19 Apr. 2017.

15 2014 年的一次大规模调查发现……："PRIMARY SOURCES Third Edition." Primary Sources, Third Edition. Scholastic, n. d. Web. 16 Sept. 2016.

16 但是，2015 年由国际学生评估项目发布的一份综合报告……：Peña-López, Ismael. "Students, Computers and Learning. Making the Connection." (2015)

17 澳大利亚莫纳什大学教育学系教授尼尔·塞尔文……：Selwyn, Neil, and Scott Bulfin. "Exploring school regulation of students' technology use-rules that are made to be broken?." Educational Review 68. 3 (2016)：274 - 290.

18 2016 年，索尼娅·利文斯通出版了《班级：数字时代的生活与学习》……：Livingstone, Sonia, and Julian Sefton-Green. The class：Living and learning in the digital age. NYU Press, 2016.

19 如今，全美有近 20 万儿童和青少年参加了 K - 12……：Miron, Gary, and Charisse Gulosino. Virtual Schools Report 2016. Rep. National Education Policy Center, 2016. Web. 18 Apr. 2017.

20 连特许学校的院外游说团都呼吁关停大批此类网校："A Call To Action To Improve The Quality Of Full-Time Virtual Charter Public Schools." National Alliance For Public Charter Schools. June 2016.

21 同时，桥梁国际学校……：Stewart, Catrina. "Bridge International Academies：

Scripted schooling for $6 a month is an audacious answer to educating the poorest children across Africa and Asia. ” The Independent. Independent Digital News and Media，28 July 2015. Web. 18 Apr. 2017.

22 利比里亚从 2016 年起将全国的公立学校……：Brown-Martin, Graham. “Education in Africa：The Uberficiation of Education by Bridge International Academies. ” Learning｛Re｝imagined. Medium，20 June 2016. Web. 18 Apr. 2017.

23 80％的线下特许学校都在从事盈利性经营……：Zernike，Kate. “How Trump's Education Nominee Bent Detroit to Her Will on Charter Schools. ” The New York Times，12 Dec. 2016. Web. 18 Apr. 2017.

24 2016 年 2 月，中佛罗里达大学承认……：Russon, Gabrielle. “Hack at UCF compromises 63000 Social Security numbers. ” OrlandoSentinel. com. Avido Khahaifa，04 Feb. 2016. Web. 18 Apr. 2017.

25 目前，大部分学校与数据存储公司签订的合同……：Gebhart, Gennie. “Spying on Students：School-Issued Devices and Student Privacy. ” Electronic Frontier Foundation. N. p. ，13 Apr. 2017. Web. 18 Apr. 2017.

26 我在美国国家公共电台网站报道过一个此类安全程序……：Kamenetz, Anya. “Software Flags‘Suicidal’Students，Presenting Privacy Dilemma. ” NPR. org. 28 March 2016.

27 电子隐私信息中心：https：//epic. org/privacy/student/

28 2009 年，我在斯坦福大学教授保罗·吉姆……：Kamenetz, Anya. “A is For 应用：How Smartphones, Handheld Computers Sparked An Educational Revolution. ” Fast Company. 1 April 2010.

29 2014 年的世界创客盛会在纽约皇后区举办……：Kamenetz Anya. ‘Three Rs for the Digital ge：Rockets，Robots And Remote Control. ” NPR. org. 24 September 2014. http：//www. npr. org/sections/ed/2014/09/24/350645620/three-r-s-for-the-digital-age-rockets-robots-and-remote-control 27 Apr. 2017.

30 2015 年秋季，我来到由教师苏娅塔·巴特……：Kamenetz, Anya. “E is For Experimental and Entrepreneur. ” NPR. org. http：//www. npr. org/sections/ed/2015/11/13/454313355/the-incubator-school-e-is-for-experimental-entrepreneur

31 计算机科学教师协会……：Kamenetz, Anya. “The President Wants Every

Student To Learn Computer Science. How Would That Work?" NPR. org. 12 January 2016. http：//www. npr. org/sections/ed/2016/01/12/462698966/ the-president-wants-every-student-to-learn-computer-science-how-would-that-work 27 Apr. 2017.

32 它有一个针对五岁及以上儿童的版本 ScratchJr⋯⋯：Kamenetz，Anya. "A Kids' Coding Expert Says We're Making Computer Class Way Too Boring. " 11 December 2015. NPR. http：//www. npr. org/sections/ed/2015/12/11/458782056/ a-kids-coding-expert-says-were-making-computer-class-way-too-boring

33 马琳娜·乌玛什·伯斯也与佩珀特共事过⋯⋯：Kazakoff，Elizabeth R. ， and Marina Umaschi Bers. "Put Your Robot in，Put Your Robot out： Sequencing through Programming Robots in Early Childhood. " Journal of Educational Computing Research 50. 4（2014）：553 - 573.

下篇

我们自己的设备：
父母与屏幕

7　在儿童乐园看手机的妈妈

—

如果你足够明智[1]，懂得人生中大部分想要的东西总有放手的那一天，那么为何还要去努力占有，而不是学会放手呢？这个怪念头不由自主地蹦了出来，于是我开始明白：无眠也好，警觉也好，不停地喂奶也好，它们都是一种洗脑，一个重塑旧我，再造新我的过程，缓慢却坚定有力。"新我"就是母亲的身份。这个过程是痛苦的。当它发生的时候，我会努力保持自己的意识，就像看着手术台上的自己一样。我希望为旧我保留一个小小的角落，好让我有能力告诫其他女性。但是，我知道这是不可能的。当这个过程完成的时候，我不再抱怨，不再痛苦，也不再记得那些痛苦了。

——米兰达·裘丽《第一个坏人》

那是 2014 年 6 月，一个明媚的周日上午，我在儿童乐园陪两岁半的露露。我刚刚换了新工作，急于证明自己的价值。当时，我正在跟老板邮件沟通一件重大的新闻报道，内容相当复杂，所以偶尔才会抬头看看女儿，她一个人绕着游乐器械蹒跚着，看起来很开心。

换句话说，那天我就是"在儿童乐园玩智能手机的妈妈"。那是一篇 2012 年的博客标题，博文发表在育儿网站 Babble 上。该文痛斥陪孩子去儿童乐园，却只顾着看手机的恶劣行为，看了让人脸上发烫。文中写道：

> 女儿坐秋千，你在后面推[2]。她高兴极了！你每推一下，她都会咯咯乱笑。不过，你根本没看她，不是吗？你正低着脑袋，一边心不在焉地推秋千，一边盯着手机屏幕看。
>
> 跟她说说话吧！给她讲讲云彩，讲讲创造了云彩的造物主。她悠到你身边的时候，挠挠她的小肚皮，好好享受她发出的笑声吧，等她稍微长大一点可就听不见了。
>
> 别看手机了，看一看你的孩子，她才是人生最珍贵的宝物。

这篇博文收获了 1000 万点击量。显然，她戳中了读者的神经——我反正是被戳中了。我真想知道作者是谁。

文中自述作者是一名基督徒全职妈妈，在家里照看四个孩子，自律极严，座右铭是"缓慢的服从等于不顺从"。

但是，她最生动的博文是 2015 年 1 月的一篇，至少对我是这样。她说自己最近沉迷于科技产品，准备暂时告别博客。她在告别博文中写道："每当（我的儿子）帕克斯顿一边将我的手从手机屏幕上拉开，一边对我说，'妈妈，看我呀'的时候，我就知道他离彻底不理我又近了一步。"

如此看来，那个整天盯着智能手机看的妈妈或许只会有自言自语的份了吧。

正如俗话所说，养育子女的时间没有几年。但是，要是按天算……按天算的话，那可就没有头了。另外，你有的时候确实有邮件需要查呀。

在写这本关于孩子和手机的书的过程中，我很快意识到自己漏掉了关键的一环：父母。本章和下一章就要来讲解围绕父母使用科技产品而产生的各种问题。这个问题对千禧一代的父母尤其重要[3]，因为他们上网的时间要比之前的任何一代人都多，这必然会影响到育儿的方式。

我的朋友詹妮弗·布莱耶是一名作家和编辑[4]，也是三个孩子的妈妈。她在前面那篇博文底下不客气地回复道："我习惯专心跟别人谈事情，这真的有那么坏吗？"

问得好。

研究发现，与饮食习惯一样，孩子们也会模仿父母使用电子屏幕的习惯。如果你自己就想吃不健康的东西又有负罪感，结果偷偷摸摸地藏起来吃，想让孩子养成好的饮食习惯就难了。看电子屏幕的习惯也是一样。

过度使用手机会给小孩子带来睡眠不良、饮食习惯不健康、焦虑、抑郁等问题，这些问题同样发生在成年人身上，而且会进一步影响到亲子关系和其他人际关系。

这些风险不容忽视。如果说研究过度使用手机对儿童影响的文章已经很少的话，那么，在排除其他干扰因素的前提下研究主流人群——也就是父母们——日常手机使用习惯对儿童影响的文章更是几乎一篇都找不到。

现实中，对父母过度看手机的批判通常不是基于证据，而是站在某种意识形态的立场上，指摘母亲为什么不能一直陪在孩子身边。双职工家庭往往会被拿来当替罪羊。

本章之所以重点关注母亲，是因为她们是这种意识形态批判的主要目标。以往的儿童发展和依恋理论也一而再、再而三地将母亲放到中心位置。当然，爸爸们，这可不代表你们就不需要反省自己的行为了啊。

针对这些文化方面的包袱，本章将用批判的眼光来审视数字设备——特别是手持设备——的相关研究和争论，及其对家庭生活的影响。

快餐

珍妮·拉德斯基博士是一名儿童发展领域的儿科专家，第二章里谈到过她。在一个富裕的西雅图社区工作时，她第一次萌生了研究育儿和数字媒体之间关系的想法。

她对我讲："我在一家大型医疗机构底下做社区医生，服务对象里有许多微软职工家庭。当时，平板电脑才刚刚出来，这些家庭就都有智能手机了。手机迅速改变了诊疗过程，我真是惊讶极了。"她说，她其实很欢迎父母们来之前查好资料。不过，桌子对面的她刚刚给出了自己的意见，家长们竟然就明目张胆地到谷歌上搜索其他医师的看法，这就让她不太爽了。此外，她还对一点很感兴趣：科技正在引导，有时还会妨碍我们的育儿本能。

拉德斯基已经发表了多篇关于科技如何干扰育儿的初步研究。2014 年初，她的一份小型观察性研究报告[5]获得了全球媒体的关注。

研究的内容就是，她和她的助理坐在一家快餐店里观察和做笔记，他们发现，在 55 名带着 10 岁以下儿童进来的成年人里，共有 40 人在用餐过程中看了手机。妈妈、爸爸或保姆低着头看手机，孩子们为了获得关注真是用尽了手段，既有积极的办法（唱歌、做鬼脸），也有消极的办法（打姐姐）。带孩子的人沉浸于手机屏幕不能自拔时，他们对孩子的回应就会更迟缓、更生硬，或者采取其他的不当方式。

"沉迷于电子设备的看护者通常是先把孩子晾在一边，然后用责备的语气和机器人般的方式下命令（例如，根本不看孩子，或者说的话与孩子的行为无关），对孩子表达的需求不敏感，或者直接动手（例如，一位女性成年人踢了桌子对面孩子的脚；还有一名看平板电脑的女士，当小男孩不断试图让她抬头的时候会把他的手推开。）"

唉，又是孩子们渴求关注，试图将家长的头抬起来的小手。那么，除了让读者心碎以外，这份研究目的何在？

拉德斯基告诉我："我的兴趣点是手机对人际互动的塑造作用。这或许是探究家庭动力学变化过程的一扇窗户，尤其是全家共处的时间。我们都知道，这种时间对儿童的心理健康和社交环境都很重要。"

跟着埋头看手机的妈妈吃开心乐园餐可远远称不上理想的家庭聚餐，但这已经成为当今的常态。手机果真让原本幸福美满的家庭变坏了吗？

怎么说呢，我们目前并没有相关的高质量、大样本数据。我们倒是知道父母看电视的时间长，孩子看电视的时间也长[6]，而且孩子会因此受到负面影响。但是，关于父母的日常移动设备使用习惯是否对子女有长期或短期的损害或影响，我们掌握的证据还很少。

正如第二章里所说，不能抛开剂量谈毒性。单凭浮光掠影的观察，谁能知道领着孩子去快餐店是不是每天照顾孩子的 14 个小时里面唯一的休息机会呢？没准她只是对主人家的苛求表示不满，或者刚去看过一名患病的亲戚呢。

我们也不知道以前没有手机的时候，这些人在快餐店里到底是用心照料孩子，还是忙着看书报或者电视。

我们可以明确地说：科学界、媒体、社会公开谴责、羞辱和审查母亲的做法由来已久，早在电子技术出现之前就有了。在谈论在儿童乐园——或其他任何地方——玩手机的母亲时，我们当然要考虑到这段历史。就此而论，对玩手机的母亲的恐慌正类似于对女孩、电影和性的道德恐慌。

不过，我们应当带着自己的眼睛和头脑，公平地考察一下父母们到底有没有太过经常地"用机器人般的方式"行事。

悬在头上的危险

无处不在的科技产品专门要吸引和抓住我们的注意力，让我们随时能够与远方的人交流，以至于忽视了身边的人，这种现象当然包含着真正的危险。

2015 年 6 月，得克萨斯州欧文市[7]有三名孩子溺水。他们的妈妈帕特丽夏·艾伦正和两个更小的孩子坐在池塘边。据目击者称，11 岁的安东尼、10 岁的奥古斯特和 9 个月大的特里肖恩掉进水里时，她正忙着发短信。

故事确实悲惨，但它的发生频率有没有达到威胁公共安全的程度呢？有一份耸人听闻的研究提出，因科技产品而分心的父母确实会为子女带来真实的危害。

《美国疾控中心》杂志通过急诊病例得出：从智能手机推出的2007 年到 2010 年间[8]，美国五岁以下儿童的非致命受伤数量增加了12％；而在之前的十年里，这个数字一直在下降。

智能手机起初只有美国电话电报公司（AT&T）的 3G 合约机，这就意味着，它向其他方面相似的不同地区扩散的速度是不同的。这简直是研究儿童受伤数目提高与智能手机扩散是否存在因果关系的完美自然实验。

2014 年，耶鲁大学经济学教授克雷格·帕尔松[9]（Craig Palsson）撰文称自己已经发现了上述因果关系的存在。他调查了消费品安全委员会收集的医院受伤病例，病例中描述了小患者受伤的地点、受伤时在干什么、身边都有谁。

结果可谓触目惊心。与没有智能手机的县相比，有智能手机的县的儿童受伤数量要更高，而且儿童年龄越小，高出的比例就越大，其中比例最高的是 1 岁以下的儿童，竟要高出 10％之多。有意思的是，受伤数目增加的现象只出现在非父母监护的情况下，大概是老师或保姆吧，这些人拿了钱负责看孩子，结果却还是戒不掉手机的瘾。

帕尔松提出，智能手机引诱家长用手机去工作或娱乐，从而"提高了看孩子的机会成本"。不愧是经济学家。就我个人来看，我在儿童乐园里掏出手机时完全没有做成本效益分析，而是像巴甫洛夫的狗一样，听到消息提醒就条件反射地拿出手机来看。

最后谈一句风险问题：我们有确切证据表明，开车是家长们使用手机最危险的时候。车祸是学龄儿童的第一大致死原因[10]。据估计，四分之一的致死车祸与手机有关[11]。自 2014 年以来，曾连续下降几十年的车祸死亡人数又开始抬头[12]，有些案件的罪魁祸首正是触屏设备。与此同时，一份 2014 年的调查显示，90% 的父母说自己开车送孩子时曾因为智能手机、CD 播放器或车载导航系统而分心[13]。这里还不包括那些不承认的人呢。

冷面实验

对孩子们来说，科技造成的分心是实实在在的危险。然而，大多数炮轰那些在儿童乐园玩手机的妈妈们的文章并不是针对尽管数量不大，但可测量的儿童人身风险增加，而是针对难以测量的情绪风险，说是不利于家庭环境和儿童发展。

这才是真正值得探究的问题和忧虑（虽然掩盖在无数武断评判之下）。

有一个心理学实验的视频[14]，我敢说，你看的时候肯定会心跳到嗓子眼。

在视频里，一名男婴被绑在椅子上，他的母亲睁大眼睛，笑眯眯地靠向他，跟他玩躲猫猫的游戏，给他学小猪叫，逗得他大叫大笑，这种母婴交流对儿童的语言习得和健康依恋关系至关重要。

接着，妈妈把头扭开了一会，回来时变得面无表情，一成不变，也没有反应。

与拉德斯基博士的快餐店研究中一样，视频里的男婴同样努力要妈妈注意自己，先是微笑，然后是咯咯笑。他尝试了一次又一次，大声尖叫、前仰后合、拍巴掌、用手抓妈妈、指着外面的东西。小家伙真是使尽浑身解数了。但是，妈妈的脸还是跟顽石一样。他看起来很迷惑的样子，开始焦虑地啃手，还扭着身子偷偷看研究员。研究人员发现，男婴体内代表压力的激素水平真是突破天际了，心跳也在加速。终于，他红着脸瘫在椅子里痛哭起来，妈妈总算有了表情，过来安慰他。这个过程只持续了几分钟，孩子没有受伤，大人也没有叱骂。视频里的孩子只有四个月大，但他两周后似乎还记得这段短短的经历：重演当时的情景时，他的恐慌要来得快得多。

从 20 世纪 70 年代起，马萨诸塞大学波士顿分校[15] 的爱德华·特隆尼克（Edward Tronick）教授一直在进行这种"冷面实验"，目的是在实验室条件下研究疏于照顾和母亲患有抑郁症（特别是发病率约十分之一的产后抑郁症）对孩子的影响。他发现，多次以实验中的方式拒绝儿童与母亲交流会导致极大的痛苦。但是，即使是长期疏于照顾，儿童在重新得到长期的、有回应的关爱后也会恢复过来。

当我观看"冷面"视频时，我立即想到了自己麻木地盯着黑洞洞的手机屏幕，屏幕里映出了孩子的模样。我觉得他可能刚在儿童乐园里学了一个厉害的新招数，正四处找我想让我夸他，最后却只能消沉黯然。

日益沉迷屏幕意味着要做出取舍，这从所有人际关系中都能感受到。分离时，屏幕是连接的纽带；相聚时，屏幕却会与亲子相处形成竞争关系，导致亲密度的降低。这正是前几章里讲过的"挤出"效应。

这种状况与要求父母做出有意识行动的"共同参与媒体活动"恰恰相反，更像是"共同分离媒体活动"，而且"疏离"的情况要远比"参与"更普遍。

德米特里·克里斯塔基斯博士通过控制实验表明[16]，只要房间里能听到电视播放的声音，哪怕电视不在眼前，成年人每小时向婴儿或幼童说出的话就会减少 90%。他推测，这种对话减少的现象是家长重度使用手机对儿童产生不利影响（如语言习得迟缓）的一个主要因素。

智能手机与老虎机

重度使用手机与家庭关系或儿童发展欠佳之间虽有相关关系，但这并不意味着前者就是后者的原因。或许家长之所以看手机多过看孩子，是因为他们有社交焦虑和抑郁症，或者工作和经济方面的压力巨大。由于这些混杂在一起的因素，他们的子女与他们没有形成稳固的依恋关系。

我们知道，低收入、低教育程度的父母更可能整天开着电视[17]，强调孩子们的顺从[18]，而不是主动与幼童交流。另外，一些针对移民家庭的研究也发现[19]，家长更愿意让儿童通过媒体来接触英语，而不是用母语对儿童说话或念书，这个因素也会影响到媒体依赖和儿童发展之间的关系。

因此，这是一个复杂的问题。但是，科技的影响仍然值得研究。

如前所述，电视（包括"不在眼前的"电视）会令人分心，减少面对面的对话交流。固定电话让家长可以跟远处的人对话，而忽视身边的孩子。

但是，智能手机同时具有电视和固定电话的效应，而且无论你走到哪里，这些效应都存在。

另外，手机吸引我们注意力的方式是充斥着商业广告和车祸报道的电视望尘莫及的。

不时收到信息本身是有意义或者有趣的，而智能手机的"推送"功能更是强化了这种感觉。一份 2014 年的小规模研究表明[20]，每个人每天平均会收到 63.5 条推送，相当于 15 分钟一条。收到推送多的人报告称自己有更多的负面情绪。

2013 年，娜塔莎·道·绍尔（Natasha Dow Schull）出版了[21]《瘾是设计出来的：拉斯维加斯的赌博机》一书，融汇了作者十五年来研究计算机化赌博业的成果。据她描述，赌场雇用的程序员会设置令人沉迷的中奖和"险些中奖"的节奏，目的是尽可能延长"上机时间"。她和其他一些作者认为，消费科技产品的制造商也在出于同样的原因，做着同样的事情。前谷歌设计伦理专员特里斯坦·哈里斯（Tristan Harris）就有着类似的主张："在线时长就是互联网时代的通货，从而引发了一场针对脑干最深层的竞赛。我们需要换一种新通货了。"

负罪内疚 VS 够用就好

屏幕焦虑是一个新生事物，因为手机等技术本身的历史就很短。

我们这些在儿童乐园、快餐店、泳池旁玩手机的家长难道真的在对子女实施"冷面"实验吗？从整体来看，这种做法是否足以造成伤害了呢？

我不会用"下套"的方式引导读者不假思索地下评判或者大加批判。让我们从更宽广的视野来思考这个问题。

母亲、孩子、手机构成了一个三角阵，里面涌动着种种复杂的、隐形的力量。就像图片社交网站里那样，同一张图片可以加上好多滤镜。

一个角度是公共安全。驾车或者照看在做有风险活动的孩子时，数码产品造成的分心会带来危险。那么，我们就需要加强法规、执法和宣传教育。

另一个角度是心理健康。凯瑟琳·斯坦纳-阿黛尔等心理学家、雪莉·特克尔等评论家和珍妮·拉德斯基等儿科医生提出，婴幼儿的健康成长需要亲子互动，而数码产品不仅减少了这种互动的数量，更降低了其质量。

但是，问题其实还要更复杂。孩子确实需要大量的关爱和回应，但他们并不需要全天候、无微不至的照顾。实际上，看得太紧反而是有害的。如果大人不能给予孩子们成长和探索的空间，不让他们自己犯错，或者看到孩子有困难就出来救场，向孩子灌输"正确"的感受方式，那么孩子的发育也会受到损害。

唐纳德·维尼考特（Donald Winnicott）是英国儿科医生和心理分析专家，他关于亲子关系的权威论述被广为引述。他提出了一个令人难忘的概念："够用妈妈"。

他说，婴儿起初是母亲身体的一部分，刚出生时完全依赖母亲的照料，之后在长大的过程中逐渐成为独立的个体，而母亲则慢慢退居幕后。母亲"最初几乎要完全随着孩子的需求而行动，随着时间的推移，孩子独立应对母亲缺位情况的能力逐渐加强，这时就可以逐渐地不再按照孩子的需求来安排自己的行为[22]"。

但是，当代理想母亲形象似乎是永不"缺位"，永远守在孩子身边的。社会学家用"密集育儿"（intensive mothering）和"协同教养"（concerted cultivation）来描述这种母亲形象。

1996 年，社会学家沙朗·海斯（Sharon Hays）出版了一本题为《母亲们的文化矛盾》[23] 的书，首次提出"密集育儿"一词。另一名学者在论文中给"密集育儿"下了个定义："一种接受专家指导、以子女为中心[24]、需要投入大量情感和劳动的意识形态，要求母亲以教养培育至高无上的子女为首要职责，将子女的需求置于自己的个体需求之上。"

社会学家安妮特·拉罗（Annette Lareau）则将关注点放在了与"密集育儿"相关的"协同教养"概念上[25]，将其视为上升期中产阶级的育儿策略，即父母用无数课外活动把孩子的时间填满，参与到子女的教育中，帮助子女做作业，每时每刻都与子女谈话，询问子女的想法。

在这样的当代文化氛围下，我们似乎将永远陪在孩子身边和紧密的亲子情感联系视为理想的父母形象：总是全身心关注孩子，给孩子做辅导，每天讲述孩子的事，咨询育儿专家，给孩子提供丰富多彩的活动体验，用心培养出快乐、爱父母的孩子。同时，这种理想育儿的压力更多是放在母亲的身上，因为普遍的育儿思想还是认为妈妈负责带孩子。

然而，并非所有时代、所有地方都有这样的文化。

大卫·兰西（David Lancy）的《儿童人类学：小天使、附属品、换生灵》[26] 被不少学校用作教材。书中揭露：许多被我们视为"普世"的关于儿童、童年、育儿乃至母爱、情感依恋的观点其实并非普世。

从演化角度看，以团体，而非个体家庭为单位养育子女似乎是女性成天忙着建立和巩固人际交往网络的一大推动力，换句话说，是我会记着给丈夫的姑姑的继女买结婚礼物的原因。如今，这种情感投入往往会通过电子邮件、社交媒体和短信的协助来进行。

如果你在最近十年里养育过孩子，那估计听说过"依恋式育儿"[27]。这种理论倡导的育儿方式包括：延长哺乳期至 2 到 3 岁、亲子同床睡、每天用手推车或背巾带孩子到户外或在家里玩好几个小时、随时无条件回应孩子的需要、用积极的方式管教孩子，不能规定时间、提高声音，更不能体罚。

按照维尼考特等人的说法，"依恋式育儿"大概源于"依恋理论"，主旨是亲密关系能够为低龄儿童带来健康、稳固的依恋关系。不过，你要是觉得"依恋式育儿"就是成天守着孩子，那我也不能怪你。

依恋式育儿国际推广组织[28] 将这种做法称为"我们的生物冲动……是'本能性'的"。

兰西的说法就要具体得多了。按照他的解读，"依恋式育儿"的主要原型是非洲卡拉哈里沙漠的狩猎—采集部族桑人（以前叫作"布须曼人"）。兰西写道，他们是"全世界被研究得最透彻的狩猎—采集社会"。这个人群的一个特点就是永远不会让婴儿哭。

但是，兰西指出，狩猎—采集社会在整个人类社会中已经不是主流了，而桑人即使在狩猎—采集社会里也不是主流——比方说，桑人的孩子可以自由玩耍，不用生产劳动的时间要远远多于其他同类社会。

因此，我们这些用背巾带孩子上街，往车上贴"车里有孩子"的家伙才是育儿方面的异类，或者叫"小天使社会"。就此而言，当代的中上层美国人更接近那些住在森林里，过去被称为"俾格米人"（小矮人）的非洲部落，而不是英国清教徒。

兰西还有一个观点：我们简直是异类中的异类。他认为，欧美社会成了孩子当皇帝，爸妈当奴隶的"儿治社会"。他写道："幼者至上里的儿童获得了人类文化中前所未有的溺爱和丰富生活。"

他论证道，对于这样的社会来说，儿童普遍面临的危险不是饥寒，而是让人喘不过气的亲情。父母——特别是母亲——会感到一种紧紧守着孩子、抱着孩子的社会压力。

我要强调的是：兰西的描述对中产和上流阶级来说是最准确的（海斯和拉罗关于密集育儿和协同教养的论述同样如此）。最新数据显示，略超过50％的美国儿童[29]生活在贫困线上下，包括60％的美国黑人、拉丁裔、原住民家庭和60％的单亲家庭儿童。因此，多数美国儿童既没有得到过分的溺爱，生活也谈不上丰富多彩。

尽管如此，对于那些爱买育儿书，认为育儿需要采取某种特定"风格"的美国人来说，他们仍然生活在"幼者至上"天下。

依恋式育儿、密集育儿、协同教养仍然与母亲的个人生活和职业生涯存在冲突关系，至少在孩子年幼的时候是如此。

海斯用"意识形态"这个词确实是切中要害。假如密集育儿只是被当成理所当然的文化常规，那人们就不会如此激烈地维护它了。可它并不是常规，而是针对女性进入职场的一整套观念。按照这种解读，不外出工作的女性——如今这种女性的教育程度和家境水平越来越高——鼓吹"密集育儿"是"全世界最重要的工作"，目的是维护自身的社会地位。于是，占大多数的职场女性就感受到了回家要做"第二份工"的压力，因为标准是由同龄的主妇们设定的。

年逾花甲的犹他大学离休教师兰西比我认识的大部分鼓吹女权的人更女权。他说妈妈们争论的问题是"荒谬"的。"比方说，日托之争的根源就是一个大的谬误，一个大的神话，即正常的、自然的育儿方式就是由母亲全天候照顾和关注。只要你看一看人类学和历史学著作就能明白，事实完全不是这样。"

兰西的书中写道，与此相比"在世界各地的大部分社会中，女性在怀孕期间也会一直干活，产子后会很快回到工作岗位"。今天依然如此。

当代的理想母亲形象是从身心两方面永远都在孩子身边，随时都能联系上。理想员工也是如此。

美国员工的工作时间比任何一个发达国家都长，假期比任何一个发达国家都少，而且高薪的专业技术人员比低薪的小时工更甚。但是，小时工也有自己的苦恼：他们的工作安排往往是由计算机制定的，每周都不一样。

美国是唯一一个没有强制带薪产假、病假或年假的发达国家，也是九个没有陪产假制度的发达国家之一[30][31][32]。一份盖洛普民意调查显示，三分之二的美国员工报告称下班后的工作时间[33]在过去十年间显著增加，移动网络技术的发展正是一部分原因。美国和法国的劳工部门[34] 都在考虑采取措施遏制这种做法。

关于"工作的苦与乐"这个主题，当代哲学家阿兰·德波顿写道，"极其耗费时间的最优育儿法来得真不是时候[35]：最优的育儿方法与最优的经济运行方式两者恰好南辕北辙。"

碎片式育儿

即便文化的力量要求我们随时守在孩子身边，但经济的力量却让父母和子女分离。职场妈妈们经常用科技手段来应对分身乏术的问题。

2016 年 1 月的一篇心理学论文淋漓尽致地呈现了密集育儿这种意识形态的吊诡之处，以及它是如何用来针对女性的。加州大学尔湾分校发了一篇相关通稿[36]，标题是：《别看手机了！碎片式育儿有损儿童脑部发育》。

它让我很激动，因为这是我看到的第一篇声称母亲因技术产品而忽视子女会对其心理造成长期负面影响的文章。

然后，我发现文章原来讲的是小白鼠。文中讲述了在高压环境成长起来的青春期小白鼠会发生的种种变化，包括不喜欢吃甜食，不愿和同伴玩耍——相当于小白鼠得了抑郁症。

我觉得问题并不在这里。用人类做这个实验当然不太合适，但它也许以一种巧妙的方式模拟出了假如小白鼠妈妈沉迷电子产品会发生的情况，就像德米特里·克里斯塔基斯的"赌场里的老鼠"实验一样。

问题在于：实验中的压力是由限制小白鼠母子获得做窝材料引发的；换句话说，就是穷。因此，更合理的通稿标题应该是《生长环境贫困对幼儿有害》，许多以人类为对象的研究早就得出了这个结论。

但是，不知为什么，论文的作者选择将重点放在了小白鼠妈妈在贫困环境里行为变得不稳定和不可预测这一点上，进而大肆羞辱使用电子产品的人类母亲。第一作者塔利·Z·巴拉姆（Tallie Z Baram）写道："本文建立在表明母亲关爱对儿童长远心理健康至关重要的众多研究基础之上。本文表明，影响青春期少年行为的关键因素不是母亲关爱的量，而在于要避免碎片化的、不可预测的关爱方式。照顾婴孩时，我们应该关掉手机，提供持续的、可预测的关怀。"

只不过，文中并没有给出证据来表明，正常的母亲在正常条件下正常地使用手机与"碎片化的、不可预测的关爱方式"存在任何联系。

谈到这里，不知读者还记不记得帕特丽夏·艾伦，就是有三个孩子溺死的那位母亲？她的故事还没完呢。当时有目击者称惨剧发生时，艾伦正在用手机发短信。但是，这份登上全国报刊头条的证词后来被正式撤回了[37]。另外，她带着孩子去的游泳池在一栋破旧的公寓楼里，之前就多次曝光说水质浑浊和安全措施不当。溺水事件后，达拉斯儿童保护部门立即带走了艾伦的两名幼子。为了夺回孩子和索取赔偿，艾伦已经提起了诉讼。

艾伦是非裔美国人。新闻报道称，她是一名有资格证的护工，在达拉斯当地的年薪约 2.7 万美元[38]，低于五名子女家庭的贫困线。

也有报道说她很难找到稳定的工作。

"碎片化的、不可预测的关爱方式"到底是谁之过？到底是手机，还是令无数艾伦这样的家庭难以维生的社会结构？

妈妈病

上述社会背景固然不应遗忘，但我们仍然要承认手机对子女养育产生的影响。

上班的父母有压力，许多家庭陷于贫困，社会经济结构干扰着工作与生活之间的平衡，但这并不意味着父母们与手机的关系不值得忧虑。

我认为，这个关系是值得忧虑的。反正我知道我是这样。如果你翻一翻过度使用电子产品的危害，你会发现，其中与刚当妈妈的人中间常见的心理问题有不少重叠，包括睡觉不踏实、焦虑、抑郁等。

产后失眠既可能是独立的症状[39]，也可能是产后抑郁的表征。这真是尖锐的讽刺。不知何时就会被吵醒自然会打乱睡眠节律。哪怕孩子睡着了，妈妈还是难免会保持高度警觉。诚然，失眠与手机成瘾是相互加强的关系。要是想睡得安稳，身边放着手机、计算机显示器或小孩子可不是一个好主意。

长期注意力不集中也是一个问题。我还记得露露 3 个月大的时候，我和老公当爸爸妈妈以来第一次出去看电影。出门前孩子已经睡着了，有奶奶帮忙照看，电影院和家只隔着几条街。影厅暗下来时，我不由自主地去掏手机关掉……然后停住了。我实在不敢再错过任何一条跟我女儿有关的人发来的短信了。之后的几十年里，为防万一，我从来不敢与女儿断了联系。

就这样，手机信号成为你和不在身边的孩子之间的"脐带"，这或许也会强化父母对手机的依赖。

在某种意义上，只要你有了孩子，那就永远处于多线开工的状态。不管你正在做什么，背后总有一个"孩子还好吗？"的念头。不管你人在哪里，心永远在别处。这么一来，你当然总是要分心。

一批最新研究成果表明，与单身女性和父亲相比，母亲要经常多线开工[40]，在家里和工作单位都是如此。在家里，我们要做更多家务[41]，特别是制定活动日程安排这样费神的工作。在工作单位，我们是高效的员工。而且，我们总是更疲惫，需要更多睡眠。人类母亲就像北极熊妈妈一样，随时要关注身边的机会和威胁，这也让我们更容易陷入抑郁和焦虑，而这些情绪也会驱使我们回去看手机。

貌似讽刺的是，手机技术原本是为了提高效率，结果却让妈妈们长期不堪重负，哪一样任务都完成不好。不过，这种模式其实从美国还是英国殖民地的时候就出现了。1983 年，社会学家露丝·施瓦茨·科恩（Ruth Schwartz Cohen）出版了专著《妈妈反而更忙了：从平灶到微波炉的家务技术吊诡史》。通过细致的历史梳理，她解开了一个看似费解的现象：帮人节约工作量的设备更新了一代又一代，为什么现代女性做家务的时间一点都不比几百年前少呢？

在一个逐步工业化，但仍然处于父权制的社会中，每一项技术创新似乎都要求到外面赚更多的钱，帮男人省了家务，却给女人添了家务。以做饭为例。以前用明火的时候，男人要负责劈柴和生火。19 世纪铸铁炉灶出现后，男人就不用干这些事了。家庭突然多了一笔开销，于是男人就要去外面赚更多的钱；而女人必须花大量时间来清灰和擦拭，免得炉子生锈。同理，新的家务用具出现时，人们对生活水平的预期也会水涨船高：从很少清洗的羊毛衫到熨好的被单和餐巾，从炉灰里焖熟的玉米饼到白面包和蓬松的蛋糕。父母不用再照看菜地，于是母亲就要用省下来的时间开车去超市。诸如此类。

手机是另一种没有带来更多空闲时间的技术创新。相反，它延长了我们的工作时间，也带来了更多养育子女的要求。有一次我应邀去参加会议，一名和我一起做报告的人来晚了，她给出的解释是：儿子一直在课堂上给她发短信，要她帮自己做法语作业。

单凭技术进步本身永远不会给母亲减负，而一定要通过男女伴侣的诚恳协商，以及政府和雇主提供更多的社会支持才能实现。

从未有过的美好过去

过去几十年间，许多观察人士都从语言的角度谈到了女性角色的嬗变过程，一个典型表现就是"在家母亲"（stay-at-home mom）逐渐取代了"家庭主妇"（housewife）。人们对家务的要求略有放松，外卖也叫得多了，但女性仍然被视为负有随时照顾家庭（如今，家里最重要的人不是丈夫，而是孩子）的职责。

许多对电子产品分散育儿注意力的现象忧心忡忡的博主、文化评论员乃至学者都描绘了一个错误的、理想化的、父母比现在更加关爱子女的过去。

儿科医生维克多·斯特拉斯堡是著名手机心理学研究者，也是一名父亲。他告诉我："现在的父母陪孩子的时间少了。孩子们玩手机、看电视的时间都比和父母在一起的时间多。"他可不是唯一一向我表达了类似观点的研究儿童发展的男性专家。

但是，容我指出一点：事实并非如此，而且恰恰相反。20 世纪60 年代以来的调查研究发现，如今父母陪孩子的时间比过去更多了[42]。1965 年，母亲每周平均陪孩子 10.2 个小时，父亲要少得多，只有可怜的 2.4 小时。2011 年，尽管母亲的有偿工作时间增加到了3 倍，但每周用在孩子身上的时间反而提高到了 13.5 小时；父亲的工作时间略有减少，但育儿时间却飙升到 7.3 小时，达到母亲的一半以上。

如今的家庭规模比婴儿潮时期要更小，因此每名孩子获得关爱的增加幅度比上一段给出的数据还要大。

回过头再来看"在儿童乐园看手机"的那篇文章。诚然，过去十年来，儿童受伤率或许略有提高。不过，那是在 20 世纪 70 年代"幼者至上"大兴，儿童受伤率大幅降低之后的事。与婴儿潮和 X世代相比，今天在外面玩耍的儿童要更加安全。孩子玩的攀爬架变矮了，跷跷板和旋转木马成为过去。而且，如今就连大些的孩子，父母也需要密切持续地监看，这已经成了一种新规范。

因此，"不要看手机"的口号完全可以反过来看：要不是我拿着手机去儿童乐园，我或许压根就不会陪孩子过去，而是要去单位谈中午刚交的一篇稿子。

或者，假如回到 1965 年，我的女儿可能要一个人在儿童乐园玩，或者只有警惕性还不如我的哥哥、姐姐、邻居帮忙看着，而我在家里忙着打扫卫生和做饭，从来不会觉得自己需要陪孩子去玩。
"孩子们，天黑前回家。"

实际上，撰文讨论智能手机导致儿童受伤数目增加的经济学家
帕尔松也认同这一观察。他将使用智能手机比作"收入效应"："由
于工作和娱乐的成本降低，父母可能会用更多时间来陪伴子女。比
方说，一名母亲可以从动物园发邮件，因此不必守在办公室里；一
名父亲下载了一本新电子书看，于是更愿意陪孩子去儿童乐园了。"
换句话说，手机的影响要分正反两方面看：它既可能让你在孩子身
处险境时的警惕性降低，但也会增加你避免孩子陷入险境的机会。

那么，与孩子共处的宝贵时光会受到什么影响呢？家庭纽带是
否因为工作和家庭生活的重叠而削弱？孩子是否真的会因为父母好
像成天跟别人交谈，就是不跟自己说话而受伤呢？

还是那句老话：看你跟什么时候比较了。

女人所生

"每当我拿起一本书，或者开始写信，甚至跟人打电话，而且听
得出来我很着急的时候，一种通感的能量就会顿时出现。我的孩子
（或者孩子们）本来可能忙着干自己的事，沉醉在自己的梦幻世界
里，但只要他感觉我进入了一个没有他的世界里，他就会跑过来拽
我的手，向我求助，乱敲我的打字机。我会感觉，他当时提出的要
求是不真诚的，只是为了让我连 15 分钟做自己的时间都没有。"

诗人和评论家艾德里安·里奇（Adrienne Rich）于 1976 年发表
了《女人所生》[43] 一书，书中探讨了她作为三个儿子的母亲的经验。

她描绘了极其私密，又会带来极大满足感的母爱，讲述了养育子女的种种苦乐悲喜。然而，与我们每一种最亲近的关系一样，母爱也是发生在社会历史语境之中的。里奇面临的语境是：20 世纪 50 年代的传统核心家庭，加上与社会整体同样笼罩着父权制的学术圈，那是贝蒂·弗里丹的世界，也是西蒙·波伏娃的世界。

这是一本斩钉截铁，却并没有流于简单化的书。里奇显然钟爱自己的孩子。她写《女人所生》的时候，儿子们都已经长大成人，用不着她悉心照料了。而且，她尊重儿子，也为他们感到自豪。她离开了表面看似循规蹈矩的婚姻关系，决定出柜。但是，这个当时看来很激进的举动完全没有推翻她作为母亲的安全感和权威感，这些感觉都是实实在在的。

里奇勇敢地考察了初为人母时动荡的心理状态。当年，她在孩子们的需要和她本人思考、创造、阅读、写作、工作的诉求两者之间可谓左支右绌。

"哪怕我只是自私了 15 分钟，度过了平静的、没有孩子在身边的 15 分钟，我依然告诉自己：我本来可以给出更多爱的。"

其实，她口中的"自私"难道不正是"做自己"的意思吗？

里奇辩称，这个冲突其实是人为造出来的，就像第二次世界大战后堆满橱柜的即食食品一样。她直观地感觉到，小男孩不断要妈妈陪，这种索取是"不真诚"的。

"……这个圈子，我们所生活的这个磁场，并非自然现象。"

这是一个极具冲击力的比喻。她所说的磁场是由核心到不能再核心的家庭结构产生的——只有母亲和孩子，而缺失了长时间在外工作的父亲。

　　只要涉及人，何为"自然现象"就成了一个复杂的问题。但是，从时间和空间角度来看，核心家庭当然属于异常。母亲承担养育子女之外的职责，融入外部社会则完全不是违背历史或是怪异的；正如兰西所指出，这种现象就像牛奶一样平常。当时的美国社会不正常的地方在于，它狂热地、歧视性地要求母亲过苦行的生活，坚持把不间断的、高强度的母子感情置于首要地位。

　　面对这样高强度的感情，任何一个人想要逃避都是再自然不过了。里奇逃避的办法是书、打字机和电话。今天，我们有同时涵盖三者功能的手机。

"我没有下班时间"

　　为了写这本书，我调查了超过 500 个家庭，他们普遍声称每天带孩子时都要跟分心作斗争，只有极少数（15 个）家庭说，只要孩子在身边，他们就会"严格"控制电子产品的使用。

　　我要求调查对象按 1—5 分给自己打分，评判自己使用科技产品的节制程度。有一名回复者是 2 岁孩子的母亲，给自己打了 3 分，略好于平均水平。她写道："当我照顾女儿时，只有别人给我打电话，或者我需要打电话、发信息、查资料的时候，我才会看手机或者计算机。"这个"只有"可真不短啊。

　　一名家住小镇，有两个孩子的母亲写道："我真希望陪孩子的时候能少用手机，但我是个自由撰稿人，我没有下班时间这一说。孩子每周就回家住一天，但我还是不得不给客户发邮件，有时还要打电话。"

一名家住大城市，有一个孩子的母亲也有同感："我真希望我们能多讲讲规矩。我会努力不在儿子面前用手机，但我老公这方面就很差。我自己会蹲在厨房桌子底下查看通话记录，我感觉这样对儿子是极大的不尊重，而且还是双重标准。"

另一位有一个孩子的母亲写道："唉，我在她面前每天都用手机。要是能戒掉就好了。"

一位家里有两个孩子的家长说："我陪他们的时候有时会听音频节目（只戴一侧耳机）。"

还有一位家长写道："我也希望陪孩子的时候能不用手机，但我很难做到——没什么原因，就是做不到。事后，我又会对自己的分心产生负罪感。"

"我希望"、"我希望"、"我希望"、"我好有负罪感"。面对电子设备，这些家长都把自己描述成无能为力的样子。我们总是在放纵自己，之后的负罪感就好比是"赎罪券"。

在我看来，这种话都是遮羞布，目的是掩盖某些我们不能向自己、向他人承认的东西。身为父母，我们当然想要陪孩子。我们不想错过孩子的欢笑和提问，不想错过他们短暂成长过程里的每一刻。然而，我们又渴求自己的空间，想要从持续的、劳力费神的育儿工作中抽出身来。如果身体不能离开，我们就会精神上开一会小差，权为替代。在内心里，我们或许会反抗这种密集育儿的意识形态。每天一个小时、一个小时地熬着，这份负担实在是过于沉重了。

我们想要了解身边的世界，想要有所成就，也想要与他人沟通。我们往往需要分身有术。而通过拿着手机去儿童乐园，我们做到了分身有术,代价则是感觉自己被撕裂,至少是声称自己被撕裂。

这里面无疑有着虚伪的成分,孩子们也肯定会提出质疑。正如丹娜·博依德所说:"你不希望孩子拿着手机上餐桌?那就从你做起。你不希望孩子拿着手机进被窝?还是要从你做起。"

似乎没有家长能逃过育儿带来的筋疲力尽。我问过拉德斯基博士,她在家里陪两名幼小的子女时如何应对数码设备的干扰。她是本章前面讲过的快餐厅研究的作者,用"机器人"来形容家长,还提到了试图将母亲的视线从手机屏幕移开的小手。

她说:"我丈夫真的很好。他的电话总是放在厨房的桌子上面,除非有人来电,否则他基本不会去看。但是,如果医院要求我待命的话,我就会把寻呼机打开,这样有急事他们能找到我。"她说,如果不要求待命的话,"从吃晚饭到上床的5点到7点就是神圣不可侵犯的2个小时"……除非有患者出事需要照顾。

这件事轮不到我指手画脚,但我只是哭笑不得。对任何人来说,保证亲子时间都不容易。我们需要"干预",需要用一种更好的方式来思考我们的实际表现和希望达到的水平,因为孩子们每天都在看着我们,学着我们呢。

干预者

从依恋式育儿的角度看,我能得到六七十分。但是,我崇尚另一种育儿观,名字听起来很逊,叫 RIE 育儿法,意思是"婴幼儿育养"(Resources for Infant Educarers)。

RIE 育儿法的创始人是出生于匈牙利,毕业于巴黎索邦大学,去世于 2017 年的婴幼儿发展与护理领域专家玛格达·格伯（Magda Gerber）。她在《致亲爱的家长：用尊重来关爱婴儿》[44] 中提出，RIE 育儿法并不是基于某种远方的、异域的文化而构建出的不完善体系，而是结合了儿童发展领域的科研成果和当代西方的个人主义理想观念。

RIE 要求家长从婴儿期就要进行某些关爱仪式，真正做到以孩子为焦点。你要温柔地接近孩子，用尊重的语气，用简单的词汇说明接下来会发生的事，给他做出反应的机会。给孩子换尿布、喂奶、洗澡和哄睡觉的时候，你要说话、唱歌和交流。

在其他时候，只要孩子没有明确要求你去关注他，你就可以把他置于一个安全、封闭、放着诸如带手柄的镜子、餐巾等简单物件的环境里面，任由他自己探索。基本思想是：你要让孩子冷静下来，适应婴儿的生活。RIE 育儿法与依恋式育儿、密集育儿、协同教养的模式截然相反。

珍妮特·兰斯伯里（Janet Lansbury）家住加州好莱坞[45]，二十多年来一直在开设 RIE 课程，撰写相关文章，制作 RIE 音频节目。她说："我带女儿去上 RIE 课的时候，她才 3 个月大。我以前一睁开眼就是逗她开心，真是身心俱疲，满满的挫败感。然后，他们对我说：把她放在垫子上，看着她就好。在那两个小时里，她一直醒着，安静地躺在垫子上吸吮大拇指，朝有光亮的地方看。那是我第一次审视自己的孩子，第一次意识到她是一个有思想、有意识的完整的人。"

RIE 育儿法的许多主张都有扎实的儿童发展研究依据，比如给孩子充分"趴着玩"的时间，允许孩子按照自己的节奏成长，对婴儿说话，向他们描述环境里发生的事情。

　　但是，归根结底，RIE 传达出的感受要比它背后的研究成果更加有力。RIE 是一种关于如何以放松的、尊重的态度陪伴子女的哲学。RIE 的预设是：你和孩子在一起会很开心，但你们各自有其他重要的事情去做。RIE 能帮助你找到一种既有关爱哄逗，又有安静自在的沉默时光的亲子相处节律。

　　而且，RIE 为家长和孩子如何应对沉迷手机的问题给出了一些有力的回应。

　　兰斯伯里说："专家们又是警告，又是批判，却没有人为父母们提供电视以外的其他'保姆'选择，我真是觉得困惑。"她给出了另一种合理的选择：如果你能定期让小婴儿在安全空间里不受打扰地玩开放式玩具，不要为了让自己清闲片刻，就去买那些发出噪音或闪光的东西去吸引孩子的注意力。这样他就会慢慢成长，拿着个橡皮球就能自己玩 45 分钟。（要是有人不相信，不妨去看看兰斯伯里博客里的记录视频。）

　　进步的蒙台梭利教学法也包含了非常相近的内容。玛利亚·蒙台梭利曾写道："环境本身就会教育孩子……无须父母或教师的干预，他们应该平静地观察孩子身上发生的一切。"

　　蒙台梭利的著作建议家长找一些清晰明确的家务活，比如扫地和做饭，然后给孩子帮忙的机会（用专门的小号工具），其余时间就让孩子自己玩耍探索，用的也是开放式玩具。科勒是我的一个朋友，他的岳母是做蒙台梭利教学法导师的，她给夫妻两人的建议是：每天让保姆留出 30 到 45 分钟的时间让 3 岁的孩子自己玩玩具（不要给她能上网的设备），逐步强化孩子自己玩耍的耐心和能力。

审慎适量的独处时间有助于 2—6 岁的儿童成长，对课堂注意力、游戏过程中的想象力、对朋友的耐心都有好处。与此同时，你也可以在看护子女的同时享有大量的自由时间，与老板谈话、给伴侣发短信、洗碗、串门等。

实话说，我想不出来比这更好的主意了。

兰斯伯里说："这是可以从孩子出生起就开始培养的。但是，其他的教学法都不会这么跟你讲，都是说我们要这样或那样地去刺激孩子。"

要想做好，你需要时间、耐心和自觉。RIE 育儿法的核心是：当你真正和孩子一起做事情，或者孩子明确表达出需要你的时候，你要给予孩子"尊重"的关注。通过在适当的时间给予关注，你就给自己、给孩子留出了在其他事件中关注其他事情的空间。换句话说，不要没头苍蝇似的切换任务，让孩子分心，而要有意识地转换注意力的方向。

从我的小女儿出生起，我就开始做更多的尝试了，一部分原因是非如此不可，因为我和老公现在有两个孩子要照看。我们运气不错，小女儿的注意力持续时间相当长。我手机里有小女儿四个月时的视频，她趴在地上拍薄膜彩球和塑料玩具，发出的声音很悦耳，反射到她脸上的五彩光芒更是好看。她一玩就玩了二十多分钟。

你和你的手机

虽然没有实证证据支持"我经常在公园里用手机会对女儿造成不可弥补的情感伤害"，但这不代表我不会因此懊恼。

　　我不是要教育各位成年人如何在家里和生活中使用自己的电子产品。每个人要应对的状况都不一样。就像对小孩子一样，健康合理的对待方式大概有许多种。如果你像我一样是上班族，工作日每天只有 3 个小时看孩子，而不是全职爸爸或妈妈，每天有 14 个小时和孩子在一起的话，那你就更应该打起精神了。

　　但是，如果你像我一样担心自己的行为的话，我可以给出几条建议。

- 千万不要一边开车一边用手机，去游泳池也一定把手机放在一边。
- 睡觉时尽量不要在卧室里给手机充电。
- 睡觉前一小时尽量不要看手机。
- 起床时尽量不要刚睁眼就看手机。
- 尽量关掉除了最重要的应用以外的消息提醒，这个方法对我起了大用。
- 在智能手机的免打扰模式下，只有少数紧急联系人能够联系到你，适用于电影院等场合。
- 尽量删除你觉得最戒不掉的应用，比如社交软件。
- 在门口放个充电插座，进门的时候把手机放上去。

　　美国儿科学会的大卫·希尔博士说："一起吃饭或者孩子需要你关注的时候，请把手机放下，做好用心专注的表率。"

　　珍妮·拉德斯基博士已经与其他儿科医生展开了交流，探讨如何与家长们沟通电子产品的使用问题。她提出："有一点很重要：

认识到你和手机处于怎样的关系，并理解有时很难放下手机的原因。你要明白是什么东西让你压力特别大，或者会打乱你的心绪。是社交软件吗？是工作邮件吗？如果你知道自己对某些科技产品欲罢不能，那么，和家人在一起时就把它放在一边。"

另外，她建议我们把注意力放到手机更积极的用途上，比如"我老公正在出差，发回来一条彩信，我跟孩子们一块看了。我的意思不是说，只要和家人在一起，全部科技产品都要禁掉。只要你懂得如何过滤信息就可以用"。

博依德给出了一条相关的建议：只要在孩子面前拿起手机，一定要向他们讲自己要拿手机做什么，这样能建立负责任、透明的形象。"咱们来看看天气预报吧。""我要给爸爸发个短信，让他买点意大利面和奶酪回来。"

三四岁的孩子已经可以给短信加表情，或者用语音搜索来提问了。

调查过程中，我遇到一位母亲，她家里有几个十几岁的孩子，她就是像上面说的这样做的。她说："他们看我用计算机的时候，我会跟他们讲自己在做什么。"她将自己的做法与老辈人"大人干活，孩子看着学"的做法联系了起来。

"过去，孩子们了解各种事物大多是通过实际观察习得的（看妈妈读晨报，看爸爸写简历等）。现在，科技产品的功能都不是那么一目了然，因此诚实地向孩子说明自己在用手机做什么，为什么要做，这就很重要。乍看起来，写简历、玩电子游戏、付账单、跟朋友聊天、看新闻都差不多。这样做也能约束我自己在计算机上的行为。如果我觉得自己在干一件对身边的孩子羞于启齿的事情，那我大概就应该更好地控制使用电子产品的时间和方式了。"

注释

1　如果你足够明智……：July，Miranda. The First Bad Man：A Novel. Simon and Schuster，2015.

2　女儿坐秋千，你在后面推……：Ferguson，Tonya. "Dear Mom on the iPhone,". 14 November 2012. 4LittleFergusons http：//4littlefergnsons. wordpress. com/2012/11/14/dear-mom-on-the-iphone/

3　这个问题对千禧一代的父母尤其重要……：Millennials Grow Up：New Study Explores the First Generation of Digitally Native Moms & Dads. " Crowdtap，26 January 2016. http：//www. businesswire. com/news/home/20160126006022/en/Millennials-Grow-Study-Explores-Generation-Digitally-Native

4　我的朋友詹妮弗·布莱耶是一名作家和编辑……："I Need My Cell Phone，But It Doesn't Make Me A Bad Parent. " Babble. com. 13 July 2011.

5　2014 年初，她的一份小型观察性研究报告……：Radesky，Jenny S. , et al. "Patterns of mobile device use by caregivers and children during meals in fast food restaurants. " Pediatrics (2014)：peds - 2013.

6　我们倒是知道父母看电视的时间长，孩子看电视的时间也长……：Bleakley，Amy，Amy B. Jordan，and Michael Hennessy. "The relationship between parents' and children's television viewing. " Pediatrics 132. 2 (2013)：e364 - e371.

7　2015 年 6 月，得克萨斯州欧文市……："Mom Arrested After Children Drowned Bonds Out of Jail". CBS DFW. 10 July 2015. http：//dfw. cbslocal. com/2015/07/10/family-supports-mom-arrested-after-children-drowned/

8　从智能手机推出的 2007 年到 2010 年间……："The Perils of Texting While Parenting". Wall Street Journal. 29 Sept 2012.

9　2014 年，耶鲁大学经济学教授克雷格·帕尔松……：Palsson，Craig. "That Smarts!：Smartphones and Child Injuries. " Department of Economics，Yale (2014).

10　车祸是学龄儿童的第一大致死原因……：Borse，Nagesh N. , Julie Gilchrist，Ann M. Dellinger，et al. CDC Childhood Injury Report：Patterns of

Unintentional Injuries Among 0 - 19 year olds in the United States，2000 - 2006. Rep. Atlanta, GA：Centers for Disease Control and Prevention，2008. Web. 18 Apr，2017.

11 据估计，四分之一的致死车祸与手机有关："Cellphone use causes over 1 in 4 car accidents." USA Today. Gannett Satellite Information Network，28 Mar. 2014. Web. 19 Apr. 2017.

12 自 2014 年以来，曾连续下降几十年的车祸死亡人数又开始抬头……：Boudette, Neal E. "U. S. Traffic Deaths Rise for a Second Straight Year." The New York Times. The New York Times，15 Feb. 2017. Web. 19 Apr. 2017.

13 与此同时，一份 2014 年的调查显示，90%……：Macy, Michelle L. , et al. "Potential distractions and unsafe driving behaviors among drivers of 1-to 12-year-old children." Academic pediatrics 14. 3 (2014)：279 - 286.

14 有一个心理学实验的视频……：UMass Boston. "Still Face Experiment：Dr. Edward Tronick". YouTube. 30 Nov. 2009. https：//www. youtube. com/watch? v=apzXGEbZht0

15 从 20 世纪 70 年代起，马萨诸塞大学波士顿分校……：Tronick, Edward, et al. "The infant's response to entrapment between contradictory messages in face-to-face interaction." Journal of the American Academy of Child psychiatry 17. 1 (1978)：1 - 13.

16 德米特里·克里斯塔基斯博士通过控制实验表明……：Christakis, Dimitri A. , Jill Gilkerson, Jeffrey A. Richards, Frederick J. Zimmerman, Michelle M. Garrison, Dongxin Xu, Sharmistha Gray, and Umit Yapanel. "Audible Television and Decreased Adult Words, Infant Vocalizations, and Conversational Turns." Archives of Pediatrics & Adolescent Medicine 163. 6 (2009)：554. Web.

17 我们知道，低收入、低教育程度的父母更可能整天开着电视……：Christakis, Dimitri A. , et al. "Television, video, and computer game usage in children under 11 years of age." The Journal of pediatrics 145. 5 (2004)：652 - 656.

18 强调孩子们的顺从……：Cheadle, Jacob E. , and Paul R. Amato. "A quantitative assessment of Laneau's qualitative conclusions about class, race,

and parenting. " Journal of family Issues 32. 5 (2011)：679 – 706.

19 一些针对移民家庭的研究也发现……：Calvert, Sandra L. , et al. "Interaction and participation for young Hispanic and Caucasian girls' and boys' learning of media content. " Media Psychology 9. 2 (2007)：431 – 445.

20 一份 2014 年的小规模研究表明……：Pielot, Martin, Karen Church, and Rodrigo De Oliveira. "An in-situ study of mobile phone notifications. " Proceedings of the 16th international conference on Human-computer interaction with mobile devices & services. ACM, 2014.

21 2013 年，娜塔莎·道·绍尔出版了……：Schüll, Natasha Dow. Addiction by design：Machine gambling in Las Vegas. Princeton University Press，2012.

22 唐纳德·维尼考特……这时就可以逐渐地不再按照孩子的需求来安排自己的行为："To be good enough. " Canadian Family Physician 55. 3 (2009)：239 – 240.

23 1996 年，社会学家沙朗·海斯出版了一本题为《母亲们的文化矛盾》……：Hays, Sharon. The cultural contradictions of motherhood. Yale University Press，1998.

24 一种接受专家指导、以子女为中心……：Johnston, Deirdre D. , and Debra H. Swanson. "Constructing the "good mother"：The experience of mothering ideologies by work status. " Sex roles 54. 7 – 8 (2006)：509 – 519.

25 社会学家安妮特·拉罗则将关注点……：Lareau, Annette. "Unequal childhoods：Race, class and family life. " Berkeley：University of California Press (2003).

26 大卫·兰西的《儿童人类学：小天使、附属品、换生灵》……：Lancy, David F. The anthropology of childhood：Cherubs, chattel, changelings. Cambridge University Press，2014.

27 如果你在最近十年里养育过孩子，那估计听说过"依恋式育儿"……：Sears, William, and Martha Sears. The attachment parenting book：A commonsense guide to understanding and nurturing your baby. Little, Brown, 2001.

28 依恋式育儿国际推广组织……："API's Eight Principles Of Parenting. " Attachment Parenting International. http：//www. attachmentparenting. org/ principles/api

29 最新数据显示，略超过 50％的美国儿童……："Basic Facts about Low-Income Children Report." 2 Mar 2016. National Center for Children in Poverty (NCCP). Columbia University Mailman School of Public Health.

30 美国是唯一一个没有强制带薪产假……的发达国家，也是九个没有陪产假制度的发达国家之一："Parental leave：Where are the fathers?" Organization for Economic Cooperation and Development Policy Brief. March 2016. https：//www. oecd. org/policy-briefs/parental-leave-where-are-the-fathers. pdf

31 美国是唯一一个没有强制带薪……病假……的发达国家：145 countries mandate some paid vacation days. Earle, Alison, Jeffrey Hayes, and Jody Heymann. "Work, Family, and Equity Index：How Does the United States Measure Up, The."（2007）.

32 美国是唯一一个没有强制带薪……年假……的发达国家：E. M. Hess Alexander. "On holiday：Countries with the most vacation days." USA Today. 8 Jun 2013. https：//www. usatoday. com/story/money/business/2013/06/08/countries-most-vacation-days/2400193/

33 三分之二的美国员工报告称下班后的工作时间……：Harter, Jim. "Should Employers Ban Email After Work Hours?. Gallup Organization. 9 Sep 2014. http：//www. gallup. com/businessjournal/175670/employers-ban-email-work-hours. aspx

34 美国和法国的劳工部门……：具体内容同上注。

35 极其耗费时间的最优育儿法来得真不是时候……：de Botton, Alain et al. "The Sorrows of Work." The Book of Life. http：//www. thebookoflife. org/the-sorrows-of-competition/

36 加州大学尔湾分校发了一篇相关通稿 ……： "Put the cellphone away! Fragmented baby care can affect brain development" 5 Jan 2016. University of California, Irvine. https：//news. uci. edu/health/put-the-cellphone-away-fragmented-baby-care-can-affect-brain-development/

37 但是，这份登上全国报刊头条的证词后来被正式撤回了：Ragland, James. "Irving mother of three drowned children still grieving, and fighting to get surviving kids back home." Dallas Morning News 17 Nov. 2015.

38 她是一名有资格证的护工，在达拉斯当地的年薪约 2.7 万美元……：Douglas, Jim. "Drowning victims' mom：'They can swim. I can swim.'"

The Journal News. 10 Aug 2015. Salary information via Payscale. com.

39 产后失眠既可能是独立的症状……：（仅举一例）Swanson, Leslie M. , et
al. "An open pilot of cognitive-behavioral therapy for insomnia in women with
postpartum depression. " Behavioral sleep medicine 11. 4（2013）：297‒307.

40 与单身女性和父亲相比，母亲要经常多线开工：Offer, S. , and B.
Schneider. "Revisiting the Gender Gap in Time-Use Patterns：Multitasking and
Well-Being among Mothers and Fathers in Dual-Earner Families. " American
Sociological Review 76. 6（2011）：809‒33. Web.

41 在家里，我们要做更多家务……：Cowan, Ruth Schwartz. More work for
mother：The ironies of household technology from the open hearth to the
microwave. Vol. 5131. Basic Books，1983.

42 20 世纪 60 年代以来的调查研究发现，如今父母陪孩子的时间比过去更多
了……："Parental Time Use. " Pew Research. Center. http：//www.
pewresearch. org/data-trend/society-and-demographics/parental-time-use/

43 诗人和评论家艾德里安·里奇于 1976 年发表了《女人所生》……：Rich,
Adrienne. Of woman born：Motherhood as experience and institution. WW
Norton & Company，1995.

44 她在《致亲爱的家长：用尊重来关爱婴儿》……：Gerber, Magda. Dear
parent：Caring for infants with respect. Resources for Infant Educarers，1998.

45 珍妮特·兰斯伯里家住加州好莱坞……："Janet Lansbury's Respectful
Parenting Guide. " http：//www. janetlansbury. com/

8 现代家庭：家长与屏幕

—

我给莱莎·布拉克比尔打电话的时候，她正在邮局排队，她的女儿托丽在那里有个专属邮箱，莱莎经常能收到世界各地爱心人士送来的包裹。

布拉克比尔一家是虔诚的基督徒，为孩子祈祷已经有 2 年时间了。托丽出生于 2014 年 7 月，大概 6 个月大的时候，她表现出了克拉伯病的症状，这是一种罕见的遗传病，会破坏大脑和全身各处的神经元髓鞘。我跟莱莎通话是在 2015 年冬天，那时的托丽不能走路，也不会说话，估计活不过 2 岁。2016 年 3 月，20 个月大的托丽离开了人世。

放在以前，布拉克比尔夫妇会靠着家人、朋友和教会的扶持度过丧女之痛。他们不太可能遇到处于同样境遇的家庭，因为克拉伯病的发病率仅为十万分之一。

不过，他们今天有了一个寻求支持的新去处：社交媒体。

在线父母交流

为本书做研究的过程中，我越发意识到：关于电子产品使用习惯的问题，不谈父母，无以谈子女。每一天，我们有意或无意营造的家庭氛围和做出的选择都在影响着孩子。

美国的成年人花大量时间泡在网上，父母更甚，刚当父母的人尤甚。这种状况早在我当妈妈之前就开始了。一份 2013 年的市场调查报告发现[1]，与怀孕相关的应用下载量已经超过了健身类应用。2016 年的一份报告称，刚当妈妈的人发的状态数是其他人的 2.5 倍[2]，上传的照片是 3.5 倍，视频数更是达到了 4.2 倍。与宝宝相关的帖子获得的"点赞"和其他回应比其他帖子多 47%。2016 年，一家英国非营利机构发布的报告提出[3]，孩子长到 5 岁之前，一对夫妇平均会发 1000 张晒娃图片。

除了分享（有时是过度分享）以外，许多父母还会回答问题。2015 年冬季皮尤研究中心发布的一份调查报告称[4]，43% 的母亲说自己获取育儿建议的主要渠道是书籍、杂志和网站；28% 的人说自己会专门到论坛、邮件群或社交媒体寻求反馈。上过大学的妈妈和幼儿的妈妈尤其如此。从我对 500 个家庭进行的不科学调研来看，90% 的调查对象说自己会通过网络资源来获取育儿信息，最常提到的来源是"网络检索"。

社交媒体为什么会对许多父母产生吸引力？这不难明白。育儿既是私密的事，也带有内在的公共性。你需要支持、安慰、建议和肯定，不只是白天需要，深夜里也需要，特别是在孩子小的时候。但是，如今的父母往往身边没有家人陪伴，而且哪怕失眠也要长时间工作。我们的社交时间有限，难得与朋友面对面交流。"儿童乐园里玩手机的妈妈"在做的事往往和上一代的妈妈没什么区别：与邻居交流信息、向亲戚寻求建议、了解朋友的近况。

然而，正如管理孩子看屏幕的时间带来了新挑战和新机遇一样，管理我们自己看屏幕的时间也是如此。数字媒体带来的人际联系从来都不是中性的。它可能是生命线，也可能让生活变得极度不适乃至危险；它可能会肯定你的选择，也可能会让你陷入自我怀疑；它可能会将你家的私事泄露给网商、黑客或网友，也可能会为你带来丰硕的友谊和美妙的新体验。

本书写作期间，网络谣言和线上骚扰似乎已经从无关痛痒的烦心事变成了重大公共议题。本章背后有一个想法：我希望作为下一代守护者的父母们能够运用自己的道德权威，为网络正能量添一份力。

本章会给出多个案例，并向读者介绍如何最大限度地利用你选择加入的线上育儿社群。首先，我们要有意识地做出这个决定。

点赞与喜欢

莱莎·布拉克比尔从读大学时就开始写博客，如今已有 12 年。她说："回首过去，那些帖子都很傻，我只是想到什么就写什么。"但是，当女儿表现出可怕的诡异症状，不受控制地连续大哭好几个小时的时候，莱莎开始往博客上发治疗进展了。她原本要不停给关心（孩子近况）的亲朋好友打电话，让他们了解情况，而发博客成了一种简化这个复杂流程的方式。

她说："这就像打电话的时候让大家一起说话似的。每个人都能同时获得信息。"另外，有的时候，发帖子比开口说要容易一些。"很多事情很难说出来，特别是我们知道她命在旦夕的时候。那不是我能大声说出来的话（一开始确实如此），但我可以打出来。"

莱莎在博客和社交软件上定期更新状态，状态里有托丽的照片：小宝宝的眼睛睁得滚圆，躺在婴儿车里，裹得严严实实的，鼻子里伸出输氧管。帖子传播得很快。她说："我收到了成百上千条陌生人的好友申请，我过了一阵子才发现自己应该搞个公共主页。"她的公共主页叫作"托丽的胜利"，最后收获了约 13000 条点赞。莱莎注意到，"托丽确诊当天，世界各地有 30000 多人看了我的帖子"，她马上加了一句，"我们发帖子可不是因为这个呀"——"这个"值得主要是关注度本身，而不是物质收益。实际上，布拉克比尔的公共主页从来没有打广告或者呼吁捐助。

恰恰相反，她的博客和主页里都是祈祷、励志名言和持续更新的"托丽最后的愿望"，从全家出去抓萤火虫，到去亲手制作泰迪熊玩偶的小店，再到去迪士尼公园和大峡谷玩。这些幸福童年的种种乐趣被压缩到了短短的几个月里完成。

大多数人都会以各种方式设计和渲染自己的网络形象。莱莎告诉我，在线下日复一日地照顾病入膏肓的孩子远比托丽博客里的微笑照片灰暗得多。一定程度上，这是莱莎对受众的回应。她写道："总有人跟我们说，他们被托丽的希望和正能量所鼓舞。"

莱莎每天照顾托丽 18 个小时，她的丈夫布伦南则全职工作养家。到了晚上，夫妻俩轮流起夜。要经常把托丽的呼吸管里面的水抽走，因此莱莎也睡不踏实。

莱莎每周要更新博客、微博和社交软件几次，经常是一只手抱着已经入睡的女儿，另一只手在手机上打字。她说："由于睡眠时间严重不足，我的语言能力受到了影响。我写博客的时候比面对面说话要更清醒一些。"而且，她不用出门——按照她自己的话说——也不用"牺牲与女儿相处的宝贵时光"就能写博客。

她说，上社交媒体的最大收获就是与其他孩子得了同种疾病的家庭建立联系——那些家长都在一个有几百人的私密小组里。"他们欢迎我加入。他们说，看到你要加入觉得很难过，但小组确实是个好地方。要是我没有找到这个小组，我真不知道我们的生活会是什么样。"2015 年夏天，布拉克比尔夫妇带着托丽和全套医疗设备，驱车四个半小时去参加一场克拉伯病病属家庭交流会，最远的参与者来自新西兰。

通过这种方式，社交媒体已经成为许多种家庭的重要园地，包括性少数群体家庭、跨种族收养家庭、自闭症家庭、多动症家庭、重度过敏家庭，等等。他们都组成了牢固的、以小组成员为导向的线上支持交流社群和呼吁发声平台。

博客和社交媒体主页都是莱莎在运营，在许多方面已经成为她生活的一部分。她的丈夫布伦南表示支持，虽然很少亲自发帖。

有些家人难以理解莱莎为什么要如此公开、详细地记录自己的生活。她说，阻力主要来自老一辈。她说："一开始，家里有的人不是很喜欢我们选择的信息分享方式。"但是，莱莎和布伦南结成了统一战线。"这是我们第一次作为夫妻站在一起，我们就是要站在一起。"几个月过去后，家人都接受了社交媒体是莱莎的重要发泄出口和支持来源。

我在想，托丽的"粉丝"——大部分是女性——在博客和网站上留言，给莱莎一家写信，寄长颈鹿绒毛玩具（长颈鹿是托丽的吉祥物）的动机到底是什么。粉丝说，他们在为托丽祈祷。他们甚至会讲述自己做的关于托丽和托丽康复的梦。她去世后，他们仍然在发"我在生活里从未见过她，但我希望能在天堂见到她。她真是太可爱了。我向上天祈祷，希望你们一路走好"一类的留言。

有时，这种线上替代性情感体验会带有盈利或恶心的味道。有些图片分享网站不得不应对愈演愈烈的"偷娃"（adoption role-play）现象，也就是把别人家孩子的图片发到网上，说是自己的，再配上假身份和假故事。商业科技类杂志《快公司》在 2014 年报道了这一现象：

"有些账号带有恶意的色彩[5]，比方说@adoption_rp，这个号专门发母乳喂养和'裸露'的照片。"

在屏幕的另一端，人们有时会出于个人牟利或其他更阴暗的动机装出和莱莎处于相同境地的样子：病可能是编出来的，孩子也可能是编出来的。但是，最可恶的一件事当属莱茜·斯皮尔斯案。她给儿子加纳特·斯皮尔斯喂盐致其中毒，把孩子的照片发到社交软件上，说他患有慢性病。因此，她于 2015 年以二级谋杀罪被判处有期徒刑 20 年[6]。检方宣称，莱茜患有孟乔森代理综合征[7]，先诱发儿子的种种症状，最后将其"折磨"至死。

面对这样的恶性事件，我欣慰地发现，网民依然有着基本的信任，布拉克比尔一家这样的人还是能够走出去，彼此建立联系的。通过亚文化联合起来的人们或许有着更强的凝聚力，比如布拉克比尔一家的基督徒团体。

莱莎说，她的上万名读者和关注者里面，没有一个人越界或传递负能量。她说，最刻薄的评论也就是质疑她顶着大太阳带托丽去奥兰多主题公园的做法是否明智，因为当时的每张照片里，托丽都在睡觉。

萨曼莎·雷诺与布拉克比尔一家隔着几个州，而且从未与他们见过面，却成了一名热忱的支持者和追随者。萨曼莎的一个女儿只比托丽大几个月，患有一种名为"偏侧增生"的罕见疾病，症状是右侧身体的生长不受控制，而且肿瘤风险会增加。这是一种很难治愈，也很危险的病，但不会立即威胁到性命。雷诺说："它和克拉伯病完全不同。"

一看到托丽的社交媒体主页后，"它就给我的生活带来了希望，起到了很大的帮助。他们对任何人都是真正的鼓舞。"用雷诺的话说，她很感动，决定"传递爱心"。她找动物园的朋友帮忙，为布拉克比尔一家安排了一次费城动物园的专属长颈鹿观赏之旅。

布拉克比尔说："大家一直都特别好。素未谋面却关爱我们和我们的女儿的陌生人给了我们极大的支持。尽管社交媒体有那么多负面新闻，但这件事告诉我们，社交媒体还是有好的一面。"托丽去世后，莱莎还在更新博客。她有了自己的一项事业：推动克拉伯病进入美国每一个州的新生儿强制体检项目。这种病在发病前是可以治愈的[8]。

语境崩溃

丽贝卡·舒曼同样在网上公开、坦诚地讲述自己的育儿经历，但她经历的事情和布拉克比尔大不相同。她说："那是一段非常可怕和痛苦的经历。我不得不辞掉工作。我受到的打击很大，养育子女时很不自在。"

舒曼为网络杂志 *Slate* 撰写回忆录和专栏文章。2015 年 8 月，自称"全网最坏妈妈"的她迎来了人生的转折：她发表了一篇题为"一个哲学问题：对着熟睡的孩子竖中指？"的文章[9]。

作为一名牙尖嘴利的前学者，舒曼希望你能明白——正如她在文章开头所写的那样——她生下女儿时的年纪已经不小了，女儿"对我无比珍贵，远远超过我之前的任何一段个人感情经历。她让我变得更深刻、更宽广，她重新定义了我的人生，我的生活。我疯狂地、迷乱地、令人作呕地爱着她"。

但是，与许多婴儿一样，她睡觉不怎么踏实。舒曼告诉我："我的女儿很可爱，是我的掌上明珠。只不过，我有时都累了，但她就是不肯休息。"她说，有一天，"我用了三个小时才把她哄到床上，结果她刚过十分钟就起来了"。于是，她在社交媒体上发了一张对着总算入睡的女儿竖中指的照片。接着，她经常发各种搞笑的自拍来"庆祝"成功将女儿哄睡着了。

Slate 的一名编辑看到她在社交媒体发的图，就鼓动她写点东西发到网站上。"她吃了一惊，但觉得挺好玩的。"舒曼的社交媒体好友和 7000 名微博关注者显然也有同感。于是，舒曼发表了一篇"竖中指"的文章。她发扬学者本色，引用康德、亚里士多德、约翰·密尔和维特根斯坦来给自己站台，基本观点是：既然她的女儿不了解什么是竖中指，也不可能了解她的意思，那么她大概还会继续这样做——尽管她确实有一点点内疚感。

舒曼明目张胆的"粗鄙"手势与许多当下的养娃玩笑不谋而合。喜剧演员路易斯·C·K靠着对年幼的女儿竖中指，诉说她们有多"令人讨厌"而走红。有一次他在台上说，"我是一名爸爸"。台下响起掌声时，他又说："你们干吗要鼓掌？我可是全宇宙最烂的爸爸呢。"

许多育儿博客、图片社交网站和微博推特账号都标榜颠覆性的真实对话，名字叫作"吓人妈妈""混蛋家长""闭上臭嘴"之类。《快点滚去睡》是一本没有人会真的读给孩子听的"睡前故事书"，不仅销量巨大，而且引发了媒体的轰动。

这种幽默带有发泄的性质。与所有打破常理的言论或内部言论一样，它在大家彼此信任的小圈子里流传效果最好，也可以扩展到成员要经过筛选才能进入，确保每个人都懂规矩的网络社群。问题在于，它很容易被那些不明白的人，或者怀有恶意的人误读。而且，在网络世界里，任何言论都很容易传到意想不到的人，或者不愿意让他们知道的人的耳朵里。丹娜·博依德和爱丽丝·马尔维克（Alice Marwick）等社交媒体研究者将这种现象称为"语境崩溃"（context collapse）[10]。

2015 年，乔恩·罗森（Jon Ronson）写了一本名为《千夫所指》的书，书中讲述了某些在小圈子里发表无聊、不明智乃至种族歧视言论，结果却让言论传扬出去，引发汹涌谴责浪潮的人。有些人丢了饭碗，不得不隐姓埋名。

另一种更值得担忧的网络暴徒还在等着那些胆敢在网上发言的女性。这里的"语境"是父权制，"崩溃"指的是匿名的网络撕去了一切文明的表象。一个令人发指的现实是：如果你是一名女性，在网上发表了关于电子游戏、胖人无罪、流产、政治、性、两性关系等话题，甚至只是使用约会时应用的话，那么你随时可能会招来陌生人的"云强奸"和死亡威胁。

林迪·韦斯特（Lindy West）是一名女性主义作家[11]，她的文字取材于自己作为一名自信、婚姻幸福、"胖得要死"（这是她的原话）的女人的经历。网上有一名无聊人士在微博推特冒充她死去的父亲。她找到这名男子，并将两人对话的录音发到了广播节目《今日美国生活》上。怀着极大的耐心听完对方的话后，她还真的让对方道了歉。尽管如此，2016年总统大选之后，韦斯特还是宣布要退出微博推特[12]，将它称为"只适合巨魔、机器人和独裁者"。

网络骚扰会损害心理健康，令人心神不宁，偶尔还会造成实质的伤害，"人肉搜索"（doxx）就是其中之一，即找到某个人的住址和其他个人信息，然后发到网上。恶作剧（swatting）是网络骚扰的另一种形式，也就是报假警，闹得全副武装的警员堵到受害者家门口。

我说这些要表达的意思是：网络发言有着实实在在的风险，特别是对母亲来说。我们与可怕的地下世界之间只有一层薄薄的窗户纸。社交网络并没有透明或方便的反网络暴力手段。在美国法律的保护下，社交网络企业无须承担用户发表诽谤中伤言论造成的后果[13]。执法部门通常对社交媒体的风险认识不足，不愿意去管"单纯的"语言欺凌案件[14]。马萨诸塞州众议院议员凯瑟琳·克拉克[15]正在大力推动联邦政府加强反网络骚扰手段。克拉克对《她》（Elle）杂志称："我们不可能一网打尽，但一定要提供相应的资源和培训，让人们能够合理地保护自己的安全。"她一直在提案中要求支持网络暴力研究和执法人员培训。她主管的办公室还与社交网站开展了旨在改善网络骚扰举报惩处制度的直接合作。当然，克拉克也被人骂过、人肉过，也被报过假警。

对舒曼来说，当 *Slate* 将她的文章发到社交媒体上之后，她的语境就彻底崩塌了。

"我的公私两个社交媒体账号开始源源不断地收到充斥着拼写错误、污言秽语和死亡威胁的咒骂。"她说。一位名叫凯蒂·麦克古尔（推特账号为 GOPKatie）的女人截取舒曼发的帖子和照片，包装加工一番后放到了博客"联邦党人文集"（thefederalistpapers. org）上，文章题为"惊图！社交媒体竟有妈妈对生病的孩子做这种事！"舒曼说："纯属为了骗取点击量，简直是 Upworthy 的反面，Downworthy。"Upworthy 是一个专门包装和输出励志正能量内容的网站。

舒曼觉得很懵。她认为自己的文章是一种更广泛的对话的一部分。在她看来，从语气和开放度来看，这篇文章并不比她写过的其他东西——比如，关于流产的文章——更出格。麦克古尔的文章（*Slate* 以侵权为由成功地要求她删除了帖子）将舒曼描绘成了文化败坏的化身。另一篇相关的右翼博文则将舒曼称为"虚伪的、可鄙的、垃圾的、自我放纵的、心理有问题的自由派"。

公众的反响还要更大。"我每个小时都能收到三条威胁我的私信。我只得将个人社交媒体关掉，换了个用户名，屏蔽了搜索，以免接到死亡威胁，我每次都是手动登录社交媒体。"她说，社交媒体完全没有帮助她抵制网络暴力。"一些网友说，我的孩子应该去死，好给我长个教训。而社交媒体一副无所谓的样子。"

就在一个月前，舒曼就预见到了自己的处境。她在 *Slate* 发了另一篇文章，副标题是"要是我的糟糕育儿法传开了，那可怎么好？[16]"。文章围绕一起短暂的网络公案展开：一户缅因州的人家去餐厅点了一份煎饼，结果 45 分钟才上桌，那家人的小孩哭闹起来，餐厅老板就骂了他们一顿。双方先后在美食点评网站和社交媒体上吵架，接着又闹到了博客和某些"本来应该报道更有意义的事情"（这是《华盛顿邮报》的原话）的新闻媒体上。

舒曼后来写道："现如今，跟小孩子有关的无聊嘴仗经常成为全国性的大新闻。"

这话说得不错，但原因何在呢？

病毒式育儿

我与沃顿商学院的教授、《疯传：让你的产品、思想、行为像病毒一样入侵》的作者乔纳·伯杰（Jonah Berger）交流过为什么会有这么多与父母育儿相关的病毒式传播内容，不妨称之为"妈题党"。他告诉我，首先，任何会引发正面或负面强烈情绪的内容都有内在的传播性，这当然适用于那些包含可爱又脆弱的小孩子的故事。

其次，只要有冲突存在，人们就会主动站队。

他说："我觉得育儿有一点像洋基队和红袜队，好像非要争个对错似的。"当代的育儿界笼罩在焦虑的氛围中。部分原因在于，我们失去了一部分社会凝聚力和等级制度，在过去的人那里，这两个因素会鼓励父母诉诸长者、教士或医生的权威。同时，当代的主流育儿意识形态是密集育儿和协同教养，要求父母进行大量研究，做出几十项相互独立的育儿决策，每一项都有巨大的潜在风险。你把我的书买回来读，这就是努力发掘育儿信息的一个例子。

那么，我们已经投入了这么多时间和精力得出了自己的结论——比如说，如何让孩子养成良好的睡眠习惯——用伯杰的话说，"我们当然希望自己是对的"。于是，父母们就更可能极力维护自己的选择，反对一切和自己不同的选择。

这种倾向有其危险性，而且不只是打扰丽贝卡·舒曼一类的母亲的平和心境这么简单。

与育儿相关的最恶劣的社交媒体事件当属现代反疫苗运动。

1998 年，著名英国医学杂志《柳叶刀》发表了一篇论文，表明麻疹、腮腺炎和风疹联合疫苗（MMR 疫苗）与自闭症谱系障碍有关[17]。2010 年，该文被正式撤稿，作者也受到了业内的谴责。但是，文章发表以来，关于疫苗危害的各种阴谋论便层出不穷。疫苗接种率在加利福尼亚、华盛顿、科罗拉多、康涅狄格、肯塔基、亚利桑那等州显著下降[18]。早在 2000 年就被认为灭绝的麻疹死灰复燃[19]。这种疾病对低龄儿童可能致命或导致永久性听力丧失。

父母不让孩子看医生对任何行业都没有好处。反疫苗运动的领导者是家长，通常是受过高等教育的富裕家长，甚至有珍妮·麦卡锡和小罗伯特·F·肯尼迪等名流，他们通过社交媒体向他人直接输出自己眼中的"重大公共安全威胁"。总统本人向来钟爱各种阴谋论，曾为肯尼迪和他的观点站台[20]。

蕾妮·德雷斯塔住在湾区。她的儿子快一岁的时候——还不到接种 MMR 疫苗的年龄——媒体报道称旧金山湾区捷运系统有麻疹患者上车，可能传染了上千名乘客[21]。

德雷斯塔说："我感到很苦恼，因为我是乘坐公共交通工具的。麻疹可是致命的病。"她开始查询当地幼儿园的疫苗接种率；加州会把这个信息发在网上。她周边有两所幼儿园的疫苗接种率不到

40％，大概是因为受过高等教育的有钱家长选择不接种疫苗吧。
"我都吓坏了。"

德雷斯塔的孩子需要大量照料，她的丈夫又在美国的另一边工
作，于是她只能依赖网络育儿社区来寻求支持和建议。但是，她通
过科技行业的亲身工作领域明白，线上交流存在种种弊端，比如她
所说的"激情不对等"现象，叶芝有一句名言描述了同样的现象：
"最优秀的人犹豫不决，最糟糕的人却激情澎湃。"

德雷斯塔解释道，如果你只是一名普通家长，老老实实听医生
的话，认可疫苗对孩子有利的医学界共识，那么你不会有多大动力
跟别人讲。但是，如果你的孩子患有无法解释的自闭症，或者你相
信自疾病控制中心最高层以下的业界人士都在隐瞒真相，那你肯定
愿意跟别人讲。家长越是愿意听信社交媒体的谣言，而不是传统专
家的观点，他们就越可能听不到理性的声音，任由阴谋论摆布。

2016 年，德雷斯塔在《快公司》杂志撰文称[22]，社交网络的某
些内在缺陷使其成为阴谋论的"信号放大器"。如果你在社交媒体
上搜索与疫苗相关的小组，反疫苗运动的小组会排在最前面，因为
这些小组的数量更多。如果你点开了一篇反疫苗运动的文章，搜索
引擎的算法就会打着"个性化"的名义给你显示越来越多的同类文
章。这些网站完全不会筛选"可靠的医学证据"和"胡说八道的内
容"。2015 年，谷歌宣布将利用"知识图谱"数据库[23]来解决这一
问题：当人们搜索医学关键词时，谷歌会突出显示来自可靠医学权
威的信息。

用伯杰的话说，阴谋论仍然在"疯传"。德雷斯塔写道："2016
年，一份针对妈妈们常用的社交媒体中疫苗相关内容的研究显示，

75％的内容都是反疫苗的。这与世纪初的情况相比是极大的变化，当时反疫苗的内容据估计只有 25％左右。"

德雷斯塔和一批家长建立了名为"加州疫苗运动"的组织，代表普通母亲和常识为网络提供另一种声音。通过与公共卫生团体的合作，他们成功游说加州议会通过了强制疫苗法案，从而杜绝了家长因为"个人观念"而不让孩子接种疫苗的情况。德雷斯塔也被"人肉"了，而且继续受到网络阴谋论信徒的骚扰。

她承认，"外界确实有激烈、恶劣的反对者"，但"我认为，就算去除不利影响，我们的成果还是有正收益的"。她为你我这样的家长传递了一条信息：不要害怕代表理性和常识发声。为了我们自己和我们的孩子，请为反击回音室效应付出一份力（当然，要确保安全）。

数据金矿

有一个问题很重要：上述风波的受益者是谁？对个人来说，在网上分享育儿经历有好处，也有坏处；同时，它也为其他人创造了有价值的数据流。社交网络的老板和购买社交媒体广告位的公司会从你、我和其他父母投入的时间和关注中赚取利润。然而，他们应对网络暴力和危险谣言的传播时却似乎颇为迟钝。

以家长为目标的互联网产业规模大，势力大，利润更大。营销从业者发现，在 21 世纪，为人父母或许是成年生活的标志性转折。之前提到的 2015 年冬季发布的皮尤报告中写道，94％的父母说养育子女对自我身份认同"非常"或"极其"重要。

接受新的身份时，我们是脆弱的。我们要形成新的习惯和感情。我第一次怀孕，肚子有几个月大的时候，我偶遇一位老友和她14周大的女儿。我还记得个子小小的她使劲把婴儿车从轿车里往外搬，摆弄着大号尿布包的样子。她想让孩子对我笑，小家伙却是一脸不高兴的样子，那场面真是尴尬。

这种别扭的想法，给别人留下好印象的欲望，臆想自己受到别人的审视——我突然意识到，我们俩十年级的时候不就是这样吗？

怀孕和初为人母的阶段很像第二次青春期。身体当然有变化，浑身都是荷尔蒙，情绪特别强烈。另一个共同点是都要努力进入新角色，还有随之而来的人际关系变化与对安慰和肯定的迫切欲求。

前文提到的博依德是社交网络领域的奠基性研究者。她论证道，社交网络是形成和检验新身份认同的竞技场。这正是青春期的孩子们热衷于社交网络的原因，也是他们过去喜欢加入各种边缘群体和亚文化的原因，比如锐舞客、极客、哥特、饭圈或性少数群体等。

初为父母的人也需要安全的空间来搞清楚自己的身份。

20世纪90年代的青少年在商场逛街时，消费文化与身份认同形成就有着明显的联系：酷小孩穿那种牛仔裤，喝这种苏打水。与商场一样，社交网络也是商业空间，只是上网消耗的通货不同。数据就是你的产品。社交网络就是要把你牢牢吸引，让你不断地接触广告。

莫拉·阿伦-梅莱是一名数字营销专家，从1999年起就在帮助各个品牌接触母亲消费群体。她说："从消费者的角度来看，妈妈们简直就是圣杯。搞营销的人爱死网上购物的千禧一代妈妈了。"

《金融时报》称，对营销者来说，一名怀孕的妈妈抵得上同年龄、同性别、同地点的两百个普通人[24]。因此，塔吉特（Target）等公司才会开发购物决策扫描算法[25]，以便发现怀孕的妈妈。《纽约时报杂志》报道，有一名明尼苏达州的少女怀孕了，还没等她向父母坦白，塔吉特就已经开始往她家送孕妇装和育婴用品的广告了。微软的研究员宣称，他们单凭网络检索就能预测一个人怀孕的周数。

我的朋友珍妮特·维特斯（Janet Vertesi）是普林斯顿大学社会学教授，研究领域是技术社会学。她研究过不少有趣的课题，比如围绕分享火星探测车发回图片形成的文化现象，以及美国国家航空航天局（NASA）内部组织的秘密。

2014 年，维特斯进行了一场兼具私人和学术性质的实验：她试图向大数据隐藏自己怀孕的事实。当时，她正在研究人们对网络个人信息的保密程度，以及信息保密的各种选择。

互联网沟通联系的作用越来越大，好像成了全国高速公路网或电网一样的公共设施。我们也是这样看待它的，把它当成理所当然的背景资源。

但是，我们使用的网站和平台并不像公路网那样具有公共性。它们是由私人机构出于自身目的而建立和维护的，其中一大核心目的就是获取数据用于营销。

维特斯在一篇相关论文中写道："在当代的互联网公司中，个人数据是头等大事[26]。"与客厅墙壁里面的各种管线一样，互联网有一整套隐藏的基础设施，专门用来获取你上网时留下的数据："bots、cookies、trackers、canvases 等数据嗅探器正在卖力记录用户的点击、点赞和购买信息。"

为了揭露这套基础设施的工作机制，她决定要躲过它的追踪。

为了不让营销者发现自己怀孕这个重大利好消息，她要付出哪些个人代价呢？

躲开追踪可不容易。维特斯放弃了常用的浏览器 Chrome 和 Safari，开始用 Tor 浏览器上网。Tor 会将数据流在国外代理服务器中层层传递，被视为恐怖主义和其他非法活动的避风港。不过，她只是用 Tor 来浏览该给孩子起什么名字而已。她只用现金购买育婴用品，不仅麻烦，而且不能使用会员折扣。网购时，她会使用现金购买的礼品卡支付，而且送货地点不是自己家，而是租来的储物柜。她不许家人和朋友在社交网络提到自己怀孕的事。她有个叔叔在私信里说起她怀孕，结果就被她取关了。她不得不向叔叔解释说，"私信"的"私"是针对其他用户而言的，但网站保留将私信用于定向营销的权利。电子邮件乃至我正在使用的谷歌文档的"私密"也具有同样的矛盾：其他人或许确实看不到你的文字了，但公司总是能看见的。

为了不让大数据知道自己子宫里的小生命，她基本上活得既像间谍，又似罪犯。

临产前几周，维特斯在一次小型互联网文化会议上发言介绍了自己的研究课题。当然，消息马上就传开了。《时代周刊》、《福布斯》、《进步思考》、NPR、女权主义时尚博客（Jezebel）、《赫芬顿邮报》、互联网新闻博客（Mashable）等网站争相报道。产后康复期还有电视台请她做节目嘉宾。她说这次说走嘴的经历让她不堪重负，拒绝接受相关采访。

私人部分

维特斯的实验提出了一个问题：家长应该如何看待自己和孩子的网络隐私？大多数人不会像维特斯那样极端。实际上，她的部分初衷在于说明这种做法在当前情况下并不实际。

前面涉及学校的那一章里讲过，这里涉及的伦理和法律议题有很大的流动性。便利和隐私之间的权衡取决于你当下最关心什么。

如果垃圾邮件确实让你生气，你可以给促销信息专门设一个邮箱地址，少安装应用，经常清除浏览器的 cookie。

如果你不愿意受监管，或者想要抵御骚扰的话，那就必须远离社交媒体，最起码要尽量在平台使用单独起的假名（有些平台要求实名制）。我有一些自我保护意识比较强的朋友，他们已经在用 Signal 等加密通讯平台了。

如果你害怕身份被窃，一个办法是给自己的信用报告加上诈骗警报或者只读，也可以用 LastPass 或 Dashlane 等密码管理软件为各种网络账户生成唯一的安全密码。

如果你遭遇家暴或者尾随，那么上述措施可能都应该用上。全国终结家暴组织推出的"安全网计划"（Safety Net Project）是一个不错的资源。

就我个人而言，我的照片和真实姓名基本已经挂在网上了。我会经常改密码，退订不必要的邮件列表。进行某些搜索时，我还会开启浏览器的无痕模式，避免这些关键词出现在浏览历史里。（我可不会告诉你是哪些关键词。）

发女儿的信息就是另一码事了。我正在为她们的数字身份奠基，而且基本没有办法掌控这些信息之后在各种语境下会得到怎样的运用。有些人强调父母要保护孩子的隐私，主张永远不要把孩子的头像传到网上。随着面部识别技术的不断发展，凭借一个人 3 岁的照片确定并追踪到 23 岁的他很快就会成为可能。还有的人用孩子的名字注册社交网络账号，目的是掌控"知识产权"，也就是孩子的身份。另外一些数字伦理学家论证道，我们应该有权利删除或封存 18 岁以下未成年人的数字身份，却没有说要如何实施。

总体来说，欧洲各国对隐私权的保护力度比美国大，比如规定用户有"被遗忘权"。2014 年，欧盟做出裁定，赋予公民向商业网站和谷歌等搜索引擎申请撤销不实或无关信息的权利。

法国和德国警方公开向家长发出警告[27]，不要上传令人尴尬的照片。法国规定，侵犯他人（包括家人）的网络隐私权可判处一年有期徒刑和最高 43000 美元的罚款。

但是，回过头再来看：一名孩子在 5 岁之前平均会有 1000 张图片传到网上，我敢肯定自己至少传了 2000 张。我们难道都侵犯了隐私权吗？

艾丽西亚·布鲁姆-罗斯（Alicia Blum-Ross）和索尼娅·利文斯通是伦敦政治经济学院"数字未来下的育儿"研究课题的负责人。艾丽西亚在访谈中问过家长们是怎样分享孩子信息的。与我一样，她不赞同对晒娃家长口诛笔伐。她说，鉴于人们对这些问题的看法还处于变动中，"你不应该打着某种想象出来的未来隐私权的旗号，就到处跟家长说，他们不能做那些他们觉得有用处、有现实好处、令人安心的事情"。

我不会上传女儿的全名、生日或家庭住址。目前为止，谷歌上能搜到的关于她的信息只有一条：她的曾祖母的讣告。我对照片倒是不太担心，不过我知道很多人更愿意通过短信、邮件或谷歌相册小组等功能分享照片，而不是发到社交媒体上（即便如此，谷歌或运营商的内部数据嗅探器仍然能够发现这些图片，只是不对外公开而已）。我每次发别人家孩子的图片都会提前获得同意，因为各家有各家的规矩。我也不会发孩子裸露身子的照片，或者其他我认为很尴尬的照片。

随着女儿渐渐长大，我也日益需要在将她的信息发布到社交媒体上之前征求她的意见。2016 年，密歇根大学的研究团队询问了 249 对亲子关于社交媒体规范的看法[28]。孩子们（10—17 岁）希望父母在社交媒体上传信息之前征求自己的意见，而父母对这个问题的意识要薄弱得多。

我不会非要在社交媒体平台上加孩子"好友"，但会时不时监督一下。我还会告诫她：不管是什么东西，发之前都要停下来想一想，想象屏幕对面是老师或爷爷奶奶。她的网络身份会逐渐交给她自己管理。

我与自称家庭隐私专家的琳妮特·欧文斯（Lynette Owens）进行过一次关于网络隐私的对话，实在有点泄气。她是一家安全软件公司的 CEO，还是"儿童与家庭互联网安全保护组织"（ISKF）的创始人，这家非营利组织旨在帮助家长安全上网，在业内属于前几名。ISKF 会派志愿者与全美各地的家长教师联合会座谈，探讨如何让孩子们安全、高效上网。

ISKF 的基本建议包括：关掉孩子电子设备的位置感知功能；将

图片等社交媒体账号默认设为"仅自己可见"；永远不要分享家庭住址；关掉平板电脑和手机的内购功能；每台设备要设置不同的密码。

但是，在谈话过程中，我问她："我听了你说的话。基本每个人都在那些网站上。如果你把位置感知这样的功能关掉，那么应用就没法用了。隐私条款确实很难懂，经常有变更，实在难以把控。即便你的孩子不上传，他的小伙伴也会上传。我们难道只能无奈摊手吗？"

她答道："你也知道，在某些方面，我们只能摊手。"

这个回答可没法令人满意。

败兴鬼

俗话说："攀比是败兴鬼。"（有人说出自西奥多·罗斯福。）我们在网上找认同、找朋友的快乐就受到了社交网络平台内一种不良倾向的影响：这些平台要把我们拴住，激发我们的欲望——不是平复受伤的心灵，不是获得问题的解答，也不是将我们引向与真人的对话，而是激发我们的焦虑，挑起我们的愤怒。初为父母时的争执——身体、情绪、心理、社会、经济等各个方面——为社交媒体提供了养料，社交媒体则放大了这些争执。

普通家长不会像布拉克比尔夫妇那样将互联网当作精神支柱。大多数家长也不会像丽贝卡·舒曼那样自诩"全网最坏妈妈"。但是，父母在社交媒体上仍然会面临一些更微妙的情感陷阱。

在 2016 年的一篇育儿与社交媒体关系方面的综述性论文中[29]，

澳大利亚堪培拉大学的德博拉·鲁普顿（Deborah Lupton）观察到，"与之前相比，育儿的某些方面更容易接受其他人的审视（可能还有评判）"。当我想到"育儿的公开表现"时，我其实想到的是一些非常私密的事情。

"妈妈，来我屋里敲敲敲嘛。"

这就是屏幕时代的入睡仪式。露露三四岁的时候，睡觉前要先吃蔬菜和一勺冰淇淋，洗澡，收好玩具，贴上"好孩子"小红花，读 3 本书，穿上冰雪奇缘的睡衣，抱着粉色的小兔子，两盏小灯都不关。为了缓解她与爸爸妈妈分开的焦虑，帮助她入睡，我和亚当有时会——好吧，其实是经常——静静坐在她屋里用笔记本。

我在看什么呢？

到亚马逊和生鲜直达上买东西，回复工作邮件，看奈飞的节目。

2 岁都不给孩子断奶的瑜伽妈妈会在夏威夷沙滩做倒立。

潮人妈妈会给孩子穿上汤丽柏琦的平底鞋和运动上衣摆姿势。

铁公鸡妈妈不舍得买卫生纸，就用布头制作"家庭用布"（没错，这是真事）。

烘焙妈妈会照着《冰雪奇缘》里艾莎城堡的样子制作亮晶晶尖塔形的翻糖蛋糕。

还有：

零麸质、零坚果成分的原始人饮食法妈妈。

把《圣经》金句藏在麦片碗底下的家教妈妈。

带孩子去森林捡松果，去沙滩捡卵石，开心玩耍好几个小时的自然风妈妈。

给孩子制作"愤怒的小鸟"午餐的便当妈妈。

家里有 4 个不到 3 岁的孩子，展示钢铁腹肌，发"你凭什么不?"之类励志状态的健励妈妈（健身＋励志）。

带着老公和两三岁的孩子坐进拉着手工复古蕾丝窗帘的定制清风牌房车，开上加州一号公路，坐在大瑟尔的岩石海岸边享用现摘有机草莓，最后住在俄勒冈州的翻新农舍里，看着祖传大公鸡在院子里进食的另类妈妈。

她们都好淡定，好漂亮，个个都是最好的年纪。我呢? 弓着身子，眯着眼睛看计算机屏幕。大腿的肉松松垮垮，鱼尾纹以分钟为单位增长。密集育儿的神话通过育儿博客和社交媒体得到了终极的表达，令我们所有人望洋兴叹。

我们不是惩罚自己，就是朝别人丢石头。

加拿大演员瑞恩·雷诺兹发了一张以不正确的姿势背着 6 个月女儿的照片，结果招来了上千条差评。一篇诋毁他的文章写道[30]：

"金·卡戴珊经常因为她发的诺斯照片而被批评，被说成是坏妈妈。还记得威廉王子没有将刚出生的乔治王子好好放在座位上的事吗? 布拉德·皮特说，他给孩子喝可口可乐是为了让他们上午有精神，但在公众眼里，这就成了滔天大罪! 唉! 还记得小甜甜布兰妮开车把孩子放在大腿上的事吗?"

十几年前，我们为明星父母营造出的高不可攀形象而忧虑。如今，他们在社交媒体上和其他任何人一样会受到批判。但是，布拉德·皮特和金·卡戴珊最起码有钱有名，权当招黑的补偿。当你身边越来越多看似平凡的女人努力营造出完美的形象时，那个问题又来了：你凭什么不？

我只在晚上看这种东西。睡意上升，智商下降。晚上 9 点时，我可能在写作，校对，看《纽约客》杂志；但到了十一点半，我就只上各种社交媒体的育儿版了。翻翻翻，点点点。

Huffington Post 是全网流量最大的网站之一[31]，育儿版更是稳居全站第一的宝座，尤其是移动端访问量——那可都是一只手拿手机，一只手抱孩子或者操作微波炉的妈妈们的贡献。《纽约时报杂志》发表了一篇题为"艾莲娜·赫芬顿不可思议、不知餍足的内容机器"的文章，作者大卫·赛格写道："有些爆款文章将目标对准了深夜刷社交媒体的妈妈们，她们似乎很希望有人告诉她们：都这么晚了，别上社交媒体了。"Huffington Post 资深社交媒体编辑爱森·费迪达说："你知道吗，'别再拖延，快去睡觉'、'戒断电子设备'一类的帖子都特别受欢迎。"我真是开了眼界。

什么内容让你欲罢不能？是优势，还是不足，还是两者一起的？是莱莎·布拉克比尔，还是丽贝卡·舒曼？是那个生孩子以后胖了二十多公斤，从此羞愧得不敢出现在家庭合影里，不禁让你流泪的女人吗？还是那个经营一整个牧场，养出四个自力更生、勤奋努力的金发孩子，吃杀手布朗尼蛋糕和玉米饼，亲手挤奶和制作培根，看起来容光焕发的"拓荒风"妈妈呢？

妈题党

偶尔看些妈题党（针对妈妈的标题党）文章亦可怡情。但是，许多研究都发现，过多使用社交媒体与抑郁症的症状存在关联。

2015 年，休斯敦大学和密苏里大学分别进行的两项研究得出了同一个结论：这种关联的具体中介因素似乎是将自己和他人做比较的行为。

深夜刷文章的时候，我很容易忘掉：育儿媒体——不管是不是社交媒体——仍然是媒体。那不是站在屋外晾衣绳底下的妈妈之间的闲聊，而是一大帮出版人、广告人和商人日复一日、处心积虑地琢磨着如何抓住我们的眼球。这可是一个超级大蛋糕：消费贡献了美国经济总量的 70%[32]，而 70%—85% 的消费都握在女性手里[33]。那帮人会努力调动我们的情绪，让我们一直点点点，买买买。

妈妈博客（mommy blogging，在英语里带有贬义，很多人都反对使用它）是一个发展到极大规模的"小作坊"产业。有人估计，多达三分之一的博文都是由 1400 多万名妈妈写出来的（虽然内容未必都与育儿有关）[34]。

在最好的情况下，妈妈博客、育儿主题的社交媒体用户就像当代版的露西尔·鲍尔和艾玛·邦贝克，为了名利而捏造自己的家庭生活（往往还会丑化）。但是，在社交媒体时代，内容制作者的产品管理要少得多。摄影师不会跟到鲍尔家里，详细了解她与德西·阿南兹结婚 20 年后决定离婚的全部细节。身为报纸专栏作家和电视人物的邦贝克也不会使用孩子或丈夫的真名和照片。

与电视面世的初期一样，妈妈博客——现在又成了播客——里面醒目的广告可能会很不和谐：刚刚还是产后抑郁的真情故事，突然就弹出擦窗户服务的优惠信息。

早在 2008 年，沃尔玛[35]就招揽了一批妈妈博主为公司的广告、店面、服务提供反馈，并建立了一个"省钱社区"。2009 年，通用磨坊[36] 建立了自己的博客网站，共有 900 多名博主，其中 80％是妈妈，博主会收到评测样品、优惠券和赠品。大多数其他大型消费品牌也会搞这种宣传，还有专门为博主和品牌牵线搭桥的公司，比如莫拉·艾伦斯-梅勒供职的那一家。

2015 年，《快公司》杂志介绍了苏珊·彼得森成功创业的故事[37]，她是一名犹他州普罗沃市的全职妈妈，平时写博客打广告。彼得森说："读者对博主推荐产品的信任源于他们与博主之间的深层情感联系，以及共同的母亲经历。"

彼得森告诉笔者："做母亲有很孤独的一面。"她指出，女人生产后往往要好几个月独自照顾新生儿。尽管她如此孤立无援，却仍然要应对重大的身心变化。

这可真是推销的绝佳时机。

最近，针对妈妈的媒体也赶上了互联网新潮流，将主阵地从博客转向以图片为主的社交平台。面对这一变化，克里斯腾·霍尔顿总结道："我觉得大家的注意力持续时间变短了，博客在千禧一代的妈妈中间不如以前流行了。"她开设博客"反抗小货车"（Rage Against the Minivan）是在 2007 年，当时她正在办理第四个孩子的收养手续（她家是跨种族家庭，除了两名亲生子女，还收养了两名海地的孩子）。2010 年，博客就成了她唯一的收入来源。她现在依然经常更新，既有种族歧视、跨国收养这样的严肃话题，也有生活方式类的轻松文章。

但是，她目前已经把一部分精力转移到了运营图片社交应用账号"assholeparents"（字面意思是：混蛋家长）上面，这个账号专门发小孩哭的图片，文字说明都是"我不让她吃饼干……因为该睡觉了"一类。霍尔顿观察到，"我认为广告商并没有真正跟上潮流，他们还是会往博文投钱。不过，实话说，图片社交应用广告能抓住的眼球大概会更多"。

妈妈博客固然有其局限性，但是，在我们的注意力从一大批独立写作发表的博客转向以图片为主、由企业运营的媒体平台这个过程中，有些东西是丢失了的。漫漫长夜里，我读到过一些帮助我、触动我、启发我、抚慰我的优质博文，要是想从打着滤镜的社交媒体照片和密密麻麻的标签里得到同样的收获，那可就难了。

清醒时间到

刚当妈妈的时候，我偶尔发现了"有事问小莫"（Ask Moxie）博客，之后再没有离开。

"有事问小莫"是一个特别温暖的育儿指导博客，令人既安心又平静。这不仅是博文本身或者极简设计风格的功劳，还有尊重和支持作者、视角多元的读者评论，还有正确的拼写和语法。阅读量最大的帖子是幼儿睡眠指导帖，以及她对"睡眠倒退"现象的解释。出于发育方面的某些原因，孩子到了一定年纪就会发生这种现象。小莫的博文既令人感动，又很有帮助，讲述了自己走离婚共同监护的程序，以及她和儿子就种族歧视、同意等问题进行的艰难对话。但是，她也会经常回到那句百听不厌的箴言："对你的孩子来说，你就是最好的家长。"

当我跟小莫（真名是玛格达·派克森尼耶）通话时，我发现自己变成追星族了。跟她说话有点像跟奥普拉说话。我希望得到直击心底的慈悲与智慧。我确实得到了。

她说："2005 年开始写'有事问小莫'的时候，我有一个三岁半的孩子和一个半岁的孩子。我发现网上的育儿内容都是两极化，因此觉得特别沮丧。"

与伯杰一样，她也提出两极化有利于营销。"要么是成天把孩子背在身上的希尔斯大夫，要么是把孩子绑在凳子上，四个小时过来看一眼的斯波克博士。"

"有事问小莫"两边都不站，主旨是找到最适合你自己的育儿方式。"我完全不在乎别人怎么做。我希望大家都能为自己的决定感到高兴。我的目标是建立一个网络里的小园地，让人们可以坦诚相待，彼此支持，求同存异。"

我很快意识到，派克森尼耶之所以能独树一帜，是因为她从来不直接靠博客赚钱。她的主业是管理咨询师，也会通过电话提供付费育儿咨询。（RIE 专家珍妮特·兰斯伯里也是类似的模式，她的博客也是一个相当放松的地方。）

派克森尼耶说，"有事问小莫"冷静低调、不说废话的风格源于她的母亲。"我能经营这个社群的部分原因在于，我不觉得当妈妈就要时时刻刻都开心。我妈妈经常跟我讲带孩子的难处。我从来不指望每时每刻都是阳光灿烂，我也不觉得有必要瞒着不说。这就和我在网上遇到的很多人大不相同，他们振奋的样子好像刚拿到空头支票似的。"

她触及了新一代受过高等教育、事业有成、对自己和他人怀有极高期待的女性心中的不满乃至痛苦情绪。"她们是杰出的职场女性，就觉得自己也会是杰出的妈妈。但是，公司里有绩效指标，达到了就说明做得好，当妈妈可没有这一说。"

她们眼里只有成功和失败。当我开始写文章，说我不喜欢成王败寇，养孩子没有对错，放轻松就好时，大家的反应都是："我也这么想！"

小莫对妈题党的价值和历史地位有自己的看法。

"如果我们还住在村庄里，那就用不着到网上找说话的人。但是，我们已经离开村庄了。现在大人和孩子的比例是一比一，甚至可能是二比一。如果你整天和一个孩子待在家里，我的天哪，你可怎么活呀？"

她指出，这并不是新出现的问题。"对女性来说，到底是现在的互联网时代更好，还是贝蒂·弗里丹写《女性的奥秘》、女人吸毒品的时代更好呢？"当然，这两者并不是互斥的。君不见："妈妈的鸭嘴杯"和"饮酒时间"已经成了妈妈博客的常驻词汇？

与她对其他育儿议题的看法一样，小莫认为家长对社交媒体的运用也有一条中间道路。她说："这得看你怎么用。如果你知道自己在做什么，专注于真实社交，那社交媒体就再好不过了。如果你只把它当成一个大喇叭，琢磨着集赞和赚小红心，那社交媒体就会毁掉你。"2015 年，佩斯大学发表的一份研究报告[38] 表达了同样的看法。报告指出，抑郁症表现与社交媒体的陌生好友数存在相关关系，原因还是"消极社会比较"的危险。

"有事问小莫"让我明白，网络还是有家长能够进行温馨对话、获取可靠信息的场所的。这些场所并非偶然，而是网站运营者和执行社区规范的版主（通常是志愿者）共同努力的结果。

"四海为家"（Global Natives）是一个致力于改善人际关系的大

型育儿社区，创立于 2009 年，全球活跃会员数约为 25 万人，主要目标是组织文化教育性质的交流活动，尤其针对少年群体。与学校和非营利机构组织的传统交换项目不同，四海为家的模式是帮助双方家庭直接对接。这种模式的费用更低，而且由于双方交换前会建立融洽关系，所以关系可能会延续多年。有小孩子的家庭也会通过四海为家网站到外国家庭里度假。

2015 年，四海为家的创始人尼娜·普罗丁格（Nina Prodinger）进行了癌症治疗。由于这段经历，她和共同创始人们开展了一场对话。用实际负责这场实验的心理学家迈克尔·吴（Michael Wu）的话说，对话旨在通过"深入人们的真实生活、苦恼和希望"，探索四海为家能够做出的新贡献。四海为家邀请会员们自愿参加"砍掉废话"的活动，条件和要求都说得清清楚楚，"不要隐瞒、假谦虚、粉饰，不要明里暗里贬低别人，在充分了解人性之前不要涉足政治或宗教"。

从好的方面看，会员同意"语言简练"、"单刀直入"、"开放包容"，讲述家人的优点和缺点，与别人分享那些希望别人也会与自己分享的内容。

约有 12000 名会员同意参与一年以上。吴后来调查了许多参与者。他报告称："91％的参与者说他们准备严格遵守真话原则，在所有网上活动中都要说真话——从日常邮件到业务往来，再到社交媒体。最后，他们感觉在网上说真话大大提高了生活质量。"

发现积极的育儿空间

总体来说，我在线上空间的大部分正面经历都来自非商业性、私人性、与线下人际关系有关联的地方。现在，我每周至少会在两个育儿主题的邮件群发帖子，一个是有几千名成员的本地大群，另一个是由和我一样的职场妈妈建的小群，成员有审核机制，只有30人，都是职场妈妈，我与小群里的不少人都成了现实生活中的朋友。这个小群就是21世纪版的后院，我能随时随地获得切实的帮助、旧衣服、鼓励和情感支持。一个额外的好处是：我在邮件里的内容不会被谷歌搜到，不太容易被网络上如影随形的广告给盯上。

在社交媒体上，我主要是和真正的熟人聊天。为了确定对方身份，我会设置问题，或者要求对方提供信息。而且，我已经很会规避那些肯定会闹不愉快的对话了。下一次在社交网络发帖子的时候测一下自己的呼吸和心率，这是一个衡量你日后会不会后悔的可靠指标。

网络社交圈宜精不宜滥。如果你找不到合适的邮件群，那就自己建一个吧。找十几个家长交流，十几个就好，这会为你提供一个有力的支持和信息来源。

注释

1 一份2013年的市场调查报告发现……："Report finds pregnancy apps more popular than fitness apps". MobiHealthNews. 14 Feb 2013. http://www.mobihealthnews.com/20333/report-finds-pregnancy-apps-more-popular-than-fitness-apps

2 刚当妈妈的人发的状态数是其他人的2.5倍……：Heine, Christopher. "You Already Knew Parents Post on Facebook More Than Others. Now Find Out How Much." 11 January 2016. Adweek. http://www.adweek.com/digital/you-already-knew-parents-post-facebook-more-others-now-find-out-how-much-168932/

3 2016 年，一家英国非营利机构发布的报告提出……："Sharenting：'Parent bloggers and managing children's digital footprints."Parenting for a Digital Future. 17 June 2015. http：//blogs. lse. ac. uk/parenting4digitalfuture/2015/06/17/managing-your-childs-digital-footprint-and-or-parent-bloggers-ahead-of-brit-mums-on-the-20th-of-june/

4 2015 年冬季皮尤研究中心发布的一份调查报告称……："Parenting in America：Outlook，worries，aspirations are strongly linked to financial situation" Pew Research Center，17 December 2015.

5 有些账号带有恶意的色彩……：Miller, Blake. "The Creepiest New Corner of Instagram." Fast Company. 23 September 2014. https：//www. fastcompany. com/3036073/the-creepiest-new-corner-of-instagram-role-playing-with-stolen-baby-photos

6 她于 2015 年以二级谋杀罪被判处有期徒刑 20 年：Higgins, Lee. "Lacey Spears Gets 20 Years In Son's Poisoning Death." The Journal News. 7 April 2015. http：//www. lohud. com/story/news/crime/2015/04/07/lacey-spears-sentenced-death-son-poison-court-rockland-new-york/25431741/

7 检方宣称，莱茜患有孟乔森代理综合征……：学者们还提出了"互联网孟乔森综合征"一词，用来描述在网上自己装病或者伪装家人生病的现象，其目的显然是博取同情和关注。Feldman, Marc D. "Munchausen by Internet：detecting factitious illness and crisis on the Internet." Southern Medical Journal 93. 7 (2000)：669 - 672.

8 这种病在发病前是可以治愈的：Duffner, Patricia K. , et al. "Newborn screening for Krabbe disease：the New York State model." Pediatric neurology 40. 4 (2009)：245 - 252.

9 她发表了一篇题为"一个哲学问题：对着熟睡的孩子竖中指?"的文章：文章节选：我拍摄和上传这些图片有个中原因。经过几个小时的喂奶、逗乐、摇晃、散步，还有我个人最喜欢的边散步边喂奶，我越来越觉得生无可恋（10 公斤重的女儿一直在扭动，跟个小炸弹似的），因此渴望获得情感的释放。Schuman, Rebecca. Slate. 26 August 2015. http：//www. slate. com/articles/life/family/2015/08/i _ give _ my _ baby _ the _ middle _ finger _ parenting _ ethics _ 101. html

10 丹娜·博依德和爱丽丝·马尔维克等社交媒体研究者将这种现象称为"语

境崩溃"：Marwick，Alice E.，and Danah Boyd. "I tweet honestly，I tweet passionately：Twitter users，context collapse，and the imagined audience. " New media & society 13. 1（2011）：114 - 133. 文章节选："有些受众管理手段很像'草根明星'和打造个人品牌的做法，都是有策略的自我营销。"

11　林迪・韦斯特是一名女性主义作家……：West，Lindy "If You Don't Have Anything Nice To Say，Say IT IN ALL CAPS" This American Life 23 January 2015. https：//www. thisamericanlife. org/radio-archives/episode/545/if-you-dont-have-anything-nice-to-say-say-it-in-all-caps

12　韦斯特还是宣布要退出微博推特……："I've Left Twitter. It Is Unusuable For Anyone But Trolls，Robots And Dictators. " The Guardian. 3 January 2017. https：//www. theguardian. com/commentisfree/2017/jan/03/ive-left-twitter-unusable-anyone-but-trolls-robots-dictators-lindy-west

13　在美国法律的保护下，社交网络企业无须承担用户发表诽谤中伤言论造成的后果："Section 230 of the Communications Decency Act. " Electronic Frontier Foundation. https：//www. eff. org/issues/cda230 Accessed 27 Apr. 2017.

14　执法部门通常对社交媒体的风险认识不足，不愿意去管"单纯的"语言欺凌案件：Talbot，Margaret. "The Attorney Fighting Revenge Porn. " The New Yorker. 5 December 2016. http：//www. newyorker. com/magazine/2016/12/05/the-attorney-fighting-revenge-porn

15　马萨诸塞州众议院议员凯瑟琳・克拉克……：Friedman，Ann. "Trolls Have Swatted，Doxxed，And Threatened To Kill Katherine Clark. She's Still Going After Them. " Elle. 13 July 2016. http：//www. elle. com/culture/tech/a37728/katherine-clark-harassment-abuse-legislation/

16　"要是我的糟糕育儿法传开了，那可怎么好？"：Schuman，Rebecca. "I Am Terrified Of Taking My Child Literally Anywhere. " Slate. 25 July 2015. http：//www. slate. com/articles/life/family/2015/07/crying _ toddler _ in _ maine _ diner _ i _ m _ afraid _ my _ parenting _ could _ go _ viral _ too. html

17　1998 年，著名英国医学杂志《柳叶刀》发表了一篇论文，表明麻疹、腮腺炎和风疹联合疫苗（MMR 疫苗）与自闭症谱系障碍有关：Ford，Matt. "The Lancet retracts paper linking MMR vaccines and autism. " Ars Technica. Condé Nast，03 Feb. 2010. Web. 19 Apr. 2017.

18 疫苗接种率在加利福尼亚、华盛顿……：McCoy, Charles. "Why Are Vaccination Rates Dropping In America?" The New Republic. 24 July 2015. https://newrepublic.com/article/122367/why-are-vaccination-rates-dropping-america

19 早在 2000 年就被认为灭绝的麻疹死灰复燃：Wenner Moyer, Melinda. "Measles And Mumps Rebound." Discover. January-February 2013. http://discovermagazine.com/2013/jan-feb/57-measles-and-mumps-rebound

20 总统本人向来钟爱各种阴谋论，曾为肯尼迪和他的观点站台：Allen, Arthur. "RFK Jr. says Trump still wants 'vaccine safety commission'." 15 February 2017. http://www.politico.com/story/2017/02/robert-f-kennedy-jr-trump-vaccine-safety-commission-235058

21 媒体报道称旧金山湾区捷运系统有麻疹患者上车，可能传染了上千名乘客：Allday, Erin. "Peninsula BART rider with measles exposes other passengers." San Francisco Chronicle. 26 February 2015. http://www.sfgate.com/bayarea/article/A-Peninsula-BART-rider-with-measles-may-have-6103759.php

22 2016 年，德雷斯塔在《快公司》杂志撰文称……：Diresta, Renee. "Social Network Algorithms Are Distorting Reality By Boosting Conspiracy Theories." 11 May 2016. Fast Company. https://www.fastcompany.com/3059742/social-network-algorithms-are-distorting-reality-by-boosting-conspiracy-theories

23 2015 年，谷歌宣布将利用"知识图谱"数据库……："A remedy for your health-related questions: health info in the Knowledge Graph." Official Google Blog. 10 February 2015. https://googleblog.blogspot.com/2015/02/health-info-knowledge-graph.html

24 《金融时报》称，对营销者来说，一名怀孕的妈妈……："Financial worth of data comes in at under a penny a piece" Financial Times. 12 Jun 2013.

25 因此，塔吉特等公司才会开发购物决策扫描算法……：Duhigg, Charles. "How Companies LearnYour Secrets." The New York Times Magazine 16 February 2012. http://www.nytimes.com/2012/02/19/magazine/shopping-habits.html

26 在当代的互联网公司中，个人数据是头等大事：Vertesi, Janet. "How Evasion Matters: Implications from Surfacing Data Tracking Online." Interface 1.1 (2015): 13. Time.com, …… Vertesi, Janet. "My Experiment Opting Out of Big Data Made Me Look Like a Criminal." Time. 30 April 2014.

http：//time. com/83200/privacy-internet-big-data-opt-out/

27　法国和德国警方公开向家长发出警告……：BBC. 15 October 2015. http：//www. bbc. com/news/technology-34539059；Chazan, David. "French Parents 'Could Be Jailed' For Posting Children's Photos Online". Telegraph. co. uk. 1 Mar 2016 Web. 27 Apr. 2017.

28　2016 年，密歇根大学的研究团队询问了 249 对……：Hiniker, Alexis, Sarita Y. Schoenebeck, and Julie A. Kientz. "Not at the dinner table：parents' and children's perspectives on family technology rules." Proceedings of the 19th ACM Conference on Computer-Supported Cooperative Work & Social Computing. ACM，2016.

29　在 2016 年的一篇育儿与社交媒体关系方面的综述性论文中……：Lupton, Deborah, Sarah Pedersen, and Gareth M. Thomas. "Parenting and digital media：from the early web to contemporary digital society." Sociology Compass 10. 8（2016）：730‒743.

30　一篇诋毁他的文章也提到……：Overland, Haley. "Ryan Reynolds Slammed For Making A Parenting Mistake." Today's Parent. 8 July 2015. https：// www. todaysparent. com/blogs/ryan-reynolds-parenting/

31　Huffington Post 是全网流量最大的网站之一……：Segal, David. "Arianna Huffington's Improbable, Insatiable Content Machine." The New York Times Magazine 30 June 2015. https：//www. nytimes. com/2015/07/05/magazine/ arianna-huffingtons-improbable-insatiable-content-machine. html?＿r＝0 尽管 Huffington Post 的育儿版还在运营，但创始人已经翻开了新的一页，写了几本关于睡眠和生活工作平衡的重要性的书，离开网站后创立了一家名为 Thrive Global 的公司，主打生产力和保健领域。

32　消费贡献了美国经济总量的 70%："US GDP Is 70 Percent Consumer Spending：Inside The Numbers." Mic. 21 Sept. 2012. https：//mic. com/ articles/15097/us-gdp-is-70-percent-personal-consumption-inside-the-numbers ♯. jVBxmVVwr

33　而 70%—85% 的消费都握在女性手里："Buying Power：Women In The US." Catalyst. org. 2014. http：//www. catalyst. org/system/files/buying＿ power＿women＿0. pdf

34　多达三分之一的博文都是由 1400 多万名妈妈……：Segran, Elizabeth. On

Winning The Hearts — And Dollars — Of Mommy Bloggers. Fast Company. 14 August 2015. http://www.fastcompany.com/3049137/most-creative-people/on-winning-the-hearts-and-dollars-of-mommy-bloggers

35 早在 2008 年，沃尔玛……：Ramirez, Jessica. "Are Mommy Bloggers Corporate Sellouts?" Newsweek. 14 Jul 2009. http://www.newsweek.com/tech-are-mommy-bloggers-corporate-sellouts-82155

36 2009 年，通用磨坊……：Lukovitz, Karlene. "General Mills Network Taps Blogger Moms." Marketing Daily 29 April 2009. https://www.mediapost.com/publications/article/105092/general-mills-network-taps-blogger-moms.html?edition=

37 2015 年，《快公司》杂志介绍了苏珊·彼得森成功创业的故事……：On Winning The Hearts — And Dollars — Of Mommy Bloggers. Fast Company. 14 August 2015. http://www.fastcompany.com/3049137/most-creative-people/on-winning-the-hearts-and-dollars-of-mommy-bloggers

38 2015 年，佩斯大学发表的一份研究报告……：Lup, Katerina, Leora Trub, and Lisa Rosenthal. "Instagram ♯ instasad?: exploring associations among instagram use, depressive symptoms, negative social comparison, and strangers followed." Cyberpsychology, Behavior, and Social Networking 18.5 (2015): 247-252.

9　数字育儿的未来

—

　　我朝着身高 1.8 米的艾蒙的肚子来了一记横踢。当我的脚与他接触时，他的肚子裂成了碎片，但他并没有表露出痛苦的样子。然后，我向他的朋友格罗弗走去……越走越近……越走越近……最后把头直接伸进了他黑洞洞的大嘴巴里。

　　这幅奇景并不是梦，而是我去斯坦福大学虚拟人机互动实验室[1]时的真实经历。2014 年，科幻小说里讲了几十年的 3D 浸没式视听环境终于向日常生活迈进了一步：脸书宣布以 20 亿美元的价格收购初创公司 Oculus Rift[2]。同时，脸书首席执行官马克·扎克伯格来到前面提到的实验室[3]会见杰里米·拜伦森。拜伦森是斯坦福大学通信学院教授，为多家大型科技公司担任顾问，创立人际互动实验室的目标是设计并检验能够导人向善的虚拟体验技术。于是，该实验室与《芝麻街》合作进行了一场实验，让我们一窥 2020 年出生的孩子们或许会习以为常的传媒世界。

　　本章会将之前讨论过的观点运用到新兴的科技界，还会介绍几名正在"以其人之道还治其人之身"的创业者（他们中有不少自己也是父母）：通过技术创新来应对科技带来的分心等问题，改善家庭关系。

2020 年的媒体

虚拟现实（VR）、增强现实（AR）、混合现实（MR）、人工智能（AI）、物联网（IoT）将会日益塑造我们不久之后的未来。

就目前而言，虚拟现实指的是替代佩戴者全部视域的头盔。转一转头，四处走走，你会感觉自己置身于一个没有边界的视听幻境之中。HTC Vive 和 Oculus Rift 是专用的 VR 头盔，三星和谷歌则推出了使用手机屏幕的廉价设备。

增强现实（AR）指的是利用位置感知、传感器、机器视觉和机器听觉为现实世界添加新的信息和互动方式。事实证明，第一代眼镜式 AR 产品谷歌眼镜（Google Glass）有点太超前了。但是，现在市面上已经有更低调、干扰较少的增强现实应用了。如果你安装了房地产应用 Zillow，那就能查看街边房屋的平面图，进行虚拟看房，仿佛你长了双透视眼似的。另一个不太厚道的 AR 功能是：你可以拍一张人像，上传到社交媒体或谷歌，通过人脸识别工具确定其身份。

顾名思义，混合现实（MR）就是虚拟现实和增强现实的混合。2016 年夏，热门游戏《精灵宝可梦 GO》[4] 让世人知道了 MR 这个概念。发布几天之后，它就登上了苹果手机和安卓付费游戏下载量冠军的宝座。数以百万计的玩家拿着手机在现实的城市里游荡，寻找虚拟的动画怪物。

人工智能（AI）这个词已经被用滥了，以至于都有失去本义的可能了。从它最简单的意思来看，AI 就是运用计算机技术来完成之前由人类负责的复杂任务，比如语音识别。亚马逊就推出了智能家用设备 Echo，用户可以给虚拟助手 Alexa 下命令，让它去做播放音乐、查看天气预报、关掉空调、订比萨外卖等各种事情。

物联网（IoT）指的是嵌入日常物品中的联网传感装置。物联网概念在流行文化中最有名的形象——牛奶喝光后自动下单补充的冰箱——眼下还不太普遍。但是，通过物联网技术，人们在外面也能通过手机就能控制电灯、安保系统、调整家里的温度和湿度。另外，育婴物联网产品已经形成了一个完整的门类，专门针对焦虑的家长们，比如能够监测幼儿脉搏的"智能袜子"Owlet[5]。

好了，面对新一代的科技产品，我们之前探讨过的数字育儿思想还有意义吗？

这里至少有一个悬而未决的大问题。当前的"屏幕内时间"和"屏幕外时间"是两个对立的概念。有"线上"，自然就会有"线下"。下一代的技术正要弥合这两对概念之间的边界。

维克多·斯特拉斯博格告诉我："研究媒体就好像是研究我们呼吸的空气。"这句话现在越发真实了。

如果一个 4 岁的小女孩有 AI＋MR 创造出来的艾蒙，一个眼睛看得到的"脑子里的朋友"陪伴，这算是屏幕内时间吗？再来看一个 9 岁的小男孩，他在外面玩，周围有一圈虚拟栏杆，只要他越界，他妈妈的手机就会响起警报，这又怎么算呢？

随着技术的浸没化和普遍化，以禁止为主要手段的育儿方法越来越难执行了。配合技术媒体的积极育儿法势在必行。

哪怕只持续很短的时间，将家里打造成没有数字设备、没有网络的"圣地"，也不只是不方便那么简单了。一家人在餐桌旁说话时都能听见微波炉运转的声音，那又怎么能规定吃饭时拔掉电话线呢？但是，"平衡"仍然具有重要的价值。

了解子女在接触哪些内容依然重要。为了成为有威信的调节者，我们需要参与进去。实际上，随着进入公共实体空间的技术产品越来越多，参与会比以前更简单。新的媒体将带来众多表达和创造的全新功能。未来艺术家、设计师的天马行空正在今日孩子们的头脑中觉醒。支持、拓宽、鼓励孩子们发掘各种媒体的力量比以往更加重要。

虚拟现实

作为表达媒体的新生 VR 技术引发了深入的思考。正如 19 世纪的观众看到卢米埃尔兄弟 1895 年拍摄火车进站电影时据说会惊恐万状一样[6]，21 世纪的感官对强劲的 3D 浸没式体验还是不太适应。去斯坦福实验室考察的时候，我见过 VR 头盔让成年人恶心呕吐和惊恐尖叫的样子，也见过明明是坚实的地面，却因为头盔里显示前方是悬崖而不敢迈出一步的人。要是换成年纪更小的人，反应大概还要更敏感吧。有鉴于此，我不禁有一点担心：如果 VR 技术被第一人称射击游戏主宰，那可怎么好呀。

斯坦福教授贝伦森告诉我："人类的大脑还没有进化到区分逼真的虚拟体验和真实体验的程度。"他相信，我们应该从道德角度来严肃地审视 VR 技术的力量，运用它带给人们重大的思想转变，也就是所谓的"顿悟"时刻。比方说，他开发了一款 VR 游戏，玩家要像超人一样在城市上空飞行，目的是给糖尿病患儿送胰岛素[7]。实验室设计的另一款模拟软件可以让你"进入"其他性别、年龄、种族的人的身体，以此实践换位思考。在一次使用该软件进行的模拟实验中，大学生参与者进入了老年后的自己的身体，他们"行走1.6公里"后决定多存一些养老钱[8]。实际上，他们是与未来的自己建立了共情。

与早前的各类媒体一样，人们也会担心孩子们会对 VR 过于敏感。另一个让我们担忧的原因是：VR 似乎过于逼真了。肯·佩林是纽约大学媒体研究实验室 VR 研究的研究员，他说："（在实验中）我们发现，3 岁以下的孩子不愿戴上头盔。"学龄前儿童觉得 VR 头盔太诡异，又黑又沉，戴着不舒服。但是，佩林说："四岁以上的孩子都很喜欢它。看着八九岁的孩子玩 VR，我想到的形容词是'嗑药似的'。他们简直玩疯了，觉得特别自在，从戴上的那一刻起就自己动起来了。不久前的一次会上有人说，VR 头盔可能对 13 岁以下的儿童不安全。要我说，它可能只适合 13 岁以下的儿童。"

我反驳道，嗑药对孩子不好吧。不过，佩林是一个彻头彻尾的技术狂热分子，他将这些技术视为一种神奇的想象力体操，人们可以在其中探索各种可能的、不可能的世界，以此锻炼思维的力量和灵活性。

他从演化的角度来论证自己的观点。

"我们的思想千变万化，是能应对许多种可能的现实状况的通用机制。为了应对任何可能出现的情况，人脑演化出了这种通用应对机制。"佩林还论证道，去做演化希望我们去做的事真是感觉棒极了。

"运用这样的通用应对机制是愉悦的。我们本能地知道，这样的做法有利于拓展我们的思维能力。潜在地，它是一种体验我们原本就知道自己的头脑能做到的事情的有力方式。"于是，他修正了自己的说法：虚拟现实是头脑的食粮，而不是毒品；小孩子的头脑特别灵活，尤其喜欢这种食粮。

但是，佩林相信，这种隔离式、浸没式的 VR 永远只能是小众市场。这就是"咖啡桌问题"——只要你戴上无线头盔，进入虚拟世界，那么客厅里的家具都会成为危险的障碍物。单人 VR 设备的市场规模大概和今天的狂热个人电脑（PC）玩家差不多——只占玩家总数的极小一部分。而且，VR 无疑也会带来沉迷的危险。

如果我们不会全天候进入虚拟世界，那么，VR 真正的未来在哪里呢？佩林常说，"全息甲板上要有别人才行"。（全息甲板是科幻作品《星际迷航》里的 VR 环境，剧中角色可以在里面做运动或玩游戏。）佩林和实验室同事正在打造双人、多人同室或远程互动的 VR 体验。实际上，他们的许多成果很像蒙台梭利教室里的活动区[9]：玩家可以在浸没式环境里共同创作一幅巨幅画作，可以一起在空中弹奏乐器，可以摆弄思维几何图形，可以操作巨型"木偶"，甚至可以隔着 8000 多公里玩捉鬼游戏。

在佩林看来，任何媒体体验——小说、电视节目、电子游戏、社交媒体——之所以有意义，吸引人，就在于它能够唤起或强化我们的互动感。这就又回到了共同参与的概念。共同参与可以是将自我投射到小说人物中，或者与作者或导演建立想象的交流关系。但是，在理想状态下，最有成效的共同参与还是与线下真人交流。

他论证道："我们只看重我和其他人之间产生了什么互动。凡是能丰富人际交往的媒体都是成功的，凡是取代人际交往的媒体都是失败的。"

陪我的女儿参加想象出来的亡灵节游行听起来比把她扔在一部卡通片前要有趣多了。如果佩林所言不虚，那么与全封闭的屏幕视野相比，由目前的 Wii 和体感游戏衍生而来的多人 VR 和 MR 体验会有更强的互动感，因为这种体验回到了玩家共处的物理空间。

作为新兴 VR 技术的狂热追求者，佩林相信，之所以应该让孩子戴上头盔，在创作环境里自由探索，还有一个文化上的原因：有朝一日，艺术品级的成熟 VR 作品要由下一代，也就是今天的小婴儿们创造。

他说："语言学发现，自然语言的发展在 8 岁就停止了。"他的意思是，8 岁以后遇到的新语言只能是第二语言，不免有些别扭，还带口音。有些学者认为期限应放宽到 10 岁，但基本思想没有区别。

佩林说，同样的道理，真正能熟练运用 VR 的人是从小对 VR 习以为常的人。"VR 界的希区柯克和斯皮尔伯格还没有出生呢。"

人工智能

"你好，你叫什么名字？我叫艾利克斯。"[10]

艾利克斯是一名身穿 polo 衫的 8 岁孩童，肤色偏深，留着长及下巴的卷发。一所匹兹堡特许学校的教室里正在上一堂三年级科学活动课，学生们坐在艾利克斯对面，要围绕一幅恐龙图片展开讨论，尽可能深入地了解它。

艾利克斯有时不能充分理解其他人说的话，有时还会给出"我也这么认为"这样笼统的回答。但是，鉴于艾利克斯只是一台卡内基梅隆大学制作的 AI 机器人，它学人说话已经很像了。

某种意义上，VR 和 MR 为家长带来的挑战比较容易理解，因为它们依然处于"媒体"的框架内——由其他人类设计创造的环境或叙事，开关去留都可以掌控，而且你知道它们不是"现实"。

人工智能的问题要更复杂，也更难抗拒。下一代 AI 程序——比如艾利克斯——可能会模糊通常理解的人际交互和人机交互之间的界限，也有可能建立一种介于两者之间的新交互方式。

贾斯汀·卡塞尔——前面已经提到过她了——对创造具有社交、情感吸引力的技术产品一直很感兴趣。更广泛地讲，她的兴趣点是智能的交互性（transactive），即智能行为是在对话和交流中产生的，而不纯粹是个人头脑的产物。过去二十年间，她制作了多个旨在鼓励孩子自己讲故事的"倾听者"程序，有的针对自闭症谱系障碍患者，有的针对英语学习者。孩子们要想象出一个听自己讲故事的人：有个爱打篮球的孩子选了奥尼尔。通过与倾听者程序的互动，孩子们表现出了自信心和语言水平的提高，而这些成果又会有助于他们与真人的对话（类似的治疗方法还有将狗作为替代者与孩子对话）。她论证道："在某些方面，计算机是理想的倾听者，如果设计得好的话。它们永远不会迟到，永远不会离开，永远不会不耐烦。"

远在几十年前，早期 AI 研究者就首次提出了"终身学习伴侣"的理念[11]，该理念强调学习的社交属性。请想一想：你的口袋里就装着全世界的知识，但我们并没有明显变聪明，没有变成万事通。但是，与脑子里虚构的聪明朋友一样，AI 学习伴侣可以与孩子建立知识和社交两方面的紧密关系——它会提问，给出及时的鼓励，提供建议和资源链接，帮助你把难处说出来然后解决。随着时间的推移，学习伴侣也会不断"学习"，了解孩子掌握的知识和兴趣点，像优秀的教师那样从孩子出发，再回到孩子本身。

艾利克斯是卡塞尔手下博士生萨曼莎·芬克斯坦因的一个研究课题，是对终身学习伴侣的初步探索。芬克斯坦因和卡塞尔对"语码转换"现象尤其感兴趣。当英语学习者和其他来自非主导性阶级或族群背景的孩子进入学校时，他们要面对"标准英语"；对他们来说，标准英语或许才是外来口音。80％的公立学校教师是白人[12]，公立学校采取的主流策略是：老师必须讲标准英语，而且坚持要学生也讲。掌握标准英语的词汇语法对日后的求学和求职都有帮助，但是，学生的方言不会生疏，而且总会带有归属感。"语码转换"是语言学家创造的一个术语[13]，指的是在不同语境下选择恰当语言风格的能力。

在一所99％的学生是黑人的匹兹堡特许学校，芬克斯坦因和卡塞尔围绕恐龙活动课开展了一次实验。在一种情境中，艾利克斯从头到尾讲标准英语；在另一种情境中，艾利克斯在课前自我介绍和头脑风暴环节讲当地方言。方言艾利克斯会这样说话："你看这个活物，咱们要搞明白它怎么吃东西，到处跑之类的"；或者"你看接着，如果这些刺锋不锋利，逮兔子够用不？"

到了该向老师展示的环节，艾利克斯会说："我做这种展示的时候，老师老是希望我用学校里教的语法。"接着，它就开始说标准英语了。

在语码转换情境中，孩子们表现出了更好的语言科学推理能力，提出了更多有观察依据的假设。艾利克斯转换语言风格后，孩子们做展示时的标准英语也更流利了。芬克斯坦因告诉我们，在艾利克斯坚持讲标准英语的情境中，孩子们有时会产生抵触情绪。他们会取笑艾利克斯，说出"你个笨蛋小黑孩说成这样不错呀"，甚至"你看什么小电影？"之类的话。她认为，学生们或许觉得，这个创造出来的小孩长得和自己一样，说话却像主流文化里的成年人，透着一股假惺惺，因此才做出了敌对的回应。我懂她的意思。我在 VR 程序里看见艾蒙、格罗弗那异常平静的样子就产生了打破边界的冲动，想要把那幻象戳穿。

只要与艾利克斯坐在一起，你就会明白，终身学习伴侣还要多年才能实现。艾利克斯只能进行预先选定主题的单项简短活动，它说出的每一个字基本都是找匹兹堡学校的同龄学生现场录制的，而且对话也不是很流利。要是想按照艾利克斯的模式，为几百种口音、上千个主题——美国公立学校里总共说着一百种左右的语言，这就更不用提了——按照艾利克斯的模式定制产品，那最起码需要"自然语言处理"乃至更多领域产生跨越式的进步。（在这一方面，基于打字而非语音的 AI 应用有其优势。）

另一方面，在我观看的实验视频中，孩子们与艾利克斯的互动过程真是不可思议地自然——我实在想不出更好的形容词了。孩子们清楚艾利克斯不是真人——卡塞尔说，她问孩子们知不知道它不是真人，结果被翻了白眼——但还是愿意和它一起玩。实验结果还表明，根据艾利克斯说话的方式，孩子们会真切地感觉到获得了社会意义上的肯定或威胁。

大多数孩子用不上 AI 研究实验室精心设计的教育类产品，不过有商业性质的产品可以购买，比如 2015 年圣诞节推出的 Hello

Barbie 智能娃娃[14]，它内置了 8000 句录好的对话，包括"学校里能学到好多关于衣服的知识！"这样的金句。不过从买家评论来看，它还有不少毛病。

根据我不专业的观察，不识字的孩子似乎很喜欢和亚马逊 Alexa 和苹果 Siri 等针对成年人设计的第一代语音 AI"助手"互动。2016 年，当代最敏锐的互联网潮流预测专家阿尼尔·达什[15]（Anil Dash）撰文称："对有孩子的家庭来说，Echo 的杀手级应用是定时器……解锁手机，打开计时器应用，设置倒计时，这是小孩子做不到的。说一句'Alexa，倒计时五分钟'就没问题。"

如果你觉得孩子与计算机程序产生感情有些诡异的话，我们其实以前就有类似的先例。一个例子是"超同侪"（superpeer）或者叫"准社交"（parasocial）关系，指的是孩子与自己最喜欢的角色之间的关系，可以是超级英雄、动画公主或者木偶角色。另一个是过渡性客体[16]（transitional object），这是儿童发展专家唐纳德·维尼考特发明的一个术语，指的是大部分健康的孩子在婴儿期都会喜欢上的某种可爱的东西，比如泰迪熊或毛毯，而且孩子可能在整个童年期都会通过它获得安慰。这些萌物能帮助孩子从母亲随时在身边的幼年期逐渐过渡到内在安全感阶段。但是，毛绒玩具同样占据着活物与死物之间的某个想象空间。《天鹅绒兔宝宝》是一本令人难忘的童书，同名主角是一个被小主人遗忘的玩具，它说过一句话："当一个孩子喜欢了你好久好久，不只是喜欢跟你玩，而是真的爱上你的时候，你就变成真的了。"

卡塞尔相信，我们有能力将这种对物的感情延续到成年。"它不会消失，我认为它会持续存在。"实际上，那个你总是带在身边

"哔哔"响的小东西或许就是你的最爱。

物联网

与人工智能不同，物联网并不带有准社交性质，因此也不会带来这方面的威胁。它的作用是将我们与看不见、摸不着却无时不在的网络连在一起，通过软件和传感器逐步塑造我们的感知与互动。家长们很欢迎物联网，特别是"高科技保姆"。

先讲一段历史趣话。全球第一个宝宝监护仪"无线电保姆"问世于 1937 年[17]，电木材质，发明者是以几何样式纸艺台灯闻名的雕塑家兼设计师野口勇，生产商是美国收音机和电视机厂商 Zenith，开发灵感是 1932 年查尔斯·林白之子在托儿所被绑架一案引发的全国性恐慌。

如今，安装在婴儿床里的远程视听监护仪已经成了小康以上人家的标配。比方说，Infant Optics DXR - 5 便携式视频宝宝监护仪[18]就是亚马逊育婴用品区的十大热门商品之一。

不过，宝宝监护水平正要更上一层楼。Owlet 智能袜子等远程传感器产品能够监测婴儿的脉搏和氧气充足水平，并通过无线网络发送到世界任何一个地方的手机上。麻省理工学院与著名儿科专家哈维·卡普[19] 联合推出了一款售价高达 1000 美元以上的"智能婴儿床"Snoo，床上布满传感器，听到孩子哭闹就能自动摇晃哄睡，而且也能用手机操作。

现在已经有关于此类技术的意外后果报道了。2015 年，一名妈妈给某杂志写了封读者来信[20]，抱怨自己的经历。她把宝宝监护仪的密码交给她的父母，结果两位老人动不动就来骚扰她。"只要他们在监视器里看到自己觉得不好的事，他们就联系我，比方说儿子睡觉我忘给他穿袜子了，经常因为这种事烦我。监护仪有通话功能，所以我和老公在儿子屋里的时候，我爸我妈突然就要跟我说话，或者跟外孙子说话。要是我儿子闹脾气了，他们就会跑过来说，'哭什么哭！'"

另外，监护仪还有一些更值得警惕的毛病：如果没有设好密码的话，任何人都能来窥探你的孩子。安全专家丹·坦特勒（Dan Tentler）在接受科技博客 Ars Technica 采访时说道[21]，市面上可能有好几百万个这种不安全的摄像头。更有甚者，有个别报道记录了黑客入侵监护仪的语音频道后骚扰婴儿的故事。2015 年，华盛顿州的一名 3 岁男童[22]说夜里有可怕的东西。最后，他的父母听到监视器里传来一个声音："快起来，小男孩，爸爸来找你啦。"

真是"闹鬼"了。

"保护隐私"的拥护者不禁担心恶作剧，更担心政府监控。2016 年，多家隐私保护组织联合向联邦贸易委员会[23]投诉 My Friend Cayla。这是一款语音玩偶，可以录制孩子的声音，然后通过网络传送给两家不同的软件公司，其中一家是语音识别软件公司 Nuance，该公司恰好有一个数据库被执法部门、军方和情报机关用来匹配声纹。

好可怕！尽管监控的威胁目前只停留在理论层面，但还有一种来自内部的威胁。随着技术手段拓展了父母监控的范围，保护子女的本能有可能会蜕化成令人不安的强迫症。换言之，间谍有时就在家里。

　　我有一个患有产后强迫症的朋友。第一个孩子生下来以后，她整晚都会不时惊醒，查看孩子有没有呼吸。她想买一个呼吸监测仪，几年前卖的藏在垫子里的那种。可老公不许她买，他坚持认为正确的解决办法是冥想和心理治疗，可能也要吃点药，而不是让她更加焦虑的电子产品。

　　这种冲动的另一个表现是所谓的"宝宝量化"。举个例子：几年前珍妮·拉德斯基医生还在西雅图上班的时候，有一个爸爸拿着孩子五天内的详细体温变化图来找她。

　　用她的话说，"这就好比技术加强版的直升机家长，就知道盯着数据，却看不到孩子的全貌。"我的朋友 C 是一名谷歌工程师，家里有个年幼的儿子，他将这种做法称为"机器人养娃"。

　　我带两个孩子的时候都用一款名叫 Baby Connect 的手机应用，具有定时提醒和追踪喂奶、上床和换尿布的功能。我实在困得没力气的时候，它能帮助我发现孩子睡眠状况的变化。家里的保姆也能更新数据，我从手机上就能知道什么时候该下班给饿了的孩子喂奶。

　　然而，总体而言，这些产品的使用频率在用户上手六个月左右之后会断崖式下跌[24]，就像 Jawbone 或 Up 等针对成年人设计的"自我量化"产品那样。主要原因大概是：从长远来看，它们没有多大用处，除非你的孩子有饮食禁忌或者定期服药这样的特殊需求。

　　科技博客 Mashable 发表过一篇题为"我想把量化宝宝的时间找回来"[25]。作者蒂姆·切斯特（Tim Chester）写道："奥利弗悄无声息地生成了一辈子都不会丢的体征数据，而我却成天低头盯着屏幕上的数字，错失了许多孩子成长的关键时刻。我本来想用小工具和应用简化带娃的过程，结果却让事情复杂得多。要想清净，千万别用这东西。"他还引述了另一位有同样遭遇的"机器人家长"的话。那位妈妈说，"当我过度关注应用上的数据时（比如，我会在某个时间哄女儿睡午觉，因为数据显示这样做有利于她的夜间睡眠质量），我只会感觉分心，感到满满的挫败感，而且也不管用。归根结底，数据不过是数据，又不能用来做什么，因为数据的来源是一个宝宝。"

维罗妮卡·巴拉希（Veronica Barassi）等学者用"宝宝监控"[26]（babyveillance）一词来描述这种行为，它起初给家长一种尽在掌握的美好幻觉，但幻觉很快就会破灭，家长会发现自己对同在一个屋檐下的心肝宝贝们基本上一无所知。

与此同时，这些技术还引发了一场潜在的军备竞赛，拉高了"密集育儿"的社会标准线。我们出生时，出生证上面写着体重是多少克；而我们的子女、儿媳或女婿拿到的或许是孩子出生后300天的详细呼吸频率报告。

等孩子长大一些，开始独立探索现实或虚拟世界时，家长们又要决定监视孩子到什么程度。

当孩子走出家门时，2008年推出的一款应用——Life 360，可以在手机地图上显示所有家庭成员的位置，一旦孩子越过你实现设定好的"虚拟围栏"就会发出警告。Life 360还能与宝马车载导航系统绑定，远程约束青少年驾驶员。该应用有5000万名注册用户[27]，在同类软件中拔得头筹——另一个类似的应用是"寻找我的手机"（Find My iPhone）。

史蒂芬·巴卡姆是一名满意的Life 360用户，但他十几岁的女儿就不满意了。巴卡姆是家庭网络安全研究所的创始人，致力于提醒家长和孩子警惕网络骚扰、网络暴力、网络追踪狂、分手裸照等威胁因素。他的研究所鼓励家长采取措施避免孩子的信息被商业机构或政府获取，规避不利于子女声誉的威胁，却对自己的女儿实施严密的"内部监控"。他告诉我："她有车以后，我们就给家里的每一台手机都安装了 Life 360，尽管她知道这件事，有意见，不愿意安。我们说，安了以后，我们就不会给你发短信了。我们能看到你的位置，是在环路上，在回家的路上，还是要去深夜派对。我们不会跟踪你，不过遇到紧急情况，或者你回来晚了，或者你去了我们觉得你不应该去的地方，我们会把它用起来的。"我不禁想起自己十几岁住在新奥尔良时去过的各种不该去的刺激场所。

当孩子上网时，家长可以通过一款名叫 NetNanny[28] 的软件来屏蔽色情或其他少儿不宜的内容，查看孩子上过的所有网站，设定上网时长，跟踪孩子在社交媒体上的行为。如果孩子上传或查看了涉及网络霸凌或者勾引的内容时，软件就会给家长发出警报。

我们能做到这些事，那就意味着我们应该做吗？如果我们拿出虚拟警察那一套来圈禁自己的孩子，这到底会给孩子传达什么样的信息呢？

极端状况比较好处理。格里芬·法西米恩是一名沉迷电子设备不能自拔的少年，最后不得不到户外网瘾戒断营 Outback Unplugged 接受治疗。对于这种情况，或许采取类似"把奥德修斯绑在桅杆上，以免其受到塞壬女妖引诱"的提前限制措施或许会有好处。要是他的母亲诺艾拉能获得一些设置硬性限制方面的帮助，那也会有帮助。现在，她只要感觉儿子有沉迷的趋势，就会把游戏机锁在车里过夜。

但是，卡瑞尔·巴隆的情况就不一样了。他的妻子对处于青春期的女儿限制得过于严苛，以至于他邀请来一名家庭咨询师介入。对巴隆一家来说，最好的办法大概是全家共同来解决智能手机的合理使用问题，而非不问青红皂白就断网。

大多数情况下，美国法律要求执法部门有确凿理由，方可对普通公民进行监听[29]，而且监听批准书是有期限的，过期必须申请续期。在家庭内部，我们大概也需要采取某种类似的手段；当然，标准可以适当放宽。不提前给出合理理由就禁止孩子在家里使用电子设备，这肯定会带来隐瞒和抗拒。如果我们在自己家里实施这样的强制规定，这会给孩子传递什么信息？

不管是 NetNanny，还是无线电保姆，我们用来追求安全放心的技术最后都可能不利于家人的安全感、隐私和互信。讽刺的是，这恰恰违背了商家给出的承诺；但从另一个角度看，这是完全能够预料到的。隐私与安全感、自主与周全、信任与监察，它们永远是矛盾的，也必然是矛盾的。对民主社会的公民来说是如此，对家庭里的孩子也一样。信息技术的不断发展只是激化了矛盾而已。

医生兼作家阿图·葛文德的《最好的告别》[30] 是一本介绍临终关怀涉及的伦理困境的重要专著，书中谈到了临终关怀机构面临的一个难题：每个人“对自己都要自主，对所爱之人都要周全”。作为父母，确保孩子周全是我们的天职，而培养孩子走上自主之路同样是我们的天职。

即使你不愿意使用 NetNanny 这样本质独裁的软件，你仍然可能会滥用或误用某些更隐秘的说服性技术，让自己或者子女落入

"高科技保姆"的掌握之中。

我开始写这一章的那天早上，露露拒绝起床，因为她的"唤醒时间"（Time to Wake）闹钟还没有变绿。这个小东西很厉害，我要推荐给所有三岁以上的孩子——或者，能够理解下述想法的孩子：你提前设好一个时间，比如说早上七点，在此之前，孩子只能在房间里自己玩，不能出来乱跑。不过，那天早晨闹钟出故障了，我很难让她相信，我确实觉得她该起床了。

我很喜欢这个闹钟，也很喜欢手机上的 SHealth 软件。2015 年秋，当我检查出前期糖尿病时，我持续监测了三个月的热量摄入、碳水化合物摄入和行走步数。我的体重略有下降，血糖指数也回到了正常范围。

显然，定量化是修正行为的有力工具。但是，一旦被滥用，这一类应用又可能成为丢不掉的拐杖，干扰我们形成内在激励和养成自律习惯的过程。

这一点对家长尤其重要。发展心理学认为，自律是高效、幸福生活所需的一项核心能力[31]。儿童养成自律需要外界帮助他们对周边环境和自身感受产生意识，他们需要一种词汇来表达身边发生的事情和发生在他们身上的事情，也需要安全感和支持，好让他们知道自己可以表达负面情绪并发展出应对的方法，进而在逆境面前保持冷静，能够为了达成有挑战性的目标而推迟满足。

一切量化手段——包括学校里的分数和家里的小红花——都会强加给孩子一套外在指标，因此有打断自律养成过程的危险。家长或孩子会把精力放在"玩好"量化的游戏上面，而不是自己决定应该做什么事。贾森·萨多夫斯基（Jathan Sadowski）写过一篇关于

"高科技保姆"的文章[32]，文中写道：

高科技保姆的危险不会一下子蹦出来，而是会随着语音助手Siri和其他应用逐渐成为我们日常生活节律的一部分而慢慢地表现出来，让惰性渐渐地渗入。我们和我们的应用将形成无缝的共生关系，我们甚至不会注意到自己的道德能力在衰退。在最糟糕的情况下，智能手机会剥夺我们的自觉和自控力。

但是，最糟糕的情况并不是不可避免的。量化工具自有其意义，关键是对任何工具都要有自己的判断力。

我要再说一遍：媒体在不断浸没化和遍在化。技术的侵入性和普遍性越来越强。屏幕时间正在脱离屏幕。随着人工智能技术的发展，"社交"媒体的定义可能会发生变化。

对家长来说，共同参与——让屏幕成为亲子之间的纽带，而不是监督的工具——和有威信的调节会越来越重要，即便"屏幕时间"这个概念本身会逐渐退场。兼顾孩子的自主性和亲子间的亲密度正变得前所未有的重要。

但是，面对充斥着媒体的现实，人们还有另一种有趣的、有建设性的回应方式：消费者对更安静的、有利于亲子共处的技术产品开始有了需求。有些产品正是由家长自己开发的。

前谷歌设计伦理专员特里斯坦·哈里斯[33]发起了一场追求"好好利用时间"的运动。当前，消费品的设计目标是尽可能让用户上瘾，而哈里斯一直在鼓动设计师们"停止作恶"。不妨设想：如果用户界面里内置减少打扰用户的选项，比如免打扰模式或者方便的时限设定，那会怎么样呢？

这样做不啻是逆流而上，违背了整个互联网行业的核心逻辑：注意力经济，换言之，吸引到的眼球等于广告商给的钱。

这是一种小众却颇有吸引力的观念，特别是对家长而言，他们或许愿意掏钱来换取一点安宁。

家长们设计出的新一代技术旨在帮助人们掌握家里的技术生活，甚至想要改善家庭关系。对于数字媒体的合理位置问题，公众的意识正在逐渐提升，而这些技术正处于这场运动的前沿。设计师和技术的批评者在努力唤起公众对算法伦理层面的意识：这些算法专门要让我们欲罢不能，操纵我们的情感，误用我们的数据，给我们提供过多或不当的信息。这些讨论方兴未艾，还没有达成共识。但是，这场争论需要对道德权威有相当的认识，尤其是我们这些手握权威的家长们。

我的兴趣点是通过自定义手机提醒功能来减少干扰。我可以关掉所有社交媒体应用的消息提醒，这样就能控制自己每天查看手机的次数了。但是，我不知道如何只接收重要邮件和重要信息。有一款名为 Ringly 的鸡尾酒戒指[34]，内置电池，通过蓝牙与手机连接，收到老公或保姆的电话或短信时会发出相应颜色的闪光。价格有点贵，要 260 美元，而且只有女款，但它能让我在看电影或陪孩子去儿童乐园的时候把手机放在包里，我挺喜欢这个点子的。

程序员凯文·霍莱什开发了一款名叫 Moment 的应用[35]。这个小工具的初衷是增进他与新婚妻子的感情，为沉迷手机问题提供了一个有趣的应对方法。登录应用后，你可以看到每一名家人当天使用智能手机的时长。霍莱什说，他和妻子展开了一场友好的竞赛：

他将每日平均手机使用时间从 90 分钟减到了 45 分钟，她也相应砍掉了一半，从 3 个小时变成了 90 分钟。如果能得到对方的允许，你还可以为家人设定时限。超过时限后，手机每分钟都会弹出一个烦人的提醒。最有意思的功能大概要属"晚餐时间"，你可以事先规定每天的某个时段是晚餐时间，然后应用就会在那段时间里把全家人的手机都断网。

尽管 Moment 也可以像 NetNanny 那样用，但它的目标是推动家庭决策民主化。比如，霍莱什大大方方地承认，"许多家长对我很不满"，因为家长和孩子都能设定"晚餐时间"。

雪莉·普雷沃斯特是一名心理学家，几年前曾在一家风投公司下属的孵化器做"员工心理医生"，职责是帮助科技创业者克服创业过程里的社交和情绪困难。她有三个孩子，当时分别是 13 岁、10 岁和 6 岁。"有一天，我觉得家里老大病了，就带他去看医生，结果他熬夜打了六个星期的《我的世界》。我是哭着去上班的。我觉得自己没有能力处理和解释这种状况。"比她年轻得多的同事们成了她的"科技导师"，帮她开阔了看待游戏沉迷的视角。

她给儿子安排了心理治疗。但是，在新工作环境的影响下，普雷沃斯特决定用科技来对抗科技。她与几名设计师和程序员合作开发了"智能路由器"MyTorch，该产品可以让家长了解和控制家里的无线网络。你可以在全家吃饭的时候"暂停"网络连接，设定夜晚不许上网的时间段，或者通过统一 URL 来查看孩子上网时都干了些什么。她认为："对我来说，这样一扇了解孩子上网活动的窗口特别有价值。身为家长，我有责任撸起袖子，盯紧孩子。"目前，普雷沃斯特团队正在开发另一款能够屏蔽移动网络的产品。

听起来很像"高科技保姆"，各位用的时候一定要小心。不过，普雷沃斯特早在开发 MyTorch 的过程中已经有了思想变化，从粗暴禁止转向正面手段。"这个问题早就引起了我的朋友们的热议，现在又延伸到了社交媒体上。有那么几年时间，大家主要是谈怎么限制上网，如何保护孩子。如今主题已经变成了：如何让孩子为数字未来做好准备，如何帮助他们用技术来发明创造。"她希望自己的公司能与内容提供者建立合作关系，帮助家长找到更适合孩子们的网络空间。

有些人专注于控制性技术，另一些人则正在开发能够对抗电子产品带来的分心，培育共同参与关系的技术。

一天傍晚，我正忙着逗露露开心和做晚饭[36]，这时手机振动了一下。要是马上去看手机的话，我会有负罪感，而且不管我去不去看，我都分心了。但是，这一次的消息不是社交媒体提醒或者编辑发来的邮件，而是一款叫 Muse 的应用发来的提醒。"试着跟露露玩'我说你做'的游戏，提示词包括：后面、旁边、中间。（示例：'西蒙说：站到椅子中间'）"于是，我们就照着做了。我甚至可以一边切菜，一边下指令。双赢。

Muse 是由两名妈妈诺玛和薇薇安·闵共同开发的，我第一次见到她们是在几年前。诺玛是认知科学家，薇薇安是理论神经学家，两人都有卡内基梅隆大学的博士学位。薇薇安和她的丈夫是连续科技创业者，兴趣点是运用人工智能帮助人们取得成就。

薇薇安曾经是猎头平台 Gild 的首席科学官，其间"开发了多个能够预测人们尝试全新工作能取得多大成绩的模型"。通过拥有 1.22 亿职员信息的数据库，Gild 发现标准化测试成绩对具体职位成功率的预测效力不如学习能力、适应新环境的能力等高阶因素。

但是，薇薇安·闵发现 AI 的评估和预测能力并不尽如人意。她称之为"被诅咒的水晶球"。问题在于，预测结果会影响我们的预期，进而影响我们的行为。"如果你告诉某个人，'你的女儿以后能得诺贝尔奖'，那么这件事成真的可能性就会降低。如果你说，'你的儿子可能在九年级掉队'，那么这件事成真的可能性就会提高。"于是，她开始思考一个问题："如果我们不把预测结果视为终点，而是当成三维空间里的运动轨迹，那会怎么样呢？"我们能不能用人工智能来给出影响孩子成长路径的"微干预"来"优化人生成就"呢？

Muse 最早的版本是每天问一道是非题，目的是收集对孩子的人生成就有重要意义的信息，同时启发家长的思考。题目包括："你（母亲）是全家的第一个大学生吗？""杰顿（儿子）犯错后会不会不断尝试？"

Muse 每天都会给出一项推荐活动或话题。活动通常是寓教于乐性质的，会根据孩子的年龄，以及家长给出的关于孩子兴趣和能力的信息而调整。"比方说，玛利亚喜欢海马，那就花十五分钟跟她说话，问她下列关于海马的问题。"薇薇安·闵希望在新版中加入上传音频或图片的能力，比如孩子画的画，以便提供更加个性化的反馈。如果你感兴趣的话，可以点击"为什么"按钮，了解推荐活动的意义。比如，我和女儿玩的"我说你做"游戏的意义就是"培养发散性思维、创造性、适应性和思维灵活性。"游戏虽小，作用可不小。

手机辅助育儿的理念是有证据支持的。从 2010 年起，一项名为

Text4Baby 的服务就开始根据不同时段的需求向妈妈们推送产前护理、婴儿睡眠指导等方面的信息。经评估，Text4Baby[37] 等"移动健康信息"平台有利于家长端正对疫苗等话题的态度，了解相关知识，对孩子的健康也发挥了积极影响。平板电脑软件 Bedtime Math[38] 采用了类似的思路，为家长提供适应孩子年龄的数学小问题，方便晚上和孩子一起讨论。研究发现（应该指出的是，该研究是由 Bedtime Math 的开发商资助的），每周至少使用两次该应用的一年级学生在学年末取得了显著的数学成绩进步。有意思的是，该应用似乎还缩小了数学苦手和数学达人子女之间原有的成绩差距。

Povi 是另一次运用科技的力量强化家庭纽带，培养社交能力和情绪管理能力的尝试。公司创始人林秀[39]（Seow Lim）说自己曾经是一名紧盯孩子成绩的"虎妈"。她的大儿子上六年级时，学校的辅导员告诉她："你儿子非常聪明，但并不快乐。"这是醍醐灌顶的一次谈话。林秀立即辞去了干劲十足的科技公司高管职位，开始钻研最新的育儿研究成果。她学到了如何建立共情关系，明白了持之以恒的毅力、情绪管理、走出挫折的能力以及成长型思维的重要性。另外，她还意识到自己这样的父母需要帮助。

她解释道，"大家都太忙了，太看重成绩了。父母对孩子沉迷电子设备而忧心忡忡，却束手无策。我们要用技术手段来改善人际交往。"

Povi 是一款可以拿来抱抱的毛绒玩具，内置扬声器，LED 灯制作的眼睛颇为传神。它可以直接与孩子"说话"，用第一人称讲故事，比如："下课的时候，有的孩子不让我跟他们玩四方球。你知道我当时是什么感觉吗？"依恋研究专家黛芙娜·拉姆是 Povi 公司的一名顾问，她解释道："大量证据表明，谈论情绪、了解情绪、减轻对情绪的恐惧能够帮助孩子明白情绪是有价值的。通过 Povi 这款产品，家长能够切实地帮助孩子应对情绪问题。"

林秀说，他们打造 Povi 的用意就是让这个过程更加实在。"我们最初的想法是做一个手机端的动画人物应用，心理专家表示不认同。我们希望孩子能把注意力放在家长身上，家长和孩子应该面对面看着对方，而不是盯着屏幕。"一款类似想法的应用 Vroom 得到了亚马逊创始人杰夫·贝索斯设立的家庭基金会的支持。

我们或许正在迈向一个"高科技保姆"VS"超级保姆"的时代：技术力量正在塑造我们的育儿行为，激发我们与子女进行更多线下互动——希望也能是高质量互动。凯蒂·威尔逊试用了 Muse 的测试版，她在湾区的一家大型科技公司上班，有一个快 2 岁的女儿。她说："每天能收到提醒挺好的。比如：'不要陷在固定日程里——你家里还有个每秒钟都在学习新知识的小家伙呢。'这种分心就挺好，不费多少时间，提醒我把手机放下，要跟孩子有互动。"薇薇安·闵说："那就是我们的本意。我对教育类游戏或应用整体上兴趣不大。孩子和设备根本没有建立感情，而且家长念完应用里的字就算完成任务了。"

大荒地

Muse、Povi、Moment 和 MyTorch 都是富有创造力的实干家试图运用技术让家人的关系更紧密，而不是更疏远的范例。我虽然给出了这些正面的例子，但我的意思并不是说，我们的未来整体就是光明的。

这里有一个历史的教训。本章用艾蒙做引子是有原因的。20 世纪 60 年代，人们对电视成为"大荒地"的状况产生了文化恐慌。

美国联邦通信委员会主席牛顿·米诺在 1961 年的一次著名发言中说道，"电视好的时候，什么都好不过它[40]——剧院、杂志、报纸，统统比不上。但是，电视坏的时候，什么也坏不过它。"《芝麻街》的主创团队成员琼·甘茨·库尼表示赞同。在 1967 年的重要论文《电视在学前教育领域的潜在用途》[41] 中，库尼写道，"大多数商业赞助的电视节目似乎都是嘈杂喧闹，没有脑子的玩意。"传播电视可以是健康向上、值得公众支持的媒体形式的责任落到了教育类节目的主创人员身上，也就是推出了《芝麻街》和《罗杰斯先生的邻居们》（主角是弗雷德·罗杰斯）等节目的"儿童电视工作室"。1969 年 5 月 1 日，罗杰斯出席美国参议院通信分委员会的听证会，为公立电视节目进行辩护，这是一次很有名的事件："我每天都在努力关爱每一名儿童。"[42]

罗杰斯先生的辩护很有力，但牛顿·米诺才是对的。大部分电视节目并不是《罗杰斯先生的邻居们》（或它的重制版《小老虎丹尼尔》），因为它们是商业节目，根本不是为了公众利益而制作的。罗杰斯很可能也同意这一点。2001 年，他接受 CNN 采访时说："我进入电视行业是因为我对这个行业深恶痛绝。"[43]

《芝麻街》与 VR、AI 技术团队正在联合开发产品，而 PBS 儿童频道也与 ScratchJr 建立了合作关系，这样的项目撑起了 21 世纪媒体公共责任的脊梁。

但是，我也注意到一个现象：教育性的内容、追求社会效益的意图、创造性娱乐等招牌成了人们放松使用媒体时的警惕心的借口或者依仗；如果目标受众是儿童的话则更甚。家长调节研究专家埃里克·拉斯穆森对我说："我们家人都很信任公共电视台。"这种想法作为粗略的经验法则尚可，但让 4 岁的孩子每天独自看 4 个小时的公共电视台节目可不是好事。

新闻媒体的主导因素依然会是财团利益，这是老生常谈了。好莱坞、电视产业和硅谷为我们带来了优秀的文艺作品、娱乐产品和思想启迪。尽管如此，如果我们希望孩子接触的媒体不是纯粹由利润驱动的话，那家长们还有许多事情需要做。手握关于垃圾食品潜在危害（可能是真实的，也可能有所夸大）的知识、积极育儿法的愿景、家长调节作用的相关证据等"弹药"，有能力和资源推动儿童媒体净化的家长们行动起来会更加自信。我们也希望获得政策制定者和与业界有联系的人士（比如哈里斯）的更多帮助，但这种人现在还是太少了。

事实上，家长和孩子对技术和媒体的需求归根结底是相通的。我们想要资讯和娱乐，不想被哄骗。我们想要引人入胜，而不是令人厌倦的内容。我们想要彼此连接，而不想彼此分离。我们想要消费，也想要创造。我们追求快乐，而不只是完成任务，或者在庸庸碌碌、难以忍受的日常生活外获得片刻的消遣。

有时，虚拟现实和移动网络似乎无孔不入，威胁着我们的人性内核。商业利益压倒了一切公共领域的理性，"个性化"压倒了个人。你的注意力成了厂商追逐的大奖，你的眼球成了钞票。

这些力量是强大的，但这并不意味着我们得以免除人类固有的、主动选择的责任。设想：我们创造和消费的媒体表达并满足了人类的核心需要或者利益，从而赋予我们进一步改善自身经验的力量。卡塞尔观察到，"确保我们会把自己看重的东西，那些我们认为构成了人性的东西放在第一位，并找到在数字世界中保存和强化它们的方式，这就是我的许多研究的主旨"。

当然，与现实世界中一样，我会担心孩子在虚拟世界中遇到危险和少儿不宜的内容。但是，孩子们一直在向世人展现自己的适应能力。

他们会引发我们最深切的关爱、最深刻的共情，甚至会重新唤醒我们的好奇心和惊奇心。

面对信息无穷无尽，意义却是捉摸不定的新现实，我们在努力适应和回应的过程中，可以利用被孩子唤起的保护欲、爱意和惊奇。我们一定会，也必须要共同探明如何建造这个世界，如何在其中找到航向，同时又不至于忘却人之所以为人的本原。

这就是我们与机器人大军战斗，建立一个更人性化的数字世界所需要的超能力。就个人而言，我对未来充满期待。

注释

1　斯坦福大学虚拟人机互动实验室：https：//vhil. stanford. edu/2014

2　社交媒体宣布以 20 亿美元的价格收购初创公司 Oculus Rift：在官方声明中（当然，是社交媒体的声明），马克·扎克伯格写道，"除了游戏以外，我们会将 Oculus 打造成涵盖多种其他体验的平台。请试想：只要你在家里戴上 VR 眼镜，就可以坐在球场的最前排看比赛，或者在一间学生和老师来自世界各地的教室里学习，或者面对面咨询医生。"Zuckerberg, Mark. Facebook. 25 March 2014. https：//www. facebook. com/zuck/posts/10101319050523971

3　社交媒体首席执行官马克·扎克伯格来到前面提到的实验室……：Ulanoff, Lance. "The VR Experience That May Have Convinced Mark

Zuckerberg To Buy Oculus." Mashable. 26 March 2014. http://mashable.com/2014/03/26/zuckerberg-tried-stanford-vr-oculus-rift/♯wc1RlHR. Kaql

4 2016年夏，热门游戏《精灵宝可梦 GO》……：Morrison, Maureen. "Pokémon Go Goes Viral With No Big Marketing Blitz." Ad Age 11 July 2016. http://adage.com/article/digital/pokemon-go-viral-marketing/304905/

5 比如能够监测幼儿脉搏的"智能袜子"Owlet：https://owletcare.com/

6 正如19世纪的观众看到卢米埃尔兄弟1895年拍摄火车进站电影时据说会惊恐万状一样：Loiperdinger, Martin, and Bernd Elzer. "Lumière's arrival of the train: Cinema's founding myth." The Moving Image 4.1 (2004): 89–118.

7 玩家要像超人一样在城市上空飞行，目的是给糖尿病患儿送胰岛素：Rosenberg, Robin S., Shawnee L. Baughman, and Jeremy N. Bailenson. "Virtual superheroes: Using superpowers in virtual reality to encourage prosocial behavior." PloS one 8.1 (2013): e55003.

8 在一次使用该软件进行的模拟实验中，大学生参与者进入了老年后的自己的身体，他们"行走1.6公里"后决定多存一些养老钱：Sims, T., Bailenson, J., & Carstensen, L. L. (2015). Connecting to Your Future Self: Enhancing Financial Planning among Diverse Communities Using Virtual Technology. Paper presented at the annual meeting of the Gerontological Society of America, Orlando, FL.

9 他们的许多成果很像蒙台梭利教室里的活动区……：参见 Ken Perlin 的博客 https://mrl.nyu.edu/~perlin/

10 "你好，你叫什么名字？我叫艾利克斯。"……Finkelstein, Samantha, et al. "Investigating the influence of virtual peers as dialect models on students' prosodic inventory." (2012).；Finkelstein, Samantha, et al. "Alex: A virtual peer that identifies student dialect." Proc. Workshop on Culturally-aware Technology Enhanced Learning in conjuction with EC-TEL 2013, Paphos, Cyprus, September 17. 2013.

11 远在几十年前，早期 AI 研究者就首次提出了"终身学习伴侣"的理念。Chan, Tak-Wai, and Arthur B. Baskin. "Studying with the prince: The computer as a learning companion." Proceedings of the International Conference on Intelligent Tutoring Systems. Vol. 194200. 1988.

12 80％的公立学校教师是白人……："The State Of Racial Diversity In The Educator Workforce." 2016. U. S. Department of Education. P. 1 https：// www2. ed. gov/rschstat/eval/highered/racial-diversity/state-racial-diversity-workforce. pdf

13 "语码转换"是语言学家创造的一个术语……：第一次使用该术语的文献通常被认为是 Gumperz, John J. Discourse strategies. Vol. 1. Cambridge University Press，1982.

14 比如 2015 年圣诞节推出的 Hello Barbie 智能娃娃……：Walker，Lauren. "Hello Barbie, Your Child's Chattiest And Riskiest Christmas Present." Newsweek. 15 Dec 2015. http：//www. newsweek. com/2015/12/25/hello-barbie-your-childs-chattiest-and-riskiest-christmas-present-404897. html

15 2016 年，当代最敏锐的互联网潮流预测专家阿尼尔・达什……：Dash，Anil. "Amazon Echo And Alexa Really Matter." 22 Jun 2016. Medium. https：// medium. com/@anildash/amazon-echo-and-alexa-really-matter-dcc6d817ad6b

16 另一个是过渡性客体……：Winnicott，D. W. "10. Transitional Objects and Transitional Phenomena：A Study of the First Not-Me." Essential papers on object relations (1986)：254.

17 全球第一个宝宝监护仪"无线电保姆"问世于 1937 年……：Onion，Rebecca. "The World's First Baby Monitor：Zenith's 1937 "Radio Nurse"." Slate Magazine. The Slate Group，07 Feb. 2013. Web. 17 Apr. 2017.

18 Infant Optics DXR‐5 便携式视频宝宝监护仪……："Amazon Most Wished For." No. 6 as of April 2017. https：//www. amazon. com/gp/most-wished-for/baby-products/ref＝zg＿bsnr＿tab＿t＿mw

19 麻省理工学院与著名儿科专家哈维・卡普……：Rothman，Rachel and Good Housekeeping Institute. "Snoo Smart Sleeper." Good Housekeeping. Product Reviews. http：//www. goodhousekeeping. com/childrens-products/a41743/ snoo-smart-sleeper-review/

20 2015 年，一名妈妈给某杂志写了封读者来信……：Yoffe，Emily. "Dear Prudence：Mom and Dad Are Watching." 25 Jun 2015. http：//www. slate. com/articles/life/dear＿prudence/2015/06/dear＿prudence＿i＿gave＿ my＿parents＿remote＿access＿to＿our＿baby＿monitor＿oops. html

21 安全专家丹・坦特勒在接受科技博客 Ars Technica 采访时说道……：

Porup, J. M. " "Internet of Things" security is hilariously broken and getting worse. " Ars Technica. Condé Nast, 23 Jan. 2016. Web. 17 Apr. 2017.

22 2015 年，华盛顿州的一名 3 岁男童……： "Seen At 11：Cyber Spies Could Target Your Child Through A Baby Monitor. " CBS New York. CBS Broadcasting Inc. , 21 Apr. 2015. Web. 17 Apr. 2017.

23 2016 年，多家隐私保护组织联合向联邦贸易委员会……： "In the Matter of Genesis Toys and Nuance Communications. " 6 Dec. 2016. https：//epic. org/ privacy/kids/EPIC-IPR-FTC-Genesis-Complaint. pdf

24 然而，总体而言，这些产品的使用频率在用户上手六个月左右之后会断崖 式下跌……： Neff, Gina, and Dawn Nafus. Self-tracking. Cambridge：MIT Press，2016. Print.

25 "我想把量化宝宝的时间找回来"： Chester, Tim. "I quantified my baby and wish I could get the time back. " Mashable. Mashable, Inc. , 15 Oct. 2015. Web. 17 Apr. 2017.

26 "宝宝监控"： Baby Veillance：Digital Parents, Online Surveillance and the Construction of Babies Digital Profiles" childdatacitizen. com/project/research- findings

27 该应用有 5000 万名注册用户： "Life 360，The Family Locator With More Users Than Foursquare, Raises $10 Million In A Series B. " Techcrunch. 10 July 2013. https：//techcrunch. com/2013/07/10/life360-the-family-locator- with-more-users-than-foursquare-raises-10-million-series-b/

28 NetNanny……： "NetNanny (for Iphone). " PCMag. 23 Mar 2016. http：// www. pcmag. com/review/342827/net-nanny-for-iphone

29 方可对普通公民进行监听： Legal Information Institute, Cornell University Law School. https：//www. law. cornell. edu/wex/electronic _ surveillance

30 医生兼作家阿图·葛文德的《最好的告别》……： Gawande, Atul. Being mortal：medicine and what matters in the end. Macmillan, 2014. P. 106

31 发展心理学认为，自律是高效、幸福生活所需的一项核心能力： Perry, Bruce Duncan. "Self-Regulation：The Second Core Strength. " Scholastic Inc. Web. 17 Apr. 2017.

32 贾森·萨多夫斯基写过一篇关于"高科技保姆"的文章……： Sadowski, Jathan. "Reign of the Techno-Nanny. " The New Inquiry. 05 Oct. 2012. Web.

17 Apr. 2017.

33 特里斯坦·哈里斯：Time Well Spent. http：//www. timewellspent. io/

34 有一款名为 Ringly 的鸡尾酒戒指……："Ringly Smart Jewelry." Ringly. com.

35 一款名叫 Moment 的应用……：Moment. https：//inthemoment. io/

36 一天傍晚，我正忙着逗露露开心和做晚饭……：Kamenetz, Anya. "apps That Aim To Give Parents Superpowers." NPR. org. 8 Jun 2016. http：// www. npr. org/sections/ed/2016/06/08/480593689/apps-that-aim-to-give-parents-superpowers

37 Text4Baby：Evans, William Douglas, Jasmine L. Wallace, and Jeremy Snider. "Pilot evaluation of the text4baby mobile health program." BMC public health 12. 1 （2012）：1031. Naugle, Danielle A. , and Robert C. Hornik. "Systematic review of the effectiveness of mass media interventions for child survival in low-and middle-income countries." Journal of health communication 19. supl (2014)：190 - 215.

38 平板电脑软件 Bedtime Math……：Westervelt，Eric. "Where The Wild Fractions Are：The Power Of A Bedtime (Math) Story." NPR. NPR，08 Oct. 2015. Web. 19 Apr. 2017.

39 公司创始人林秀……：Kamenetz，Anya. "apps That Aim To Give Parents Superpowers." NPR. org. 8 Jun 2016. http：//www. npr. org/sections/ed/2016/06/08/480593689/apps-that-aim-to-give-parents-superpowers

40 电视好的时候，什么都好不过它……：Ouellette，Laurie，and Justin Lewis. "Moving beyond the "Vast Wasteland" Cultural Policy and Television in the United States." Television & New Media 1. 1 (2000)：95 - 115.

41 在 1967 年的重要论文《电视在学前教育领域的潜在用途》……：Cooney，Joan Ganz. "The Potential Uses of Television in Preschool Education." (1967).

42 "我每天都在努力关爱每一名儿童"：Lietz，Jeana. "Journey to the Neighborhood：An Analysis of Fred Rogers and His Lessons for Educational Leaders." (2014).

43 我进入电视行业是因为我对这个行业深恶痛绝："Mr. Rogers Neighborhood To Air Last Show." 31 Aug 2001. CNN. http：//transcripts. cnn. com/TRANSCRIPTS/0108/31/lad. 09. html

10 太长不看版：五分钟看懂本书

—

如果你没有时间通读全书，没关系，本章会介绍我在写作过程中学到的东西，为你总结精华要点。

享受屏幕；不可过度；尽可能一起看

如果你能放下内疚，接纳屏幕带来的益处，同时平衡好与其他重要事项的关系，那么你会成为更好的家长，家里也会有更多欢乐。心里不确定的时候，试着用电子媒体来建立人与人的关系。

平均来看，学龄儿童每周使用电子媒体的时间超过了其他任何活动（睡觉除外），包括上学时间。同时，成年人使用电子媒体的时间也超过了其他任何活动。陈述完毕。[1]

过度接触电子媒体（包括不在眼前的情况）对各个年龄段的孩子都有微小但显著的负面影响，其中有最强证据支持的是超重和睡眠不良。成瘾、攻击性加强（与暴力内容特别相关）、注意力不集中、情绪问题等方面也有一定的风险。有证据表明，年幼的孩子过度接触电子媒体受到的影响更大。这里没有统一的"安全剂量"和"中毒剂量"，每个孩子都不一样。[2]

电子媒体对阅读能力、上学意愿、专注力和学习成绩也有显著的正面影响，是加强家庭纽带、鼓励孩子探索世界、进行创造性表达和娱乐休闲的重要资源。[3]

使用电子媒体的习惯通常在学前阶段就奠定了，这也是家长对孩子控制力最强的阶段。但是，亡羊补牢永远都不算晚，只是不同的年龄段需要不同的方法。[4]

家长对技术产品的态度和自律对青春期及之后的孩子有显著的正面影响。[5]

通过梳理现有学术成果，并与几十名专家进行交流，我找到了父母——实话说，也包括所有人——最应当关注的头等大事。这一点不容易发现，而且不免令人吃惊，但证据确凿。

屏幕和睡眠必须分开。睡前一个小时不能使用任何电子设备。孩子的房间里不要放电视，不要养成睡前看电视的习惯，夜里不要把移动设备放在卧室里。如果需要的话，不妨安装一台 MyTorch 那种带断网功能的路由器。[6]

睡眠质量低和睡眠不足会加重与屏幕时间相关的所有负面表现。限制孩子晚上看屏幕的时间能直击两个最大的风险因素：超重和睡眠；另外，它有助于遏制过度使用电子媒体的倾向。借用 20 世纪 80 年代老电影《小魔怪》的说法，我们不妨称之为"小魔怪规则"：夜里不要喂它们吃东西！

有些家庭希望给屏幕时间"约法三章"。时间是一个明确的、容易理解的指标，而且有越来越多的应用和设备自带设置选项可以帮助我们限制使用时间。从 2 岁到高中期间，不妨把目标设为：平日每天最多 1 到 2 个小时（不包括用计算机做作业的时间），周末每天最多 2 个小时；包括"背景电视"的时间，可以排除与家人音频或视频通话的时间。生病、旅行、下雪、假期等特殊情况可以例外——记住，屏幕本身并不是毒药。[7]

如果你不希望限制时间，那可以从优先事项和警报信号入手。规矩不要死板僵硬，最好和孩子一起设定规则和优先事项，尤其是对大一点的孩子。[8]

a) 优先事项：孩子每天都要做运动，最好在户外；饮食要健康，用餐环境要安静，没有让人分心的东西；要与家长、其他关爱他们的成年人和同龄人有面对面的互动；很可能还需要克服同时做好几件事的诱惑，锻炼同一时间只做一件事的专注力。对了，他们还需要保证对应其年龄的充足睡眠。

b) 警报信号：体重增加、失眠、上床气和起床气、躁动易怒、学校表现不好、朋友关系紧张、对以前喜欢的其他活动失去兴趣、喜怒无常、抑郁、富有攻击性。如果出现上述征兆，不妨要求子女放下屏幕一段时间，可以是 1 个小时、1 天或 1 周。

其他有效做法和有证据支持的策略包括：

确保子女做出了正确的选择，取得了最好的学习效果，而且至少要抽出一部分时间来"共同参与"和"积极调节"孩子使用电子产品的过程。孩子小的话，可以一起坐到沙发上，把卡通片当作故事书用——指着屏幕里的一样东西，说出它的名字。孩子长大一些后，你可以和他们讨论故事情节、剧中人物的感受、他们在社交网络上发现的有意思的东西，或者向他们学习玩电子游戏。不仅要问

"今天在学校怎么样"，也要问"今天在网上做什么了"。你或许可以请值得信任的亲友帮忙"盯梢"，在避免直接监督孩子的前提下与孩子保持联系，并鼓励孩子养成良好的社交媒体使用习惯。

从小鼓励孩子使用电子媒体时发挥创造力，表达自我，可以使用 Paper 这款应用制作贺年卡，可以是使用 ScartchJr 这样的编程应用，也可以是看网站上介绍火山原理的视频，方式是很多样的。支持和帮助孩子在学校里、夏令营里、放学后或其他任何场合使用电子媒体。想一想"足球妈妈"是怎么做的，再把足球换成《我的世界》。[9]

家里的每个人——包括家长——都应该遵守某些时间不看屏幕的规矩，比如全家人吃饭的时候。先管好自己，孩子才能自律。

还有一些方法能潜移默化地改变孩子的使用习惯，并达成大家普遍认可的均衡状态："××券"（比如：每周有 3 张"平板电脑券"，每张券 20 分钟）；家务清单（先倒垃圾，不然上床前不许看电视）；家庭屏幕时间契约。

我们的目标是在信任和支持的环境下培养出对自己负责的孩子，监视做不到这一点。我们应该像对待孩子去朋友家玩一样对待网络社交空间：信任孩子、事先确定适合孩子，还有尊重隐私。[10]

注释

1　参见本书第一章，2　参见本书第二、三章，3 4 5　参见本书第四章，6　参见本书第二章，7 8　参见本书第五章，9　参见本书第四章，10　参见本书第七章。

致谢

感谢我的编辑本杰明·亚当斯，他邀我共进午餐并讨论了下一本书的计划，和他以及他所在的公共事务出版社团队再度共事是一段快乐的时光。

感谢吉姆·列文提供了出版社所能提供的所有帮助。

感谢我在美国国家公共电台教育博客的同事们：史蒂夫·德鲁蒙德、拉·约翰逊、劳伦·米开基、艾丽莎·纳德沃尼、克劳迪欧·桑切斯、科里·特纳、埃里克·韦斯特维尔特、萨米·萨母松。是你们每天的鼓励和支持让这本书的出版成为现实。

这本书是站在众多优秀研究者和思考者的肩膀上完成的，他们当中很多人，本身就是母亲，这并非偶然。感谢丹娜·博依德、贾斯汀·卡塞尔、索尼娅·利文斯通、艾丽西亚·布鲁姆-罗斯、伊藤瑞子、米歇尔·雷斯尼克、凯西·赫什-帕塞克等。更要感谢全体母亲。

特别感谢亚当，我生命中的伴侣、带孩子的拍档，给他端上一碗热汤。还要感谢露露，为她能够"做自己"。